主　編　賀聖遂　錢振民
學術顧問　陳先行

上海歷代著述總目·明代卷（下）

孫　麒　陳金林　張　霞　著

復旦大學出版社

下编

一、現存著述簡目

華亭縣

本籍

袁凱（一三一〇—一四〇四？）

元末明初松江府華亭縣人。字景文，號海叟。傳見本卷《善本經眼録》。

在野集二卷（明張璞選）

明正德元年鄢陵劉氏山東刻本（古籍總目）

臺圖（明朱應祥評點）

明祁氏澹生堂抄本（版本志、古籍總目）

南圖（清丁丙跋）
清初抄本（古籍總目）
北大（清王聞遠校　清黄丕烈跋）

袁海叟在野集八卷

清康熙間汪文柏抄本　八行十九字　白口左右雙邊（國圖古籍目録、古籍總目）
國圖（清汪文柏跋）

海叟集三卷

明正德間刻本　十二行二十一字　黑口四周雙邊雙魚尾（國圖古籍目録、古籍總目）
國圖

袁海叟集一卷（明俞憲輯）

盛明百家詩本（明嘉靖隆慶刻）（善本書目、古籍總目）

海叟集四卷

明隆慶四年何玄之活字印本　九行十八字　白口四周單邊（古籍總目）

南圖（明張重熙題款　清楊引傳跋）

明萬曆三十七年張所望刻本　九行十八字　白口四周雙邊單線魚尾（版本志、古籍總目）

國圖　南圖（清丁丙跋）　社科院歷史所

明刻黑口本　十二行二十一字　黑口四周雙邊四魚尾（國圖古籍目録）

國圖

明刻本（古籍總目）

國圖

四庫全書本（清乾隆寫）（古籍總目）

清桐鄉汪氏裘杼樓抄本（古籍總目）

臺圖

清抄本（古籍總目）

上圖　復旦

海叟詩三卷

明范欽等刻本（古籍總目）

臺圖

海叟詩集四卷集外詩一卷附録一卷

清康熙六十一年曹炳曾城書室刻本　九行十九字　白口左右雙邊（版本志、古籍總目）

上圖　國圖（傅增湘校并跋）　南圖　社科院文學所（清曹堉批校）　昆明師範大學（清王鳴盛批點并跋）

清宣統三年江西印刷局影印康熙六十一年曹炳曾城書室刻本（古籍總目）

復旦　國圖　北大　南圖　天津圖書館

袁海叟詩集四卷補一卷附録一卷（清徐士愷輯）

觀自得齋叢書本（清光緒刻）（古籍總目）

袁景文七律鈔一卷

石研齋七律鈔選本（古籍總目）

國圖

沈易（一三三三——一三九二）

明松江府華亭縣人。字翼之。傳見本卷《善本經眼録》。

五倫詩内集五卷（輯）

明洪武二十年刻本　十二行二十字　黑口左右雙邊（善本書目、古籍總目）

南圖

幼學日誦五倫詩選五卷（輯）

清初抄本（存目標注、古籍總目）

上圖

幼學日誦五倫詩選内集五卷（輯）

清抄本　十二行二十字　無格（善本書目、存目標注、古籍總目）

國圖

管時敏（一三三七—一四二一）

明松江府華亭縣人。原名訥，字時敏。傳見本卷《善本經眼録》。

蚓竅集十卷（全菴記一卷　明周子治撰）

明永樂元年楚藩刻本　十行二十字　黑口四周雙邊雙魚尾（版本志、古籍總目）

上圖　國圖

蚓竅集十卷

四庫全書本（清乾隆寫）（古籍總目）

民國間盧江劉氏遠碧樓藍格抄本（上圖古籍目録）

上圖

清抄本　十行二十一字　無格（古籍總目）

國圖（王獻唐跋）　中科院　南圖
傅氏藏園抄本（古籍總目）
國圖（傅增湘校并跋）

曹　昭

明松江府華亭縣人。字明仲，號寶古。傳見本卷《善本經眼録》。

（雲煙過眼録一卷　宋周密撰）格古要論二卷

清抄本（古籍總目）
中科院

格古要論三卷

格致叢書本（萬曆刻）（古籍總目）
夷門廣牘本（萬曆刻、民國影印）（善本書目、古籍總目）
明活字本　十行二十字　四周單邊白口單白魚尾（書志初稿）
臺圖

四庫全書本（乾隆寫）（古籍總目）
清抄本（古籍總目）
南圖（清丁丙跋）

新增格古要論十三卷（明舒敏編　明王佐增補）

明天順三年刻本　吉水王佐功載增補　十行二十字間有至二十三字　白口四周單邊有刻工（古籍總目、日藏善本書録）
東北師大　日本内閣文庫　日本東京大學
明天順六年徐氏善得書堂刻本　十三行二十五字　黑口四周雙邊（善本書目、古籍總目）
國圖　北京市文物局
明黄珙刻本　十行二十字　白口四周單邊（善本書目）
上圖　國圖　北師大
明鄭樸刻本　十行二十三字　白口四周單邊（善本書目）
上圖　復旦　南圖　北京市文物局　山東省圖書館
明萬曆間新都黄正位刻本　十行二十字　白口四周單邊（善本書目、古籍總目）
南圖　北大　中山大學　中科院　臺圖

格致叢書本（萬曆刻）（善本書目、古籍總目）

明□影堂刻本（古籍總目）

北大

明刻本（古籍總目）

南圖（卷六至十三配清抄本）

明末刻本（古籍總目）

天津圖書館

明抄本（古籍總目）

青海民族大學

明黄正位刻清淑躬堂重修本　十行二十字　白口四周單邊單魚尾（善本書目）

上圖　華東師大　上師大　南圖（清盧文弨校并跋）　浙圖（清丁壽昌批校并跋）

清道光間據黄珙刻本影抄本（上師大古籍目録）

上師大

清抄本（古籍總目）

遼寧省圖書館（孫丹階批校并跋）　東北師大

惜陰軒叢書本（道光刻）（古籍總目）

叢書集成初編本（古籍總目）

新刻格古要論五卷（明舒敏編　明王佐增補）

明萬曆二十四年刻本（古籍總目）

遼寧省圖書館　吉林省圖書館　黑龍江省圖書館　大連市圖書館

格古要論五卷（明舒敏編　明王佐增補　明胡文焕選）

清道光九年項氏抄本（古籍總目）

北大

格古瑜論二卷

清抄本（古籍總目）

中科院

格古論一卷

明陶宗儀編鈕氏世學樓抄説郛本（善本書目、古籍總目）

藍格舊抄説郛本（古籍總目）

民國十六年上海商務印書館涵芬樓重校鉛印明抄説郛本（古籍總目）

博古奇書三卷

清抄本（上圖古籍目録）

上圖

毛公壇倡和詩

明刻本（國圖古籍目録）

國圖

沈度（一三五七—一四三四）

明松江府華亭縣人。字民則，號自樂。沈易子。少力學，以善書薦授翰林典籍，累官至侍講學士，卒於官。文章尚平淡。善篆、隸、真、行，尤長楷書。傳見《明史》卷二八六《文苑二》、正德《松江府志》卷二十九《人物三・名臣》、嘉慶《松江府志》卷五十一《古今人傳三》、光緒《金山縣志》卷二十一《文苑傳》。

沈通理詩一卷（與楮園草等合抄）

清兼山堂抄本（古籍總目）

上圖

孫道易（一三八九—一四七六後）

明初松江府華亭縣人。字景周，一名道明，字明叔。傳見本卷《善本經眼録》。

東園客談一卷

説集六十種本（善本書目）

中科院

錢溥（一四〇八—一四八八）

明松江府華亭縣人。字原溥，號九峰、遺庵，一號瀛洲遺叟。傳見本卷《善本經眼録》。

秘閣書目不分卷

明藍格抄本　十行　集部全闕（存目標注）

臺北故宫
明抄本（古籍總目）
臺圖
清康熙間抄本　十一行　無格（存目標注、古籍總目）
中科院（鄧之誠跋）
清抄本（存目標注、古籍總目）
浙圖
抄本　十行二十一字　不避清諱　遇明帝提行（存目標注）
國圖

夏寅（一四二三—一四八八）

明松江府華亭縣人。字時正，改字正夫，號止庵。傳見本卷《善本經眼録》。

政監三十二卷

明成化十六年刻本　十行十九字　黑口四周雙邊（存目標注、古籍總目）
湖北省圖書館

明正德十六年刻本　十行十九字　白口四周單邊（存目標注、古籍總目）
大連市圖書館　天一閣（存卷十至三十二）

曹　安

明松江府華亭縣人。字以寧，號蓼莊。傳見本卷《善本經眼録》。

太師比干録三卷（輯）

明天順六年盧信刻本　十一行二十字　黑口四周單邊（善本書目、古籍總目）
北大

殷太師比干録三卷微子附録一卷箕子附録一卷旁證一卷（輯）

明弘治間刻本　十一行二十字　黑口四周雙邊（善本書目、古籍總目）
天一閣

殷太師忠烈録十卷（明曹安輯　明暴孟奇重訂）

明萬曆五年暴孟奇刻本　十行二十字　白口四周雙邊（國圖古籍目録）

國圖

明萬曆六年李恩寵刻十五年周思宸增刻本　十行二十字　白口四周雙邊單魚尾（善本書目、古籍總目）

華東師大　國圖　故宫　屯留縣圖書館

讕言長語一卷

明正德十三年趙元刻本　十一行二十四字　白口四周單邊（善本書目、古籍總目）

國圖（明范欽批點）

説郛本（宛委山堂刻）（善本書目、古籍總目）

四庫全書本（乾隆寫）（古籍總目）

清抄本　十行二十一字　據文瀾閣四庫全書本傳抄（善本書目、古籍總目）

國圖　南圖

（亦政堂訂正）讕言長語二卷

寶顔堂秘籍本（萬曆刻、民國石印）（善本書目、古籍總目）

讕言編一卷

今獻彙言本（萬曆刻）（善本書目、古籍總目）

黄　瑜

明景泰、天順間松江府華亭縣人。字廷美。傳見本卷《善本經眼録》。

書學會編四卷（編）

明天順六年黄瑜肇慶府刻本　十三行二十三字（存目標注）

臺北故宫

明刻本　十三行二十三字　大黑口四周雙邊（存目標注、古籍總目）（麒按：即明天順六年刻本）

重慶市圖書館　湖南省圖書館（清汪鋆跋）

張弼（一四二五—一四八七）

明松江府華亭縣人。字汝弼，自號東海。傳見本卷《善本經眼録》。

張東海全集八卷附録不分卷首一卷（萬里志二卷　明張弘至撰）

明正德十三年華亭張弘至刻本　十行十九字　白口左右雙邊無魚尾（善本書目、古籍總目）

國圖　北大（李盛鐸跋）　湖北省圖書館

明正德十三年華亭張弘至刻萬曆重修本（古籍總目）

山東省圖書館

清康熙三十二年刻本（古籍總目）

南圖（無附録）

清康熙三十六年張世綬嘉會堂刻本（存目標注、古籍總目）

上圖　北大

張東海先生詩集四卷東海張先生文集五卷

明正德十三年刻本（北大古籍目録）

北大

東海張先生文集八卷

明正德十年華亭張氏刻本（古籍總目）

臺圖（缺卷五）

明正德十五年書林劉氏日新書堂刻本　十一行二十字　黑口雙魚尾（版本志、古籍總目）

中科院

張東海集一卷（明俞憲輯）

盛明百家詩本（嘉靖隆慶刻）（版本志、古籍總目）

張悦（一四二六—一五〇二）

明松江府華亭縣人。字時敏，號定庵。傳見本卷《善本經眼録》。

定庵集五卷附榮壽録一卷

明弘治十七年劉琬刻本　九行二十一字　黑口四周雙邊雙魚尾（上圖古籍目録、古籍總目）

上圖

宋詡

明松江府華亭縣人。字久夫，號白沙。生平不詳。《四庫全書總目》卷一二三子部雜家類七著録名字。

宋氏文房譜一卷宋氏閨房譜一卷（膳夫經手録一卷　唐楊曄撰，雲林堂飲食製度集一卷　元倪瓚撰）

清初毛氏汲古閣抄本（古籍總目）

國圖

宋氏家要部三卷家儀部四卷家規部四卷燕閑部二卷

明刻本（古籍總目）

國圖

竹嶼山房雜部三十二卷（明宋詡、明宋公望撰　明宋懋澄輯）

明刻本（古籍總目）

國圖（存樹畜部四卷、養生部六卷）

四庫全書本（乾隆寫）（古籍總目）

清内府抄本（書志初稿）
臺圖（存八卷）
清抄本　朱絲欄（國圖古籍目録）
國圖
清抄本（古籍總目）
遼寧省圖書館

孫衍（一四四三—一五〇一）

明松江府華亭縣人，居洞涇。字世延，號雪岑。弱冠領鄉薦，成化十四年（一四七八）進士，知深、沔二州，并著聲績。弘治初入爲南京職方員外郎，進車駕郎中，陞延平知府，居官廉謹。傳見正德《松江府志》卷二十九《人物三·名臣》、嘉慶《松江府志》卷五十二《古今人傳四》。

雪岑先生遺稿二卷

清抄本　十行十七字（版本志）
廣東省中山圖書館

顧清（一四六〇——一五二八）

明松江府華亭縣人。字士廉，號東江。傳見本卷《善本經眼録》。

周文襄公年譜二卷附録一卷（編）

清抄本（善本書目、古籍總目）

南圖

正德松江府志三十二卷（明陳威、喻時修　明顧清纂）

明正德七年刻本　九行二十二字小字雙行同　白口左右雙邊單魚尾（善本書目、古籍總目）

上圖　天一閣　臺北故宫

顧東江集一卷（明俞憲輯）

盛明百家詩本（嘉靖隆慶間刻）（古籍總目）

東江家藏集四十二卷附録一卷

明嘉靖三十八年華亭顧應陽刻本　十二行二十四字　白口四周單邊　卷一至卷四山中稿　卷五至卷三十三北遊稿　卷三十四至卷四十二歸來稿（善本書目、古籍總目）

上圖　重慶市圖書館　日本静嘉堂文庫　日本尊經閣文庫

四庫全書本（乾隆寫）（古籍總目）

顧東江稿一卷（清俞長城選評）

可儀堂一百二十名家制義本（康熙刻、乾隆刻）（古籍總目）

名家制義六十一家本（清抄）（古籍總目）

國圖

傍秋亭雜記二卷

涵芬樓秘籍本（上圖古籍目録、古籍總目）

上圖　復旦　國圖

錢福（一四六一—一五〇四）

明松江府華亭縣人。字與謙。傳見本卷《善本經眼録》。

刻精選詩經度針不分卷（明錢福等撰　明唐效純選評）

明萬曆間晋陵唐氏刻本（古籍總目）

復旦

新刊唐宋名賢歷代確論十卷目録一卷（輯）

明正德二年宗文書堂刻本　十一行二十四字　黑口四周雙邊（善本書目、古籍總目）

上圖　國圖　河南省圖書館

（觀頤摘稿一卷　明姚旬撰）附録一卷

明嘉靖三十五年姚堦刻姚氏世刻本　九行十七字　細黑口左右雙邊（善本書目、古籍總目）

國圖

錢太史奄灘稿六卷（附録一卷紀事一卷遺事一卷　明馮時可撰）

明萬曆三十六年沈氏梅居刻本　八行十九字　白口四周單邊無魚尾（善本書目、古籍總目）

上博　國圖

錢鶴灘稿一卷（清陳名夏輯）

國朝大家制義本（明末刻）（善本書目）

清抄本　九行十六字　無格（善本書目、古籍總目）

社科院文學所

錢鶴灘稿一卷

名家制義六十一家本（清抄）（古籍總目）

錢鶴灘稿一卷（清俞長城選評）

可儀堂一百二十名家制義本（康熙刻、乾隆刻）（古籍總目）

宋公望（一四六二—一五二二）

明松江府華亭縣人，居蕭塘。字天民，別號西莊。宋詡子。通春秋，負才藻，以諸生入國學，歷試不售。官王府長史。傳見嘉慶《松江府志》卷五十二《古今人傳四》。

竹嶼山房雜部三十二卷（明宋詡、宋公望撰　明宋懋澄輯）

四庫全書本（乾隆寫）（古籍總目）

清内府抄本（書志初稿）

臺圖（存八卷）

清抄本　朱絲欄（國圖古籍目録）

國圖

清抄本（古籍總目）

遼寧省圖書館

宋氏文房譜一卷宋氏閨房譜一卷（膳夫經手録一卷　唐楊曄撰；雲林堂飲食製度集一卷　元倪瓚撰）

清初毛氏汲古閣抄本　十行二十一字　黑格　白口左右雙邊（國圖古籍目録、古籍總目）　國圖

徐霖（一四六二—一五三八）

明松江府華亭縣人。字子仁，號九峰道人，髯仙。傳見本卷《善本經眼録》。

繡襦記二卷

明萬曆間金陵文林閣刻本（上圖古籍目録、國圖古籍目録）　上圖　國圖

繡刻演劇（六十種曲）本（明汲古閣刻、清同德堂刻）（善本書目、古籍總目）

繡襦記四卷

明朱墨套印本（國圖古籍目録）

國圖

張弘至

明松江府華亭縣人。字時行，號龍山。傳見本卷《善本經眼録》。

(張東海全集八卷附録不分卷首一卷　明張弼撰)萬里志二卷

明正德十三年華亭張弘至刻本(古籍總目)

國圖　北大(李盛鐸跋)　湖北省圖書館

明正德十三年華亭張弘至刻萬曆重修本(古籍總目)

山東省圖書館

清康熙三十二年刻本(古籍總目)

南圖(無附録)

清康熙三十六年張世綬嘉會堂刻本　八行二十字　白口左右雙邊(存目標注、古籍總目)

上圖　北大

萬里志二卷首一卷

明萬曆元年張氏刻本（古籍總目）
北大
張東海全集本（康熙刻）（古籍總目）
上圖　北大

沈　淮

明松江府華亭縣人。字東之。生平不詳，光緒《重修華亭縣志》僅著録其名字。

孝經會通一卷

孝經叢書本（萬曆刻）（善本書目、古籍總目）
孝經總函本（明内府抄、明抄）（古籍總目）
孝經大全十集本（崇禎刻）（古籍總目）
孝經大全十二集本（崇禎刻）（古籍總目）
孝經彙輯本（萬曆刻）（古籍總目）
孝經彙刊本（明抄）（古籍總目）

正德金山衛志六卷附校記一卷（明張奎修　明夏有文等纂　明沈淮校）

明正德十二年刻本　八行十八字　白口四周單邊雙魚尾（上海方志資料考録、古籍總目）

臺圖

清乾隆嘉慶間抄本（善本書目、古籍總目）

上圖

清嘉慶七年洛郙居士抄本（古籍總目）

上圖

抄本（上圖古籍目録）

上圖

民國二十一年上海傳真社影印明正德十二年刻本（古籍總目）

上圖　復旦　上師大　國圖　北大

沈　錫

明松江府華亭縣人。字恩卿。傳見本卷《善本經眼録》。

正德華亭縣志十六卷首一卷（明聶豹修　明沈錫等纂）

明正德十六年刻本　十行二十字　白口左右雙邊（善本書目、古籍總目）

南圖　臺北故宫　臺圖

孫承恩（一四八一—一五六一）

明松江府華亭縣人。字貞甫，號毅齋。傳見本卷《善本經眼録》。

集古像贊一卷（輯）

清明嘉靖抄本（上圖古籍目録）

上圖

孫文簡公瀼溪草堂稿五十八卷

明萬曆十七年孫克弘刻本　十行二十字　白口左右雙邊（國圖古籍目録、古籍總目）

上圖（闕卷四十九至五十二）　國圖（闕卷四十九至五十八）

文簡集五十八卷

四庫全書本（乾隆寫）（古籍總目）

鑑古韻語

明刻本　九行二十字　白口四周單邊雙魚尾（國圖古籍目録、古籍總目）

國圖

朱鼐

明松江府華亭縣人。字朝和。正德十二年（一五一七）進士。初任興化推官，多異績，與御史不合，轉同知陞刑部郎。傳見嘉慶《松江府志》卷五十二《古今人傳四》。

自渡語一卷

明天啓間刻本　九行二十字　白口四周單邊（國圖古籍目録）

國圖

高　企

明松江府上海縣人。字進之，號西樓。傳見本卷《善本經眼録》。

嘉靖上海縣志八卷（明鄭洛書修　明高企纂）

明嘉靖三年刻本　十行二十一字　白口左右雙邊（善本書目、古籍總目）

上博（清徐渭仁跋）

民國二十一年上海傳真社影印明嘉靖三年刻本（古籍總目）

上圖　復旦　上師大　國圖　北大

抄本（古籍總目）

上博

沈愷（一四九二—一五七二）

明松江府華亭縣人，居松江東門外起雲橋。字舜臣，號鳳峰，晚號守株子。傳見本卷《善本經眼録》。

沈鳳峰集一卷續沈鳳峰集一卷（明俞憲輯）

盛明百家詩本（嘉靖隆慶刻）（古籍總目）

環溪漫集八卷

明嘉靖間刻本　九行十七字　白口四周雙邊　補頁四周單邊間左右雙邊（版本志、古籍總目）

國圖

環溪集二十六卷

明隆慶五年至萬曆二年沈紹祖遞刻本　十行十九字　白口四周雙邊（版本志、古籍總目）

國圖　浙圖

守株子詩稿二卷

明嘉靖間刻本（臺北故宫古籍目録）

臺北故宫

抄本（上圖古籍目録）

上圖

徐獻忠（一四九三—一五六九）

明松江府華亭縣人，居長泖之東。字伯臣，號長谷、九靈山長。傳見本卷《善本經眼録》。

金石文七卷

明嘉靖十九年刻本　十行十六字　白口左右雙邊單魚尾（善本書目）

社科院歷史所　臺北故宫

清康熙間抄本　十行十六字（存目標注）

臺圖

清雍正十三年施禮耕抄本（善本書目）

國圖

清漢南葉氏抄本（善本書目）

上圖

清抄本（善本書目）

國圖

吴興掌故集十七卷

明嘉靖三十九年湖州原刻本　八行十六字小字同　白口左右雙邊單魚尾（上圖古籍目録、國圖目録、書志初稿、原國立北平圖書館甲庫善本叢書目録）

上圖　國圖　臺圖　臺北故宫

明萬曆四十三年茅獻徵刻本（上圖古籍目録、原國立北平圖書館甲庫善本叢書目録）

上圖　臺北故宫

明朱格抄本（善本書目）

上圖

水品一卷

説郛本（宛委山堂刻）（善本書目）

水品二卷

茶書本（萬曆刻）（善本書目、古籍總目）

水品全秩二卷

夷門廣牘本（萬曆刻、民國影印）（善本書目）

長谷集十五卷

明嘉靖四十四年袁汝是等刻本　十行十八字　下線黑口左右雙邊（善本書目）

國圖　西安市文物管理委員會

樂府原十五卷（編）

明嘉靖四十年高應冕刻本　十行二十字　細黑口左右雙邊（善本書目）

上圖　北師大

明萬曆三十七年張所望衢州府署刻本　九行十八字　上細黑口四周雙邊（善本書目）

上圖　北大　北師大

清康熙五十四年盧秋海抄本　九行二十字　白口無格（善本書目）

福建省圖書館

六朝聲偶集七卷（編）

明嘉靖間華亭徐氏文房刻本　十行十六字　白口左右雙邊（善本書目）

上圖　國圖　遼寧省圖書館

明嘉靖間長水書院刻本

上圖（麒按：經核，即明嘉靖華亭徐氏文房刻本）

明藍格抄本　九行二十字　四周雙邊（善本書目）

上圖

舊抄本配黄氏士禮居抄本（存目標注）

臺圖

唐詩品一卷

明嘉靖十九年刻本　十行十八字　白口左右雙邊間有四周單邊（善本書目）

國圖　北大

明抄本（國圖古籍目録）

國圖

馮恩（一四九三—一五七三）

明松江府華亭縣人。字子仁，號南江。嘉靖五年（一五二六）進士。官南京監察御史。隆慶初，進大理寺丞，致仕。傳見《明史》卷二〇九本傳、光緒《重修華亭縣志》卷十四《人物三》。

（古狂馮侍御）芻蕘録二十卷

明隆慶二年刻本（存目標注）

日本宮内廳書陵部

馮侍御奏疏一卷

清嘉慶二十二年傳忠堂刻本（古籍總目）

上圖

徐階（一五〇三—一五八三）

明松江府華亭縣人。字子升，號少湖，一號存齋。傳見本卷《善本經眼録》。

大明世宗肅皇帝實録不分卷（明張溶、徐階等纂修）

明抄本（古籍總目）

國圖（存明正德十六年四月至十二月，嘉靖元年正月至四十四年十二月，四十五年二月至十一月）

温州市圖書館（存明嘉靖元年八月至十月、二年四月至六月、三年正月至四月、六年六月至九月、七年八月至十月、九年八月至十月、十三年正月至十二月、十四年正月至六月、十五年正月至九月、十八年五月至十二月、二十年正月至十二月、二十七年正月至十二月、直十一年正月至五月、三十六年三月至十二月、三十八年正月至十二月）

清抄本（古籍總目）

北大（明世宗實録，存嘉靖四十四年正月至十一月）

江蘇省立國學圖書館抄本（古籍總目）

南圖

世宗實録四卷（明張溶、徐階等纂修　明鄧士龍編）

國朝典故六十種本（古籍總目）

大明世宗肅皇帝實録五百六十六卷（明張溶、徐階等纂修）

明瑞香樓抄本（古籍總目）

北大（存卷三五至四十）　湖南省社會科學院（存卷一百四十六至一百五十七、二百八至二百十九、二百九十四至三百）

明抄本（古籍總目）

國圖（存卷三十五至四十六、一百二十一至一百三十三、一百四十六至一百九十五、二百八至二百十九、二百四十五至二百五十六、三百七至三百三十一、三百八十一至四百五、四百十八至四百三十、四百五十五至四百六十二、四百八十至四百九十一、五百五十四至五百六十六；又一部，存卷一至一百三十三，二百七十至二百八十一，四百三十一至四百四十二，五百十七至五百二十八）　上圖（存卷五至九，二十二至二十四，九十四至九十六，一百四十至一百四十五，一百七十七至一百八十二，一百九十二至二百一，四百十二至四百十七，四百六十二至四百六十五，四百八十至四百九十一，五百二十三至五百二十八；又一部，存卷一百九至一百二十）　南圖（存卷九十七至一百八、一百五十八至一百七十、五百二十九至五百四十一）　温州市圖書館（存卷一至十、十五、十八、二十一、二十四、四十一）　曲阜市文管會（存卷九十一至一百）　武漢大學（存卷二十二至二百五十六、三百七至五百六十六）

清初抄本（古籍總目）

上圖（存卷九十七至一百八，清國史館簽校）

嘉靖承天大志四十卷（明徐階等修　明林爊等纂）

明嘉靖間刻本　九行十八字　白口四周雙邊（善本書目）

故宮

明刻本（古籍總目）

國圖（存卷十八）

清抄本（古籍總目）

國圖（存卷十九、三十六）

抄本（古籍總目）

北大（存卷十九、三十六）

民國二十六年鉛印本（古籍總目）

重慶市圖書館

學則三卷

明嘉靖十二年臨海林元倫刻本（古籍總目）

國圖

學則辯一卷

清道光三年刻陸象山先生文集本（古籍總目）

國圖

少湖徐先生學則辯一卷

明嘉靖十四年戚賢荊門刻象山先生全集本（古籍總目）

上圖

明嘉靖十四年戚賢荊門刻象山先生全集，三十一年魏希相補刻本（古籍總目）

上圖

明嘉靖三十八年張喬相刻象山先生全集本（古籍總目）

上圖　中科院

明嘉靖四十年何遷刻象山先生全集本　十行二十字　白口四周雙邊（善本書目）

上圖　復旦　國圖

明萬曆四十三年金谿傅氏金陵刻萬卷樓印本（古籍總目）

北大
明萬曆四十三年周希旦刻本（古籍總目）
國圖
明萬曆間刻象山先生全集本（古籍總目）
日本内閣文庫
明活字印象山先生全集本（古籍總目）
日本内閣文庫
清康熙六十年陸玉書刻象山先生全集本（古籍總目）
南圖
清雍正二年刻本（古籍總目）
浙江省圖書館　湖北省圖書館
清光緒二年刻百城山房叢書本（古籍總目）
天津圖書館
清宣統二年江左書林鉛印本（古籍總目）
國圖　北大　天津圖書館　南圖　浙圖
清抄本（古籍總目）

天津圖書館

陸象山先生全集三十六卷附校勘記一卷　宋陸九淵撰　清李紱評點，**象山陸先生年譜一卷**（宋李子願編）**少湖徐先生學則辨一卷**（陸梭山公家制一卷　宋陸九韶撰）

清同治十年大儒家廟刻本（古籍總目）

上圖　北大　南圖　湖北省圖書館

清光緒七年陸氏刻本（古籍總目）

北大（陸象山先生文集，附校勘等）

徐文貞公蒙訓四卷存齋教言一卷

書三味樓叢書本（嘉慶道光刻）（古籍總目）

岳集五卷（宋岳飛撰　明徐階輯）

明嘉靖十五年焦煜刻本　九行十八字　白口左右雙邊（善本書目、古籍總目）

上圖　國圖　南圖

岳武穆集六卷（編）

明萬曆二十年刻本　存卷四至卷六（存目標注）

明天啓間刻本（存目標注）

岳武穆遺文一卷（宋岳飛撰　明徐階輯）

四庫全書本（乾隆寫）（古籍總目）

明太保費文憲公文集選要七卷（明費宏撰　明徐階、劉同升輯）

二文公文集本（善本書目、古籍總目）

北大　南開大學　中山大學

明末鉛山費氏刻清重修本（古籍總目）

北大

雙江聶先生文集十四卷（明聶豹撰　明徐階輯　明聶靜編訂）

清康熙四十年雲丘書院刻本（古籍總目）

復旦　浙圖　日本内閣文庫

趙氏家藏集八卷（明趙文華撰　明徐階選）

清抄本（古籍總目）

中科院　南圖　浙圖（清王修跋）　北京市文物局

徐相公集一卷（明俞憲輯）

盛明百家詩本（嘉靖隆慶刻）（古籍總目）

世經堂集二十六卷

明萬曆間徐氏刻本　十行二十字　白口四周雙邊單魚尾（善本書目、古籍總目）

上圖（配清抄本）　北大　浙圖　臺北故宫

明萬曆間徐氏刻清康熙二十年徐佺補修本　十行二十字　白口四周雙邊（善本書目、古籍總目）

天津圖書館　中科院　故宫

明刻本（古籍總目）

北大

世經堂續集十四卷

明萬曆間徐肇惠刻本　十行二十字　白口四周雙邊單魚尾（善本書目、古籍總目）

國圖（存卷二至十一、十三至十四）　北大（三十六年刻，闕卷十二）　南圖

少湖先生文集七卷

明嘉靖十三年延平刻本　九行二十字　黑口四周單邊（存目標注、古籍總目）

臺圖　日本内閣文庫　日本尊經閣文庫

明嘉靖三十六年宿應麟刻本　九行二十字　黑口四周單邊無魚尾（善本書目、古籍總目）

上圖　國圖　南圖（清丁丙跋）

明刻本（古籍總目）

日本尊經閣文庫　日本蓬左文庫

重刊存翁先生文集七卷續刊存翁先生文集二卷

明嘉靖間刻本（日藏善本書録、古籍總目）

日本尊經閣文庫

包節（一五〇六—一五五六）

明松江府華亭縣人。字元達，號蒙泉。傳見本卷《善本經眼録》。

包侍御集一卷（明俞憲輯）

盛明百家詩本（嘉靖隆慶刻）（古籍總目）

包侍御集六卷

明嘉靖三十七年包杞等刻本　十行十八字　白口左右雙邊（善本書目、古籍總目）

國圖　北大（存卷一至四）

苑詩類選三十卷（編）

明嘉靖二十五年何城刻本　十行二十一字　白口四周單邊（善本書目、首都圖書館目録）

上圖　國圖　首都圖書館

明嘉靖三十八年包檉芳刻本　十行二十一字　白口四周雙邊（善本書目、首都圖書館目録）

首都圖書館　南圖　北師大

清初刻本（上圖古籍目録）

上圖（按：實爲明嘉靖二十五年何城刻本殘本）

何良俊（一五〇六—一五七三）

明松江府華亭縣人，居柘林（今上海奉賢區）。字元朗，號柘湖。傳見本卷《善本經眼録》。

四友齋叢説十六卷

明隆慶間活字印本　九行十八字　白口四周單邊有刻工（善本書目、古籍總目）

南圖（清丁丙跋）

四友齋叢説二十六卷

明活字本　九行十八字　白口四周單邊（善本書目）

天津圖書館

四友齋叢説三十八卷

明隆慶三年華亭何氏刻本（古籍總目）

臺圖

明萬曆七年龔元成刻本　九行十八字　白口左右雙邊（善本書目、古籍總目）

上圖　華東師大　國圖　北大　中科院

明天啓元年刻本　九行十八字　白口左右雙邊（善本書目）

上海辭書出版社　中科院

四友齋叢説摘抄七卷

紀録彙編本（萬曆刻）　十行二十字　白口四周單邊無魚尾（善本書目、古籍總目）

世説新語三卷世説新語補四卷（南朝宋劉義慶撰，梁劉孝標注補，明何良俊撰，明王世貞删定，明張文柱校，明凌濛補考訂）

明萬曆間刻本（古籍總目）

吉林省圖書館

明萬曆間張懋辰刻本　九行十九字　白口四周單邊（善本書目）

遼寧大學　天津圖書館　中科院

明凌濛初刻本　九行二十字　白口左右雙邊（善本書目、古籍總目）

上圖　南圖　北大　社科院文學所　天津師範大學

明刻本（古籍總目）

吉林師範學院

明末刻本（古籍總目）

北大

清康熙間刻本（南圖古籍目録）

南圖

明刻清康熙間修補本（古籍總目）

青海省圖書館

清康熙十五年永德堂刻本（古籍總目）

北大　大連市圖書館　吉林師範學院

世説新語八卷世説新語補四卷（南朝劉義慶撰，梁劉孝標注，明張懋辰訂補，明何良俊撰，明王世貞删定）

明萬曆間刻本（古籍總目）

上圖　中科院（孫毓修校跋）　天津圖書館　遼寧大學　吉林省圖書館

世説新語補二十卷附釋名一卷（南朝宋劉義慶撰，梁劉孝標注，明何良俊增補，明王世貞删定，明王世懋批釋，明張文柱校注）

明萬曆十三年張文柱刻本　九行十八字　白口左右雙邊（善本書目、古籍總目）

上圖　復旦　上師大　國圖　天津圖書館

明萬曆十四年閩中重刻本　九行十八字　白口左右雙邊（存目標注）

臺圖

明萬曆間刻本　九行十八字　白口四周單邊（存目標注）

中科院　人民大學　吉林大學

明刻本（古籍總目）

國圖

朝鮮肅宗朝活字本　十行十八字　白口四周單邊（存目標注）

上海博物館　臺圖

清乾隆二十七年黄汝霖茂清書屋刻本　九行十八字　白口左右雙邊（存目標注、古籍總目）

上圖　國圖　中科院　北大　天津圖書館（清李復來批校并跋）

清海寧陳氏慎行堂刻本（古籍總目）

北大

世説新語補四卷目録一卷（明王世貞删定　明凌濛初考訂）

明萬曆間刻本（古籍總目）

遼寧省圖書館

世説新語補二十卷（增補）

明萬曆十四年梅墅石渠閣刻本（古籍總目）

上圖

世説新語補四卷

清乾隆十四年刻本（古籍總目）

黑龍江大學

清葛元煦嘯園刻本（古籍總目）

遼寧大學　東北師大

世説新語補四卷（明王世貞删，明張文柱注，清黄汝琳補訂）

清乾隆二十七年茂清書屋刻本（古籍總目）

遼寧省圖書館　大連市圖書館　遼寧大學　吉林省圖書館　東北師大

清刻本（古籍總目）

遼寧省圖書館

世説新語補十八卷（明何良俊纂，清黄汝琳補訂）

清刻本（古籍總目）

上圖

钟伯敬批點世説新語補二十卷（南朝宋劉義慶撰，明何良俊補，明王世貞删定，明鍾惺批點，明張文柱注）

明萬曆間嘉樹堂刻本　九行十八字　白口四周單邊（存目標注、古籍總目）

東北師大

李卓吾批點世説新語補二十卷（南朝宋劉義慶撰，明何良俊補，明王世貞删定，明張文柱注，明李贄批點）

明嘉靖十四年書林余圮儒刻本　九行十八字　白口四周單邊（存目標注、古籍總目）

東北師大　齊齊哈爾市圖書館

明萬曆八年王世懋刻本（古籍總目）

北大　南圖

明萬曆十四年王世懋刻本（古籍總目）

遼寧省圖書館

明萬曆間集賢堂刻本（古籍總目）

南圖　青海民族大學

明萬曆間刻本（古籍總目）

中科院　北大　天津圖書館　吉林大學　吉林省社會科學院

明末刻本（上師大古籍目録）

上師大

明刻本（古籍總目）

天津圖書館

日本元禄七年京東林九兵衛刻本（存目標注）
大連市圖書館　廈門大學　臺北故宫
日本安永八年京都林權兵衛等刻本（存目標注）
天津圖書館　北大　臺圖

何氏語林三十卷

明嘉靖二十九年華亭柘湖何氏清森閣刻本　十行二十字　白口左右雙邊雙魚尾有刻工（善本書目）
上圖　復旦　國圖　南圖（清丁丙跋；清丁申跋）　中科院
明刻本（古籍總目）
上圖　國圖（佚名批校）
四庫全書本（乾隆寫）（古籍總目）

何氏語林三十卷（明茅坤評）

明天啓四年刻本　九行十九字　白口四周單邊（善本書目）
南圖　中科院　吉林省圖書館　臨海市博物館

何翰目集一卷（明俞憲輯）

盛明百家詩本（嘉靖隆慶刻）（古籍總目）

何翰林集二十八卷

明嘉靖四十四年何氏香巖精舍刻本　九行十七字　白口左右雙邊（善本書目、古籍總目）

社科院文學所　南圖　中科院

莫如忠（一五〇八—一五八八）

明松江府華亭縣人。字子良，號中江。傳見本卷《善本經眼録》。

莫中江集一卷（明俞憲輯）

盛明百家詩本（嘉靖隆慶刻）（古籍總目）

崇蘭館集二十卷

明萬曆十四年馮大受董其昌等刻本　九行十八字　白口左右雙邊（善本書目、古籍總目）

上圖　國圖　社科院文學所　天津圖書館　山東省圖書館

何良傅（一五〇九—一五六二）

明松江府華亭縣人。字叔皮，號大壑。傳見本卷《善本經眼録》。

何禮部集十卷

明嘉靖四十五年華亭何氏家塾刻本　十行十八字　白口左右雙邊（國圖古籍目録、古籍總目）

國圖（存卷一至四）

陸樹聲（一五〇九—一六〇五）

明松江府華亭縣人。字與吉，號平泉，一號十硯老人。傳見本卷《善本經眼録》。

戰國策四卷（評注）

明末刻本（古籍總目）

北師大（清王屋山人跋）　大連市圖書館

善俗裨議一卷

陸學士雜著本（萬曆刻）（古籍總目）

陸氏家訓一卷

陸學士雜著本（萬曆刻）（古籍總目）

雲間陸文定先生家訓

抄本（古籍總目）

上圖

國學訓諸生十二條一卷

陸學士雜著本（萬曆刻）（古籍總目）

陸學士題跋二卷

陸學士雜著本（萬曆刻）（古籍總目）

上圖　中央黨校

茶寮記一卷附一卷

夷門廣牘本（萬曆刻、民國影印）（古籍總目）

茶寮記一卷

夷門廣牘本（萬曆刻、民國影印）（古籍總目）

茶書本（萬曆刻）（古籍總目）

程氏叢刻本（萬曆刻）（善本書目、古籍總目）

枕中秘本（明末刻）（善本書目、古籍總目）

説郛本（宛委山堂刻）（古籍總目）

陳眉公訂正茶寮記一卷

明萬曆三十五年許才甫刻本（古籍總目）

遼寧省圖書館

亦政堂鐫陳眉公家藏普秘籍本（萬曆刻）（善本書目）

清暑筆談一卷

廣百川學海本（明刻）（古籍總目）
陸學士雜著本（萬曆刻）（古籍總目）
寶顔堂秘籍本（萬曆刻、民國石印）（古籍總目）
明萬曆間刻本（古籍總目）
　東北師大
明刻本（古籍總目）
　上圖
五朝小説本（明刻）（存目標注）
説郛本（宛委山堂刻）（古籍總目）

病榻寤言一卷

廣百川學海本（明刻）（善本書目、古籍總目）
陸學士雜著本（萬曆刻）（古籍總目）
寶顔堂秘籍本（萬曆刻、民國石印）（善本書目、古籍總目）
水邊林下本（明末刻、清初印）（善本書目、古籍總目）

說郛本（宛委山堂刻）（古籍總目）

長水日抄一卷

陸學士雜著本（萬曆刻）（古籍總目）
寶顏堂秘籍本（萬曆刻、民國石印）（古籍總目）
水邊林下本（明末刻）（古籍總目）

寶顏堂訂正長水日抄一卷

明刻本（古籍總目）
東北師大

汲古叢語一卷

陸學士雜著本（萬曆刻）（古籍總目）
上圖
寶顏堂秘籍本（萬曆刻、民國石印）（古籍總目）
亦政堂鐫陳眉公家藏廣秘籍本（萬曆刻）（善本書目）

説郛本（宛委山堂刻）（古籍總目）
清刻本（古籍總目）
東北師大

耄餘雜識一卷

陸學士雜著本（萬曆刻）（古籍總目）
寶顔堂秘籍本（萬曆刻、民國石印）（古籍總目）
閑情小品本（萬曆刻）（善本書目）

適園雜著一卷

陸學士雜著本（萬曆刻）（古籍總目）
清道光十八年懷璞齋抄本（古籍總目）
浙圖（清郭柏蒼跋）
清光緒十年翁氏茹古閣抄本（古籍總目）
復旦

禪林餘藻一卷

陸學士雜著本（萬曆刻）（古籍總目）

陸學士雜著六種

明萬曆十八年刻本（上圖古籍目録）

上圖

陸學士雜著十種十一卷

明萬曆十八年刻本（四庫全書存目叢書目録）

上圖（存八種九卷）　中央黨校（存八種九卷）　臺圖

老子道德經二卷（三國魏王弼注　明陸樹聲等評）

合諸名家批點諸子全書本（明溪香館刻）　九行二十字　白口四周單邊（善本書目）

國圖（存卷一）

陸文定公集二十六卷

明萬曆四十四年華亭陸彦章刻本　九行十九字　白口四周單邊（存目標注、古籍總目）

北大　南圖　臺圖

范惟一（一五一〇—一五八四）

明松江府華亭縣人。字允中，一字于中。范仲淹十六世孫。世家吴門，自父北溪始遷松江泗涇，遂爲華亭人。嘉靖二十年（一五四一）進士，歷官鈞州知州、濟南府同知、工部郎中、湖廣僉事、南京太僕寺卿。乞歸。傳見《陸文定公文集》卷七《范公墓志銘》、崇禎《松江府志》卷四十《賢達五》、嘉慶《松江府志》卷五十三《古今人傳五》。

范文正公言行拾遺事録一義莊規矩一卷（輯）

明刻本（古籍總目）

遼寧省圖書館

范忠宣公奏議三卷附恭獻諸公奏議一卷（宋范純仁撰　明范惟一編）

明嘉靖四十年韓叔陽重刻本　十一行二十字　四周單邊白口單魚尾（善本書目）

浙圖　中科院　社科院歷史所

（遜志齋集二十四卷　明方孝孺撰）附録一卷（輯）（拾遺一卷　清丁丙輯）

明嘉靖四十年王大可刻萬曆四年增修本（古籍總目）

南圖（配清抄本；清丁丙跋）

（遜志齋集二十四卷　明方孝孺撰）附録一卷（輯）

明正德十五年姑蘇顧璘刻本（古籍總目）

上圖　復旦　國圖　北大

明嘉靖二十年蜀藩朱讓栩刻本（古籍總目）

揚州市圖書館

明嘉靖四十年王可大刻本　十行二十字　白口四周單邊單魚尾（古籍總目）

上圖　國圖　浙圖（章梫跋）　天津圖書館

明刻本（古籍總目）

日本静嘉堂文庫

明詩摘抄四卷

明萬曆十八年范氏玉雪堂刻本　九行十七字　白口四周雙邊（善本書目）

重慶市北碚區圖書館

范中方集一卷（明俞憲輯）

盛明百家詩本（嘉靖隆慶刻）（古籍總目）

范太僕集十四卷

明萬曆十三年范允豫等刻本　九行十九字　白口左右雙邊（善本書目）

重慶市圖書館

振文堂集十三卷

明萬曆十六年范允豫刻本　九行二十字　白口四周雙邊（古籍總目）

浙圖

徐陟（一五一三—一五七〇）

明松江府華亭縣人。字子明，號望湖，又號達齋。傳見本卷《善本經眼録》。

親驗簡便諸方一卷

明嘉靖間刻本　十行二十字　白口四周雙邊（善本書目、古籍總目）

天一閣

清緑竹堂刻本（古籍總目）

上圖

簡便諸方二卷

清刻本（古籍總目）

上圖

來嘉堂集十九卷

明抄本（古籍總目）

上圖

朱大韶（一五一七—一五七七）

明松江府華亭縣人。字象玄，號文石。由莘莊遷郡城。嘉靖二十六年（一五四七）進士，選庶常，授檢討，册封襄藩，分校禮闈。時倭寇起東南，以親老乞改南雍，遂得司業。傳見嘉慶《松江府志》卷五十三《古今人傳五》、《陸文定公文集》卷十二《祭朱司成文石文》。

皇明名臣墓銘八卷（編）

明藍格抄本　十二行二十字　白口上下雙邊或左右單邊單魚尾（書志初稿、古籍總目）

臺圖

民國間四明張氏約園抄本（國圖古籍目録）

國圖

新刊文場助捷經濟時務表筌四卷（明瞿景淳、明朱大韶輯）

明嘉靖四十三年刻本　十二行二十四字　白口四周單邊單魚尾（古籍總目）

臺圖

周思兼（一五一九—一五六五）

明松江府華亭縣人。字叔夜，號萊峰。傳見本卷《善本經眼録》。

西齋日録十卷（輯）

明萬曆三十四年刻本（古籍總目）

臺圖

學道紀言五卷補遺一卷附録一卷

明萬曆二十三年徐汝晋刻本　九行十七字　白口左右雙邊（善本書目、古籍總目）

浙圖　清華

周叔夜先生集十一卷（明王世貞選）

明萬曆十年華亭周氏刻本　九行十七字　白口左右雙邊單黑魚尾（善本書目、古籍總目）

上圖　華東師大　國圖

紫霞軒藏稿四卷

明隆慶五年周氏紫霞軒刻崇禎元年重修本　十行二十一字　白口左右雙邊（善本書目）

華東師大

周萊峰稿一卷（清陳名夏輯）

國朝大家制義本（明末刻）（古籍總目）

國圖

周萊峰稿一卷

名家制義六十一家本（清抄本）（古籍總目）

國圖

袁福徵

明嘉靖、萬曆間松江府華亭縣人。字履善，號太沖。嘉靖二十三年（一五四四）進士。授刑部主事，晋郎中。因事歸，以詩文棋酒自寄。釋褐六十年，家徒四壁，殘書萬卷而已。家藏詩文甚夥，未獲梓行。年八十餘卒。著有《袁太沖稿》《朒陣篇》等。傳見崇禎《松江府志》卷四十《賢達五》、乾隆《江南通志》

卷一六六《人物志・文苑》。

朋陣篇一卷

夷門廣牘本（萬曆刻、民國影印）（古籍總目）

錦囊小史本（明末刻）（古籍總目）

居家必備本（明末刻）（古籍總目）

説郛本（宛委山堂刻）（古籍總目）

游藝四種本（抄本）（古籍總目）

朋陣譜一卷

明末刻牌譜本（古籍總目）

遼寧省圖書館

朋陣指南一卷

枕中秘本（明末刻）（古籍總目）

袁太沖稿一卷（清俞長城選評）

可儀堂一百二十名家制義本（康熙刻、乾隆刻）（古籍總目）

袁太沖稿一卷

名家制義六十一家本（清抄）（古籍總目）

王　洣

明松江府華亭縣人。號留庵。嘉靖四十年（一五六一）舉鄉薦。選中牟令，有政聲。傳見崇禎《松江府志》卷四十《賢達五》、嘉慶《松江府志》卷五十三《古今人傳五》。

王貢士集一卷（明俞憲輯）

盛明百家詩本（嘉靖隆慶間刻）（古籍總目）

蔡汝賢

明松江府華亭縣人，居唐行鎮。字用卿，一字思齊，號龍陽。傳見本卷《善本經眼録》。

[上海松江] 蔡氏新譜二卷（纂修）

明隆慶間刻本　九行十八字　白口四周雙邊（善本書目）

韓城縣文化館

明萬曆間刻本（古籍總目）

國圖

東夷圖總説一卷嶺海異聞一卷嶺海續聞一卷

明萬曆間刻本　九行十八字　白口四周雙邊（古籍總目、善本書目）

國圖　韓城縣文化館

林景暘（一五三〇—一六〇四）

明松江府華亭縣人。字紹熙，號弘齋。傳見本卷《善本經眼録》。

玉恩堂集九卷目一卷附録一卷

明萬曆三十五年林有麟刻本　九行二十字　白口左右雙邊（古籍總目、原國立北平圖書館甲庫善本叢書目録）

上圖　浙圖　臺北故宫（存卷一至四）

孫克弘（一五三三—一六一一）

明松江府華亭縣人。字允執，號雪居。傳見本卷《善本經眼録》。

古今石刻碑帖目二卷（輯）

明萬曆二十九年刻本　七行十六字　白口單邊（善本書目、古籍總目）

上圖

濟寧李氏礶墨亭叢書本（古籍總目）

國圖（傅增湘校）

古今石刻碑帖目二卷備考古今石刻碑帖目一卷（輯）

抄本（存目標注）

南圖

皇明碑刻不分卷

明抄本　红格（善本書目）

甘肅省圖書館

莫是龍（一五三七—一五八七）

明松江府華亭縣人。字雲卿，又字廷韓。傳見本卷《善本經眼録》。

畫説一卷

雪堂韻史本（崇禎刻）（善本書目、古籍總目）

廣百川學海本（明刻）（古籍總目）

説郛本（宛委山堂刻）（古籍總目）

繪事粹編本（道光抄）（古籍總目）

小石山房墜簡拾遺本（道光抄）（古籍總目）

寶顔堂訂正畫説一卷

寶顔堂秘籍本（萬曆刻、民國石印）（古籍總目）

閑情小品本（萬曆刻）（古籍總目）

筆麈一卷

奇晋齋叢書本（乾隆刻）（善本書目、古籍總目）

誠齋集七十卷（宋楊萬里撰　明莫是龍選）

明抄本（古籍總目）

上圖

小雅堂詩稿不分卷

稿本（善本書目、古籍總目）

國圖

莫少江集一卷（明俞憲輯）

盛明百家詩本（嘉靖隆慶刻）（古籍總目）

小雅堂集八卷

明崇禎五年莫後昌、莫遠刻本　八行十九字　白口左右雙邊（善本書目、古籍總目）

南圖　國圖

石秀齋集十卷

明萬曆三十二年潘焕宸刻本　九行十九字　白口左右雙邊（善本書目、古籍總目）

南圖

清康熙五十五年曹炳曾城書室刻雲間二韓詩本（善本書目、古籍總目）

上圖　國圖　南圖

清抄本（古籍總目）

南圖

石秀齋集不分卷

清初抄本　十一行二十二字（古籍總目）

復旦

刻莫廷韓遺稿十六卷

明萬曆三十七年沈氏梅居刻本　八行二十字　白口四周單邊無魚尾（善本書目、古籍總目）

北大

明刻本（古籍總目）

北大

范濂（一五四〇——一六〇九）

明松江府華亭縣人，居漕涇。字叔子，原名廷啓。傳見本卷《善本經眼録》。

雲間據目抄五卷

清范聯枝一寒齋刻本（善本書目、古籍總目）

國圖（清李心菴跋）

清抄本（善本書目）

上圖

清抄本（古籍總目）

復旦

申報館叢書本（古籍總目）
筆記小説大觀本（古籍總目）
褚氏所刻書本（古籍總目）

杜律選注六卷（唐杜甫撰　明范濂注）

明萬曆間書林熊沖宇種德堂刻本　十行二十字　白口四周單邊（古籍總目）
遼寧省圖書館

陸應陽（一五四二—一六二七）

明松江府華亭縣人。字伯生。傳見本卷《善本經眼録》。

廣輿記二十四卷（輯）

明萬曆二十八年刻本　十行十九字小字雙行十八字　白口左右雙邊（善本書目、古籍總目）
上圖　南圖　故宫　山東省圖書館　湖北省圖書館
明素水堂刻本（古籍總目）
上圖　復旦　國圖　北大　山東省圖書館

明崇禎讀書坊刻本　九行二十字小字雙行同　白口四周單邊單魚尾（善本書目、上師大古籍目録）
國圖　浙圖　上師大
明凝香閣刻本　九行二十字小字雙行同　白口四周雙邊（善本書目）
中央黨校　臨海縣博物館　安徽省博物館
明遺經堂刻本（日藏善本書録）
日本京都大學

廣輿記二十四卷（明陸應陽輯　明汪無際補圖）

明素水堂刻本　十行十九字　白口四周單邊單魚尾（善本書目、古籍總目）
上圖

廣輿記二十四卷圖一卷（輯）

明皛飛齋刻本（日藏善本書録）
日本京都大學

增訂廣輿記二十四卷首一卷圖一卷（明陸應陽輯　清蔡方炳增輯）

清康熙間吴郡寶翰樓刻本（存目標注）

北大　南圖　河南省圖書館

清康熙間平江聚秀堂刻本（存目標注）

江西省圖書館

清康熙四十六年帶月樓刻本（存目標注）

江西省圖書館

清康熙五十六年聚錦堂刻本　十行十九字小字雙行同　白口四周單邊或左右雙邊單魚尾（存目標注）

湖南省圖書館　河南省圖書館　天津師範大學

清乾隆九年四美堂刻本（存目標注、古籍總目）

上圖　北大　山東省圖書館

清乾隆十一年光德堂刻本　十行十九字小字雙行同　白口四周單邊或左右雙邊單魚尾（存目標注）

清乾隆十五年三畏堂刻本（存目標注）

四川大學　河南省圖書館

清嘉慶七年聚文堂刻本（存目標注、古籍總目）

上圖　浙圖　山東省圖書館

清嘉慶間大文堂刻本（存目標注、古籍總目）

上圖　南圖

清道光四年體元堂刻本（存目標注、古籍總目）

山東省圖書館

萬曆象山縣志十六卷（明吴學周修　明陸應陽等纂）

明萬曆三十六年刻本（古籍總目）

國圖（存卷一至三、十至十六）

江行稿一卷白門稿一卷武夷稿一卷燕遊草一卷笏谿草一卷東遊草一卷洛草三卷帆前草一卷

明萬曆間刻本（版本志、古籍總目）

中科院　上圖（闕東遊草一卷洛草三卷帆前草一卷）

東遊草一卷洛草三卷

明萬曆間刻本（版本志、古籍總目）

國圖

明詩妙絶五卷（輯）

明萬曆三十九年黄卯錫刻本（古籍總目）

上圖

俞汝爲

明松江府華亭縣人。字毅夫。傳見本卷《善本經眼録》。

荒政要覽十卷（輯）

明萬曆三十五年刻本　九行二十字　白口四周單邊單魚尾（善本書目、古籍總目）

上圖

長水塩院紀六卷

明萬曆二十七年刻本　九行十九字　白口四周雙邊單魚尾（善本書目、古籍總目）

上圖（存卷一至三）

長水塕院紀二卷

抄本（古籍總目）

上圖

許樂善

明松江府華亭縣人。字修之，號惺初。傳見本卷《善本經眼録》。

尊生要旨一卷（明蔣學成輯　明許樂善補）

明刻本（古籍總目）

南京中醫藥大學業

明抄本（古籍總目）

中國中醫科學院

抄本（古籍總目）

上海中醫藥大學

事類異名六卷（輯）

清乾隆三十二年許紀原等刻本（古籍總目、上師大古籍目録）

上圖　上師大　日本東京大學

適志齋稿十卷

明天啓五年刻本　九行二十字　白口左右雙邊單魚尾（古籍總目）

上圖　臺北「中研院」傅斯年圖書館（紙燒本）

適志齋集十卷修齊要覽一卷許氏惠邑恤宗録一卷

清乾隆二十四年許以恕刻本（古籍總目）

復旦

馮時可（一五四六—一六二〇）

明松江府華亭縣人。字元敏，一字敏卿、元所，號元成，又號天池山人。傳見本卷《善本經眼録》。

文所易説五卷

馮元成雜著本（萬曆刻）（古籍總目）

易説五卷

明萬曆間刻本　九行十八字　白口左右雙邊（善本書目、古籍總目）

旅順博物館　日本東京大學東洋文化研究所

易説四卷

清嘉慶二十四年刻本（古籍總目）

上圖

詩臆二卷

馮元成雜著本（萬曆刻）（古籍總目）

周禮筆記六卷

明萬曆間周宗邠刻本　九行二十二字　白口四周雙邊單魚尾（善本書目、古籍總目）

國圖

左氏討一卷

馮元成雜著本（萬曆刻）（古籍總目）

左氏釋二卷

馮元成雜著本（萬曆刻）（古籍總目）
四庫全書本（乾隆寫）（存目標注、古籍總目）
藝海珠塵本（乾隆刻）（古籍總目）
民國間廬江劉氏遠碧樓藍格抄本（古籍總目）
上圖

左氏論二卷

馮元成雜著本（萬曆刻）　九行十八字　白口四周單邊單魚尾（善本書目、古籍總目）
北大　國圖

春秋會異六卷

明萬曆二十五年温州府劉芳譽刻本　九行二十二字　白口四周雙邊（善本書目、古籍總目）

上圖　國圖

俺答志二卷

清抄本（古籍總目）

傅斯年圖書館

抄本（古籍總目）

南圖

寶善編甲集一卷乙集一卷

明萬曆間刻本（古籍總目）

上圖　蘇州市圖書館　廣東省中山圖書館

趙凡夫先生傳一卷

明萬曆四十六年趙宧光刻本（古籍總目）

國圖

明麗江知府木氏六公傳一卷（忠孝紀一卷　明蔡毅中撰）

明崇禎間刻本　八行十八字　白口四周單邊（善本書目）

雲南省圖書館

滇行紀略一卷

説郛續本（古籍總目）

黔中語録一卷續語録一卷

明萬曆間刻本（古籍總目）

臺圖

馮元成雜著本（萬曆刻）（古籍總目）

衆妙仙方四卷

明萬曆二十四年馮時可刻本　十行二十字　白口四周雙邊（善本書目、古籍總目）

國圖　中國中醫科學院

茶録一卷

說郛本（宛委山堂刻）（古籍總目）

蓬窗續録一卷

說郛本（宛委山堂刻）（古籍總目）

上池雜説一卷

學海類編本（道光木活字印、民國影印）（古籍總目）

三三醫書本（民國鉛印）（古籍總目）

國醫小叢書本（古籍總目）

雨航雜録一卷

說郛本（宛委山堂刻）（古籍總目）

（錢太史鶴灘稾六卷　明錢福撰）附録一卷紀事一卷遺事一卷

明萬曆三十六年沈思梅居刻本　八行十九字　白口四周單邊（善本書目、古籍總目）

上海博物館　國圖

西征集十卷馮文所詩稿三卷黔中語録一卷續語録一卷黔中程式一卷

明萬曆間華亭馮氏刻本　九行十八字　白口左右雙邊單魚尾（善本書目、古籍總目）

北大　南圖　中科院　湖北省圖書館

西征集八卷

明刻本（日藏善本書録、古籍總目）

日本尊經閣文庫　日本内閣文庫

西征集十卷

明萬曆間華亭馮曾可刻本（古籍總目）

國圖（闕卷二）

明崇禎十一年序刻本（古籍總目）

西征稿二十卷武陵稿二十卷燕喜堂稿十五卷馮元成壬子續北征集十六卷

明刻本（古籍總目）

臺北故宮

馮元成北征續刻六卷

明萬曆間刻本（上圖古籍目録）

上圖

雨航吟稿三卷

明萬曆間刻本（古籍總目）

南圖

明刻本　九行十八字　白口左右雙邊單魚尾（善本書目、古籍總目）

國圖　南圖

馮文所詩稿三卷

明刻本（古籍總目）

國圖

超然樓集十二卷

明萬曆二十五年刻本　九行十八字　白口四周雙邊（善本書目、古籍總目）

上海辭書出版社　北大

馮文敏集□□卷

明萬曆間刻本（古籍總目）

臺圖（存四十四卷）

馮文敏公詩文集十一卷

明萬曆間刻本（古籍總目）

南圖

馮元成選集文八卷詩七卷

明萬曆間刻本（上圖古籍目録、古籍總目）

上圖

馮元成選集八十三卷目録二卷（明任弘道選）

明劉雲承刻本　九行十八字　白口四周單邊單黑魚尾有刻工（善本書目、古籍總目）

上圖　南圖　中科院

明萬曆間刻本（古籍總目）

上圖

明刻本（古籍總目）

南圖　中科院　日本内閣文庫　美國普林斯頓大學葛思德東方圖書館

馮元成先生選集□卷

明刻本（古籍總目）

南圖

馮元成選集二十四卷

明刻本（日藏善本書録、古籍總目）

日本内閣文庫

石湖稿二卷

明刻本　八行十六字　白口左右雙邊單魚尾（版本志、古籍總目）

國圖　南圖

馮元成雜著本（萬曆刻）（古籍總目）

金閶稿二卷

明刻本　八行十六字　白口左右雙邊單魚尾（版本志、古籍總目）

國圖

馮元成雜著本（萬曆刻）（古籍總目）

馮玄岳金閶稿十卷

明萬曆間吴郡馮氏刻本（日藏善本書録）

日本蓬左文庫

馮文所巖棲稿三卷

明萬曆間刻本　九行十八字　白口左右雙邊單魚尾（善本書目、古籍總目）

國圖（闕卷上中）（按：國圖無）　南圖　中科院

重刻馮玄岳巖棲稿十卷

明刻本　九行十八字　白口四周單邊無魚尾　兩節版　上節無題刻（善本書目）

北大　武漢市圖書館　社科院文學所

馮元成寶善編選刻二卷

明承訓堂刻本　八行十六字　白口左右雙邊（古籍總目）

國圖

馮元成雜著九種十九卷（文所易説五卷詩臆二卷左氏討一卷左氏釋二卷左氏論二卷黔中程式一卷黔中語録一卷續語録一卷石湖稿二卷金閶稿二卷）

明萬曆間刻本　九行十八字　白口四周單邊　或八行十六字　白口左右雙邊（善本書目）

國圖

何　通

字不違，明松江府華亭縣人。傳見本卷《善本經眼録》。

印史五卷

明天啓間刻鈐印本（古籍總目）

上圖　國圖　中科院　天津圖書館　南圖（清丁丙跋）

郁　濬

字開之，明松江府華亭縣人。見本卷《善本經眼録》。

石品二卷

明萬曆間刻本（古籍總目）

臺圖

抄本（古籍總目）

臺圖

瑶箋四卷（輯）

明萬曆間刻本（古籍總目）

北大

明刻本（古籍總目）

國圖（存卷一至二）

俞汝楫

明松江府華亭縣人。字仲濟。内行醇備，性和易，終身不見喜愠。少有文譽。病卒，里中私謚爲端慤先生，知府方岳貢改曰清惠。傳見嘉慶《松江府志》卷五十四《古今人傳六》。

禮部志稿一百十卷（明俞汝楫等撰）

四庫全書本（乾隆寫）（古籍總目）

顧正誼

明松江府華亭縣人。字仲方，號亭林。傳見本卷《善本經眼録》。

顧仲方百咏圖譜二卷咏物新詞圖譜一卷

明萬曆間刻本　白口四周雙邊（善本書目、古籍總目）

上圖（按：上圖退，未見）　國圖　北大

顧仲方百詠圖譜二卷

明萬曆二十四年顧正誼刻本（古籍總目）

國圖　北大

筆花樓新聲一卷

明萬曆間刻本　有圖　三十頁　半頁圖　半頁詩（善本書目）

國圖

筆花樓新聲不分卷

明萬曆間刻本　八行十六字　白口四周雙邊（善本書目）

社科院文學所

李豫亨

明松江府華亭縣人。字元薦。傳見本卷《善本經眼録》。

推篷寤語（王蘭遠節録）

三三醫書本（民國鉛印）（古籍總目）

推篷寤語一卷

説郛本（宛委山堂刻）（古籍總目）

推篷寤語九卷餘録一卷

明隆慶五年李氏思敬堂刻本　十行二十一字　白口四周雙邊有刻工（存目標注、古籍總目）

上圖　北大　首都圖書館　臺圖　美國國會圖書館

三事遡真一卷

寶顔堂秘籍本（萬曆刻、民國石印）

錢大復（一五四六—一六一六）

明松江府華亭縣人。字肇陽，號漸庵。傳見本卷《善本經眼録》。

四書證義筆記合編十七卷（明錢龍錫校）

明萬曆四十一年刻本　八行二十字　白口四周單邊單魚尾（善本書目、古籍總目）

上圖　日本東京都立日比谷圖書館

馮大受

明松江府華亭縣人。字咸甫。傳見本卷《善本經眼録》。

竹素園集九卷

明萬曆間刻本　九行二十字　白口四周單邊　包括閑居集、園居集、郊居集、端居集、據梧集、金陵遊草、公車别録、北遊續草、燕臺遊草各一卷（版本志、古籍總目）

國圖

馮曳甫詩集九卷

抄本（古籍總目）

臺圖（鄧邦述題記）

方應選

明松江府華亭縣人。字衆甫，號明齋。傳見本卷《善本經眼録》。

萬曆汝州志四卷（明方應選修　明張維新纂）

萬曆二十四年刻本（上海地方志資料考録、古籍總目）

日本宫内省圖書寮

方衆甫集十四卷

明萬曆三十四年刻本（古籍總目）

日本尊經閣文庫

明萬曆間刻本　九行二十字　白口四周單邊（版本志、古籍總目）

南圖

章憲文（一五四七—一六〇七）

明松江府華亭縣人。字公覲。傳見本卷《善本經眼録》。

白石山堂詩話二卷

清抄本（上圖古籍目録）

上圖

唐文獻（一五四九—一六〇五）

明松江府華亭縣人。字元徵，號抑所。傳見本卷《善本經眼録》。

新刻十元魁述訂國朝五百名家詩經文林正達二十卷（明唐文獻等撰）

明萬曆間刻本（古籍總目）

日本尊經閣文庫

新鐫唐葉二翰林彙編詳訓精講新意備題標圖詩經會達天機妙發二十卷（明唐文獻、明葉向高撰）

明萬曆間刻本（古籍總目）

日本尊經閣文庫

唐宗伯公文集（占星堂集）十六卷

明萬曆四十三年唐允執刻本　九行二十字　白口四周單邊單黑魚尾（版本志、古籍總目）

上圖

唐文恪公文集十六卷

明萬曆四十三年唐允執刻唐宗伯公文集天啓後印本　九行二十字　白口四周單邊單黑魚尾（版本志）

北大

唐文恪公文集十六卷首一卷

明萬曆間楊鶴、崔爾進刻本（古籍總目）

北大（清李松齡跋）

清道光二十八年刻本（古籍總目）

天津

清道光三十年唐天溥寶研山房刻本（古籍總目）

北大　南圖

唐宗伯文集十五卷

明華亭唐氏容安齋刻本（古籍總目）

北大

唐文恪公遺牘一卷

稿本（國圖古籍目録）

國圖

何三畏（一五五〇—一六二四）

明松江府華亭縣人。字士抑，號繩武。傳見本卷《善本經眼録》。

天啓雲間志略二十四卷志餘一卷（編）

明天啓四年刻本　十行二十字　白口四周單邊單魚尾（善本書目、古籍總目）

上圖　北大

冥廖子游二卷（明屠隆撰　明何三畏評）

明刻本（古籍總目）

上圖

新刻何氏類镕三十五卷

明萬曆四十七年刻本　十行二十字　白口四周單邊單魚尾有刻工（善本書目、古籍總目）

上圖　中科院　南圖　浙圖　天津圖書館

明刻本（古籍總目）

南圖

新刻漱六齋全集四十八卷

明萬曆間陳錫恩刻本　九行二十字　白口四周單邊單黑魚尾（版本志、古籍總目）

北大（有抄配）　日本尊經閣文庫　美國普林斯頓大學葛思德圖書館

何氏居廬集十五卷首一卷目録一卷（明陳永年等校）

明萬曆間翁德楙等刻本　九行二十字　白口四周單邊單魚尾（版本志、古籍總目）

天津圖書館

明末雲間孫訥刻本（古籍總目）

臺北傅斯年圖書館

何氏居廬集十五卷詠物詩六卷

明萬曆間刻本（古籍總目）

南圖

咏物詩六卷（明陳繼儒注　明陸萬言評）

明萬曆二十五年刻本　九行二十字小字雙行同　白口四周單邊（古籍總目）

北大　南圖

明刻本（古籍總目）

國圖

何氏芝園集二十五卷

明萬曆二十四年何三畏刻本（古籍總目）

國圖　天津圖書館

明萬曆間刻本　九行二十字　白口四周單邊無魚尾（古籍總目）

北大

何氏拜石堂集十二卷（明陳繼儒注　明陸萬言評）

明萬曆間祝允光等刻本（古籍總目）

臺圖

何士抑宛委齋集八卷

明刻本　九行二十字　白口四周單邊（版本志）

祁縣圖書館

吴　炯

明松江府華亭縣人。字晋明，號懷野。傳見本卷《善本經眼録》。

叢語十二卷

明萬曆間刻本　九行十七字　白口四周單邊（善本書目、古籍總目）

上圖

吴履震

明末清初松江府華亭縣人。字長公，號退庵。傳見本卷《善本經眼録》。

五茸志逸隨筆八卷（志餘一卷　明唐之屏撰）

清初抄本（古籍總目）

南圖

清抄本（古籍總目）

國圖　上圖　南開大學

五茸志逸隨筆八卷（附説夢一卷）

清道光八年醉漚居抄本（善本書目）

中科院

五茸志逸録存一卷

清姚椿通藝閣抄本（善本書目、古籍總目）

上圖（清王友光批）

五茸志逸隨筆二卷（輯）

清抄本（古籍總目）

國圖

五茸志逸隨筆一卷（輯）

清抄本（古籍總目）

國圖

楊繼禮（一五五三—一六〇四）

明松江府華亭縣人。字彦履，號石間。萬曆二十年（一五九二）進士，改庶吉士，授編修，與修實録。陞贊善中允，充日講官，晋諭德，掌南京翰林院。傳見崇禎《松江府志》卷四十《賢達五》、嘉慶《松江府志》卷五十四《古今人傳六》。

皇明後紀妃嬪傳不分卷

清抄本　十一行二十字　無格（國圖古籍目録、古籍總目）

國圖（周星詒校）

唐之屏（？—一六〇六）

明松江府華亭縣人，居金匯橋。字君公。萬曆二十年（一五九二）進士，除常山縣，有教化之功。以中讒罷歸，不復出。傳見崇禎《松江府志》卷四十《賢達五》、嘉慶《松江府志》卷五十四《古今人傳六》。

（五茸志逸隨筆八卷　明吴履震撰）志餘一卷

清初抄本（古籍總目）

南圖

清抄本（古籍總目）

上圖　國圖　南開大學

清道光八年醉漚居抄本（古籍總目）

中科院

鍾　薇

明嘉靖、萬曆間松江府華亭縣人。字面溪。傳見本卷《善本經眼録》。

倭奴遺事一卷

傳抄明萬曆間原刻本　八行十八字　左右雙邊單魚尾（書志初稿）

臺圖

抄本（古籍總目）

上圖

玄覽堂叢書本（古籍總目）

耕餘集一卷

明萬曆間刻本（古籍總目）

臺圖

曹蕃

明松江府華亭縣人。字价人，號芝亭。曹銑子。萬曆二十五年（一五九七）舉人，授荆州通判，居官廉正。神宗末以邊警徵川兵道夷陵蕃署州篆。傳見乾隆《金山縣志》卷十九《仕績傳》、嘉慶《松江府志》卷五十四《古今人傳六》。

荔枝譜

説郛本（宛委山堂刻）（古籍總目）

李紹箕（一五五〇——一六三一）

明松江府華亭縣人。字懋承。李日章孫，顧正誼婿。官江西都昌主簿。能詩，工書畫。品行端介，見重於時。傳見光緒《重修華亭縣志》卷十四《人物》。

彭澤草一卷

明萬曆三十二年序刻本　半葉八行行十七字　白口四周雙邊單黑魚尾（臺灣傅斯年圖書館古籍目録）

日本内閣文庫　臺灣傅斯年圖書館（影印本）

李紹文

明松江府華亭縣人。字節之。傳見本卷《善本經眼録》。

雲間人物志四卷附家志一卷

清乾隆十八年抄本（善本書目、古籍總目）

上圖

雲間雜識八卷

明萬曆間刻本　九行二十字　白口四周單邊單魚尾（善本書目、古籍總目）

上圖

清抄本　九行二十字　無格（善本書目、古籍總目）

國圖

雲間雜識四卷

海豐吳氏抄本（上圖古籍目録）

上圖

雲間雜志二卷

清抄本　十行二十二字　白口左右雙邊（善本書目、古籍總目）

國圖

民國二十四年鉛印本（古籍總目）

南圖

雲間雜志三卷（明□□撰）

奇晋齋叢書本（古籍總目）

褚氏所刻書本（古籍總目）

皇明世説新語八卷附釋名一卷

明萬曆間刻本　八行二十字　白口四周單邊單魚尾（存目標注、古籍總目）

上圖　中科院　臺圖

民國抄萬曆本（存目標注）

浙圖

日本寶曆四年貫器堂刻本（存目標注）

大連市圖書館

日本明和八年菊秀軒刻本　九行二十字　白口左右雙邊單魚尾（國圖古籍目録）

國圖

朝鮮高宗九年刻本　十行二十字　白口四周雙邊花魚尾（存目標注）

臺圖

皇明世説新語八卷

明萬曆間刻本（古籍總目）

中科院　南圖

明刻本

南圖　大連市圖書館

張重華

明松江府華亭縣人。字虞侯。生平未詳。傳見本卷《善本經眼録》。

南北遊草續一卷

明萬曆二十二年萬世德刻本　七行十四字　白口四周單邊單魚尾（善本書目、古籍總目）

上圖

滄漚集八卷

明萬曆間華亭張氏晴陽堂刻本　九行十九字　白口四周單邊單黑魚尾（善本書目、古籍總目）

上圖　中科院

明刻本（古籍總目）

日本内閣文庫

張誼

明松江府華亭縣人。字履道。贅永豐里杜氏，遂家焉。好談《易》，善望氣占候之法。傳見嘉慶《松江府志》卷五十三《古今人傳五》。

宦遊紀聞一卷

藏説小萃本（萬曆刻）（古籍總目）

國圖　臺圖

明刻本（古籍總目）

國圖

清常熟趙氏舊山樓抄本（上圖古籍目録）

上圖

清抄本（古籍總目）

南圖

范壺貞

明松江府華亭縣人。字蓉裳。諸生胡畹妻。傳見本卷《善本經眼録》。

胡繩集詩抄三卷

清乾隆三十年刻天游閣印本（古籍總目）
上圖　國圖　北大
抄本（上圖古籍目録）
上圖（底本爲天游閣刻本）

胡繩集詩抄三卷（明陳繼儒評，清胡鯨發輯）

清乾隆間重編稿本　明陳繼儒評　清胡鯨發輯　九行十九字　白口左右雙邊（版本志、古籍總目）
上圖（清沈大成校改并序）

胡繩集三卷

書三味樓叢書本（嘉慶道光刻）（古籍總目）

范蓉裳胡繩集四卷

明朱墨套印本（上圖古籍目録）

上圖

范蓉裳胡繩詩集八卷

清乾隆間抄本（上圖古籍目録）

上圖（按：架缺無書）

唐汝諤（一五五五——一六二八）

明松江府華亭縣人。字士雅。傳見本卷《善本經眼録》。

張君一先生毛詩微言二十卷首一卷（明張以誠撰　明唐汝諤輯）

明末刻本　十行二十四字　白口四周單邊（善本書目、古籍總目）

北大　保定市圖書館　日本内閣文庫

清抄本（古籍總目）

北大

毛詩微言二十卷首一卷（輯）

明書林俞秀山刻本　十行二十四字　白口四周單邊（善本書目）

復旦

毛詩蒙引二十卷首一卷

明刻本（日藏善本書録）

日本尊經閣文庫

新鐫詩經微言合參八卷（明張以誠參定）

明刻本　十行　無格（日藏善本書録、古籍總目）

日本蓬左文庫

增補四書微言二十卷

明萬曆間刻本　大學二卷中庸二卷論語八卷孟子七卷（古籍總目）

國圖

刪補四書微言二十卷

明萬曆間華亭唐氏刻本（日藏善本書録）

日本内閣文庫　日本蓬左文庫

鐫匯附雲間三太史約文暢解四書增補微言二十卷（輯）

明萬曆四十三年金陵書林晏少溪、朱桃源刻本　上欄二十四行十二字　下欄十二行二十四字白口四周單邊單魚尾（日藏善本書録）

日本尊經閣文庫

三刻刪補四書微言十四卷

明東觀閣刻本（日藏善本書録）

日本内閣文庫

古詩解二十四卷

明崇禎間李潮刻本　九行二十字小字雙行同　白口四周單邊（善本書目、古籍總目）

復旦　社科院文學所

傳抄李潮刻本（存目標注）

董其昌（一五五五—一六三六）

明松江府華亭縣人。字玄宰，號思翁、香光。傳見本卷《善本經眼録》。

新鐫通鑑集要十卷首一卷（明諸燮輯　明董其昌訂　明宋鳳翔增參）

明末刻本　十一行二十二字　白口四周單邊單魚尾（善本書目、古籍總目）

上圖

皇明通紀前編二十七卷續編十八卷（明陳建撰　明董其昌補訂）

明崇禎十一年序刻本　十行二十二字小字雙行二十一字　白口四周單邊（善本書目、古籍總目、日藏書目）

北師大　日本大東急記念文庫

學科考略一卷

學海類編本（道光木活字印、民國影印）（古籍總目）

叢書集成初編本（古籍總目）

神廟留中奏疏彙要四十卷目録一卷（編）

明抄本（古籍總目）

臺圖

清抄本（善本書目、古籍總目）

北大

民國二十六年燕京大學圖書館鉛印本（古籍總目）

上圖　南圖

華亭董氏玄賞齋書目八卷（藏并撰）

清抄本（古籍總目）

浙圖

民國間張氏適園抄本　烏絲欄（古籍總目）

國圖

畫禪室隨筆四卷（清楊補輯）

清康熙間刻本（古籍總目）

上圖　國圖　北大　南圖

清初刻本（古籍總目）

南圖

清百尺樓刻本（古籍總目）

國圖　南圖

董文敏公畫禪室隨筆四卷（清汪汝禄輯）

清康熙十七年汪汝禄刻本（古籍總目）

上圖　錦州市圖書館　南圖（清劉彦沖、清顧大昌跋）　四川省圖書館　四川大學

董文敏公畫禪隨筆四卷（清汪汝禄輯）

清乾隆十八年刻本（古籍總目）

南圖

（董太史）畫禪室隨筆四卷

清康熙十七年裕文堂刻本　八行十八字　白口四周單邊（善本書目）

南圖　四川省圖書館　四川大學

清康熙五十九年掞藻堂刻本（上圖古籍目録、南圖古籍目録）

上圖　南圖

清乾隆三十三年戲鴻堂刻本　八行十八字　白口左右雙邊雙魚尾（善本書目）

南圖

清乾隆三十三年董紹敏刻本　八行十八字　白口左右雙邊雙魚尾（古籍總目、柏克萊善本書志）

上圖　北大　南圖　美國加州大學柏克萊分校東亞館

四庫全書本（乾隆寫）（古籍總目）

清大魁堂刻本　八行十八字　白口左右雙邊雙魚尾（善本書目、上師大古籍目録）

上圖　上師大　國圖（清翁同龢圈點批注）

清宣統元年石印本（古籍總目）

上圖　天津

清末石印本（古籍總目）

國圖

董太史畫禪室隨筆二卷

清初抄本（善本書目）

浙圖

畫禪室隨筆不分卷

清嘉慶間抄本　六行二十字　白口四周雙邊單魚尾（書志初稿）

香光隨筆一卷（清王夢小輯）

稿本（善本書目）

上圖

一覽知書二卷

明刻套印本（古籍總目）

國圖

清抄本（古籍總目）

北大

董文敏書眼不分卷

清刻本　八行十六字小字雙行同　黑口左右雙邊（古籍總目）

國圖

董思白先生書法闡宗五卷（清吴荃輯）

清道光二十年味古書室刻本（古籍總目）

上圖

論畫瑣言一卷

説郛本（宛委山堂刻）（古籍總目）

畫旨一卷

繪事晬編本（道光抄）（古籍總目）

書法一卷

一瓻筆存本（稿本）（古籍總目）

容臺隨筆一卷

説郛本（宛委山堂刻）（古籍總目）

精選舉業切要諸子粹言分類評林文源宗海四卷（明陶望齡輯　明董其昌評）

明萬曆二十二年書林唐廷仁刻本（古籍總目）

北大

明書林余良木刻本（古籍總目）

濟南市圖書館

精選舉業切要書史粹言分類評林諸子狐白四卷（明陶望齡輯　明董其昌評）

明萬曆四十二年書林余良木刻本（古籍總目）

復旦

文源宗海四卷（明陶望齡輯　明董其昌評）

清雍正六年顧正音抄本（古籍總目）

復旦

新刻劉太史彙選古今舉業文弢注釋評林四卷（明劉曰寧輯　明董其昌評注　明朱之蕃評注）

明萬曆間金陵書坊周崑岡刻本（古籍總目）

國圖　吉林大學

容臺文集九卷詩集四卷别集四卷（明董庭輯）

明崇禎三年華亭董庭刻本　八行十九字　白口左右雙邊（善本書目、古籍總目）

上圖　國圖　北大　清華　南圖

明崇禎間華亭董庭重刻本　八行十八字小字雙行同　上單白魚尾四周單邊（上圖古籍目録）

上圖

明崇禎間刻本（古籍總目）

南圖

容臺文集十卷詩集四卷别集六卷

明崇禎八年葉有聲閩南刻本（古籍總目、書志初稿）

上圖　浙圖　臺圖

容臺文集十卷詩集四卷（明董祖和輯）

明刻本（古籍總目）

北大

容臺文集八卷别集四卷

明刻本　八行十九字　白口左右雙邊（古籍總目）

國圖

四印堂詩稿一卷

明天啓元年至崇禎九年稿本　八行　白口四周單邊（善本書目、古籍總目）

上海博物館

董玄宰詩選四卷（明夏雲鼎選）

明刻本（古籍總目）

南圖

容臺別集四卷（明董庭輯）

明末刻本　八行十九字小字單行同　花口無魚尾（古籍總目）

上圖　臺圖

清刻本（古籍總目）

南圖

容臺別集六卷

抄本　十二行二十二字　黑口四周雙邊雙魚尾（古籍總目）

國圖　南圖

翠娛閣評選董思白先生小品二卷（明丁允和、明陸雲龍編　明陸雲龍評）

皇明十六家小品本（崇禎刻）（古籍總目）

董思白稿一卷（清陳名夏輯）

國朝大家制義本（明末刻）（古籍總目）

國圖

董思白稿一卷（清俞長城選評）

可儀堂一百二十名家制義本（康熙刻、乾隆刻）（古籍總目）

董思白論文宗旨一卷舉業蓓蕾一卷（清趙維烈輯）

清康熙二十年吴郡聖業堂書坊刻本（古籍總目）

上圖

新鍥訂正評注便讀草堂詩餘七卷（明董其昌評注　明曾六德參釋）

明萬曆三十年喬山書舍刻本　十行二十字　白口四周單邊（古籍總目）

國圖

骨董十三説一卷

靜園叢書本（民國鉛印）（古籍總目）

張所望（一五五六—一六三五）

明松江府上海縣人。字叔翺，號七澤。傳見本卷《善本經眼録》。

梧潯雜佩一卷

明末刻本　八行十八字　白口左右雙邊（善本書目、古籍總目）

湖北省圖書館

閲耕餘録六卷

明天啓元年刻本　八行十八字　白口左右雙邊（存目標注、古籍總目）

上圖　大連市圖書館　旅順市圖書館
明末刻本（古籍總目）
　遼寧省圖書館
清嘉慶間抄本（存目標注、古籍總目）
　國圖（清汪啓淑跋）
書三味樓叢書本（嘉慶道光刻）（古籍總目）

蘇黄尺牘（輯）

明萬曆十九年刻本　蘇文忠公尺牘四卷　宋蘇軾撰；黄文節公尺牘四卷　宋黄庭堅撰（善本書目、古籍總目）
　上圖　山東省圖書館

陳繼儒（一五五八—一六三九）

明松江府華亭縣人。字仲醇。號眉公，又號麋鹿道人。傳見本卷《善本經眼録》。

易經選注二卷（明張鼒校）

明余象斗刻陳眉公先生六經選注本（古籍總目）

日本内閣文庫　日本京都大學

陳眉公先生選注左傳龍驤四卷（選注）

明三台館刻本（古籍總目）

吉林大學

左傳文苑八卷（明張鼒輯，明陳繼儒注）

明慶雲館刻三色套印本（古籍總目）

國圖

明刻朱墨套印本（古籍總目）

上圖　清華　天一閣　安徽博物院

新鐫眉公先生四言便讀羣珠雜字二卷（編）

清光緒間南京李光明莊刻本（古籍總目）

國圖

匇庵訂正詩韻輯要五卷（明李攀龍撰，明陳繼儒校釋）

明末黄家鼎刻本（古籍總目）

中科院

新刻陳眉公重訂通鑑集要二十八卷（明諸燮輯，明陳繼儒訂正）

明天啓二年蘭玉堂刻本（古籍總目）

廈門大學

明末刻順治十二年印本（新刻王鳳洲先生通鑑會纂）（古籍總目）

復旦

湯睡庵先生歷朝綱鑑全史七十卷首一卷（明湯賓尹撰，明陳繼儒注）

明萬曆間刻本（古籍總目）

上圖　北大　山東省圖書館

新刻陳眉公訂正通紀會纂四卷（明諸燮撰，明鍾惺定，明陳繼儒訂正）

清順治間刻本（古籍總目）

復旦

吴越史二十六卷（輯）

吴語一卷，吴韋昭注；越語二卷，吴韋昭注；吴太伯世家一卷，漢司馬遷撰；越王勾踐世家一卷，漢司馬遷撰；越絶書十五卷，漢袁康撰；吴越春秋六卷，漢趙曄撰。

明天啓間刻本（古籍總目）

國圖　南圖

五胡指掌編一卷（輯）

明刻本（古籍總目）

上圖

（陳眉公訂正剿奴議撮一卷　明于燕芳撰）建州考一卷

民國十七年國立中央大學圖書館鉛印本（古籍總目）

南圖　遼寧省圖書館

見聞録二卷

明萬曆間沈氏刻本（古籍總目）

首都圖書館

眉公見聞録四卷

眉公十種藏書本（古籍總目）

見聞録八卷

寶顔堂秘籍本（萬曆刻、民國石印）（古籍總目）

陳眉公先生選注戰國策龍驤二卷（明陳繼儒選注，明張鼒校正）

明刻本（古籍總目）

國圖

史通注二十卷

明末刻本　九行二十字　白口四周單邊（善本書目、古籍總目）

南圖　浙圖　北師大（清王孝詠校并跋）

鼎雕陳眉公先生批點歷朝捷録四卷（明顧充撰　明陳繼儒批點）

明末刻本（古籍總目）

吉林大學

新鐫歷朝捷録（明顧充撰　明陳繼儒批點）

清初刻本（古籍總目）

國圖

新刻陳徐二先生評選史記則八卷（明陳繼儒評選　明徐肅穎評選）

明崇禎間書林陳國旺刻本　九行二十二字小字雙行同　白口四周單邊有眉欄（善本書目、古籍總目）

中科院

逸民史二十二卷

明萬曆間新安吴懷謙校刻本　九行十八字　白口左右雙邊單魚尾（存目標注、古籍總目）

上圖　國圖　北大

邵康節先生（雍）外紀四卷

明刻本　八行十八字　白口四周雙邊（善本書目）

天一閣

寶顔堂秘籍本（萬曆刻、民國石印）（古籍總目）

叢書集成初編本（古籍總目）

周惠姬傳一卷（周孺人行略一卷　明杜登益撰）

清初刻本（古籍總目）

國圖

（汴都賦一卷　宋周邦彦撰）附録一卷（明汪汝謙輯　明陳繼儒輯）

武林往哲遺著本（古籍總目）

盧山紀聞一卷

清道光二十六年翁大年抄本（古籍總目）

上圖

漁樵對問一卷（宋邵雍撰，明陳繼儒校訂）

百川學海本（明陳太史重訂）（古籍總目）

煮粥條議一卷

學海類編本（道光木活字印、民國影印）（古籍總目）

廬山紀聞一卷

清道光二十六年翁大年抄本（古籍總目）

上圖

崇禎松江府志五十八卷首一卷（明方岳貢修，陳繼儒等纂）

明崇禎三年刻本（古籍總目、日本藏中國罕見地方志叢刊目録）

上圖　日本内閣文庫

崇禎松江府志九十四卷（明方岳貢修，陳繼儒等纂）

明崇禎四年增刻本（古籍總目）

上圖（存卷十一至二十七、六十六至九十四）

讀書十六觀一卷

水邊林下本（明末刻、清初印）（古籍總目）

説郛本（宛委山堂刻）（古籍總目）

鐫眉公陳先生評選管子雋二卷（評注）

五子雋本（明蕭鳴盛刻）（古籍總目）

鐫眉公陳先生評選志釋韓子雋二卷（評注）

五子雋本（明蕭鳴盛刻）（古籍總目）

養生膚語一卷

學海類編本（道光木活字印、民國影印）（古籍總目）

眉公書畫史一卷

寶顏堂秘籍本（萬曆刻、民國石印）（古籍總目）

明末刻本（古籍總目）

國圖

一瓻筆存本（稿本）（古籍總目）

書畫金湯一卷

寶顏堂秘籍本（萬曆刻、民國石印）（古籍總目）

雪堂韻史本（崇禎刻）（古籍總目）

說郛本（宛委山堂刻）（古籍總目）

八公游戲叢談本（明末刻）（古籍總目）

陳眉公先生十集本（明聚奎樓刻）（古籍總目）

寶顔堂訂正衍極一卷（元鄭杓撰，明陳繼儒訂正）

寶顔堂秘籍本（萬曆刻、民國石印）（古籍總目）

陳眉公訂正春雨雜述一卷（明解縉撰，明陳繼儒訂正）

寶顔堂秘籍本（萬曆刻、民國石印）（古籍總目）

陳眉公先生手評書法離鉤十卷（明潘之淙撰，明陳繼儒評）（附歷代帝王法帖釋文十卷　宋劉次莊撰）

明天啓七年刻本（古籍總目）

上圖　國圖　天津圖書館　山東省圖書館　黑龍江省圖書館

畫史一卷

繪事晬編本（古籍總目）

陳眉公馬吊論一卷

清末抄本（古籍總目）

國圖

精訂時興酒令不分卷（輯）

清初刻本（古籍總目）

國圖

精訂時興酒令二卷（輯）

清遼西青藜閣刻本（古籍總目）

國圖

精輯時興雅謎二卷（輯）

清初刻本（古籍總目）

國圖

清遼西青藜閣刻本（古籍總目）

國圖

陳眉公訂正古奇器録一卷（明陸深撰，明陳繼儒訂）

明刻本（古籍總目）

東北師大

茶話一卷

茶書本（萬曆刻）（古籍總目）

茶董補二卷（輯）

明萬曆四十年刻本　七行十六字　白口四周單邊單魚尾（古籍總目）

上圖　北大　北師大　重慶市圖書館　黄岡市圖書館

明刻本（古籍總目）

中科院　北大　臺圖

海山仙館叢書本（道光間刻）（古籍總目）

酒顛補三卷（輯）

明萬曆四十年刻本　七行十六字　白口四周單邊單魚尾（古籍總目）

上圖　國圖　北大　北師大　山東省博物館

明萬曆間刻本（古籍總目）

臺圖

海山仙館叢書本（道光間刻）（古籍總目）

酒顛補二卷（輯）

明刻本（古籍總目）

北大

新刻寶顔堂虎薈六卷

寶顔堂秘籍本（萬曆刻、民國石印）（古籍總目）

續秘籍本（古籍總目）

枕譚一卷

廣百川學海本（明刻）（古籍總目）

寶顔堂秘籍本（萬曆刻、民國石印）（古籍總目）

說郛本（宛委山堂刻）（古籍總目）
學海類編本（道光木活字印、民國影印）（古籍總目）

偃曝談餘二卷

寶顔堂秘籍本（萬曆刻、民國石印）（古籍總目）
小石山房墜簡拾遺本（善本書目、古籍總目）

偃曝談餘一卷

眉公十種藏書本（崇禎刻）（古籍總目）

續偃曝談餘一卷

稽古堂叢刻本（明刻）（古籍總目）

妮古録四卷

寶顔堂秘籍本（萬曆刻、民國石印）（古籍總目）

寶顔堂增訂讀書鏡十卷

寶顔堂秘籍本（萬曆刻、民國石印）（古籍總目）

清初刻本（古籍總目）

遼寧省圖書館　吉林大學

眉公雜著本（存目標注）

明崇禎間醉緑居刻眉公十種藏書本（柏克萊善本書志）

清咸豐間胡氏刻本（存目標注）

讀書鏡五卷

眉公十種藏書本（崇禎刻）（古籍總目）

雲間陳眉公讀書鏡十卷十六觀一卷

明刻本（古籍總目）

東北師大

讀書鏡二卷

清道光三十年山陰胡氏刻本（古籍總目）
北大
清咸豐元年山陰胡學醇刻本（古籍總目）
南圖（佚名批）
清光緒六年泰州宫氏春雨草堂刻本（古籍總目）
上圖

合刻讀書鏡十卷

清康熙十二年刻本（古籍總目）
社科院文學所

重刻讀書鏡十卷

清道光三十年刻本（古籍總目）
南圖
清咸豐元年刻本（古籍總目）

南圖

清刻本（古籍總目）

南圖

書蕉二卷

寶顔堂秘籍本（萬曆刻、民國石印）（古籍總目）

嘯園叢書本（光緒刻）（國圖古籍目録、古籍總目）

清光緒五年刻本（古籍總目）

國圖　東北師大

筆記二卷

眉公雜著本（古籍總目）

寶顔堂秘籍本（萬曆刻、民國石印）（古籍總目）

陳眉公先生十集本（明末刻）（古籍總目）

清刻本（古籍總目）

國圖　南圖

笈雋本（古籍總目）

眉公筆記一卷

明刻本（古籍總目）

東北師大

眉公筆記二卷

一瓻筆存本（稿本）（古籍總目）

狂夫之言三卷續狂夫之言二卷

眉公雜著本（古籍總目）

寶顔堂秘籍本（萬曆刻、民國石印）（古籍總目）

狂夫之言三卷

眉公十種藏書本（崇禎刻）（古籍總目）

狂夫之言□卷續狂夫之言一卷

明末刻本（古籍總目）

東北師大

狂夫之言二卷

日本安政六年官版發行所刻本（存目標注）

安得長者言一卷

寶顏堂秘籍本（萬曆刻、民國石印）（古籍總目）

長者言一卷

居家必備本（明刻）（古籍總目）

明末刻本（古籍總目）

國圖

模世語一卷

水邊林下本（明末刻、清初印）（古籍總目）

居家必備本（明刻）（善本書目）

眉公秘籍節録一卷

抄本（古籍總目）

上圖

眉公群碎録一卷

廣百川學海本（明刻）（古籍總目）

寶顔堂秘籍本（萬曆刻、民國石印）（古籍總目）

説郛本（宛委山堂刻）（古籍總目）

學海類編本（道光木活字印、民國影印）（古籍總目）

辟寒部四卷

寶顔堂秘籍本（萬曆刻、民國影印）（古籍總目）

宋周公謹雲煙過眼録四卷（宋周密撰，明陳繼儒訂）

寶顔堂秘籍本（萬曆刻、民國影印）（古籍總目）

明刻本（無續録）（古籍總目）

國圖

清抄本（無續録）（古籍總目）

國圖（清趙宗建校并跋）　天津圖書館

古今韻史十二卷（明陳繼儒撰　明程銓撰）

明崇禎間刻本（古籍總目）

臺圖

明刻本　八行十八字　白口四周單邊（善本書目、古籍總目）

北大　北師大　遼寧省圖書館

古今粹言四十一卷

明刻本（古籍總目）

國圖　香港大學

藝林粹言四十一卷（輯）

明刻本（古籍總目）

上圖　國圖　南圖　中央民族大學

文苑瀟湘八卷（明陳繼儒輯　明莫是斗輯）

明刻本（古籍總目）

國圖（存石集、絲集）

新鐫陳眉公評定小窗格言九卷（明陳繼儒評定，明龔居中輯）

明周文耀刻本（古籍總目）

中央黨校

新鐫陳眉公評定小窗格言二卷（明陳繼儒評定，明龔居中輯）

明刻本（古籍總目）

國圖

新刻游覽粹編六卷（輯）

明萬曆間胡氏文會堂刻本（古籍總目）

國圖

銷夏四卷

清抄清懷叢書本（存目標注）

清抄本（古籍總目）

南圖

文奇豹斑十二卷（明沈思永輯　明陳繼儒删定）

明天啓五年書林劉懷川刻本　九行二十一字　白口四周單邊（古籍總目、上圖古籍目録、存目標注）

上圖　首都圖書館　河南省圖書館　重慶市圖書館

明萬曆三十四年沈禎刻本（古籍總目）

中山大學

明刻本（古籍總目）

國圖

萬寶全書二十卷（清毛煥文增補）

清乾隆十一年金閶書業堂刻本（古籍總目）

日本東京大學

清嘉慶十一年博古堂刻本（古籍總目）

日本東京大學

清道光三年刻本（古籍總目）

日本東京大學

清經元堂刻本（古籍總目）

北大

增補萬寶全書二十卷（清毛煥文增補）

清道光九年刻本（古籍總目）

國圖

清咸豐元年經國堂刻本（古籍總目）

國圖

清光緒十二年掃葉山房刻本（古籍總目）

國圖
清光緒二十七年上海書局石印本（古籍總目）
國圖
清刻本（古籍總目）
國圖

增補萬寶全書二十卷續編六卷（清毛煥文增補）

清光緒三十二年上海龍文書局石印本（古籍總目）
南圖

繪圖增補萬寶全書二十卷續編五卷

清光緒二十六年文淵山房刻本（古籍總目）
國圖
清光緒二十七年上海書局石印本（古籍總目）
國圖

增補萬寶全書八卷（清毛煥文增補）

清道光九年經餘堂刻本（古籍總目）

國圖

增補萬寶全書三十卷（輯）

清乾隆間光霽堂刻本（古籍總目）

國圖　北大

萬寶全書

明刻本（古籍總目）

上圖

岩棲幽事一卷

明萬曆三十四年沈德先刻本（古籍總目）

南圖

陳眉公先生注釋日記故事（注釋）

清光緒十四年福省集成堂書坊刻本（古籍總目）

國圖

陳眉公珍珠船四卷

明萬曆三十四年沈德先刻本（古籍總目）

南圖　遼寧省圖書館　吉林省圖書館　哈爾濱師範大學

香案牘二卷

明刻本（古籍總目）

東北師大

清光緒五年梁承誥抄本（古籍總目）

上圖

新鐫陳眉公先生批評春秋列國志傳十二卷（明余邵魚撰　明陳繼儒評）

明萬曆間刻本（古籍總目）

上圖（存卷七至八）

明得月齋周譽吾刻本（古籍總目）

國圖

明龔紹山刻本（古籍總目）

國圖（卷八配影明抄本）

老莊合集六卷（評注）

明書林蕭鳴盛刻本　九行二十字　白口四周單邊（善本書目、古籍總目）

北大　武漢市圖書館　陝西師大

觀老莊影響論二卷

明萬曆二十六年刻本　六行十四字　白口四周單邊（善本書目、古籍總目）

清華

寶顔堂訂正老子解四卷（宋蘇轍撰，明陳繼儒訂）

亦政堂鐫陳眉公家藏廣秘籍本（萬曆刻）（古籍總目）

新刻眉公陳先生評注老子雋一卷

五子雋本（明蕭鳴盛刻）（古籍總目）

新刻陳眉公重訂廣莊一卷（明袁宏道撰，明陳繼儒訂）

尚白齋鐫陳眉公訂正秘籍本（萬曆刻）（古籍總目）

明刻本（古籍總目）

國圖

鐫眉公陳先生評選莊子南華經雋四卷

明蕭少衢師儉堂刻本（古籍總目）

上圖（存卷三至四）　中科院　湖南省圖書館

明刻本（古籍總目）

國圖

鐫眉公陳先生評選莊子南華真經内篇一卷（評注）

明蕭鳴盛刻五子雋本（古籍總目）

寶顔堂訂正無上秘要一卷（訂正）

寶顔堂秘籍本（萬曆刻、民國石印）（古籍總目）

類選注釋駱丞全集四卷（唐駱賓王撰，明顧從敬輯，明陳繼儒釋）

明刻本（古籍總目）

復旦　上師大　國圖　中科院　南圖

訂補坡仙集鈔三十八卷（附東坡先生年譜一卷　宋王宗稷編）（宋蘇軾撰，明李贄選，明陳繼儒訂補）

明萬曆間華亭陳繼儒刻本（古籍總目）

香港中山圖書館

明萬曆間刻本（古籍總目）

上圖　北大（二十八年序）　天津圖書館　南圖

明刻本（古籍總目）

南圖

東坡集選五十卷首五卷（宋蘇軾撰，明陳繼儒輯）

明刻本（古籍總目）

國圖

岳少保忠武王集一卷本傳一卷（宋岳飛撰，明陳繼儒輯）

明崇禎十一年單恂淨名齋刻本（古籍總目）

上圖　南圖（清丁丙跋）

梅顛稿選二十卷（明周履靖撰，明陳繼儒選）

明刻本（古籍總目）

北大

詠物詩六卷（明何三畏撰　明陳繼儒注　明陸萬言評）

明萬曆二十五年刻本（古籍總目）

北大　南圖

明刻本（古籍總目）

國圖

何氏拜石堂集十二卷（明何三畏撰　明陳繼儒注　明陸萬言評）

明萬曆間祝允光等刻本（古籍總目）

臺圖

陳眉公先生全集六十卷首一卷

明崇禎間吴震元等刻本（存目標注）（按：即明華亭陳氏家刻本）

上圖　北大　南圖　遼寧省圖書館　臺北故宫

明華亭陳氏家刻本（存目標注）

臺圖　奎章閣

明刻本（古籍總目）

日本内閣文庫　日本静嘉堂文庫

田園詩一卷

閑情小品本（萬曆刻）（古籍總目）

眉公詩抄八卷

眉公十種藏書本（崇禎刻）（古籍總目）

眉公詩抄八卷白石山樵真稿四卷

明刻本（日藏善本書録）

日本京都大學

陳仲醇詩七卷

淵著堂選十八名家詩抄本（善本書目、古籍總目）

陳仲醇先生詩集一卷

明詩百家本（清刻）（古籍總目）

陳眉公集十七卷

明萬曆四十三年史辰伯刻本　九行二十字　白口左右雙邊（存目標注、古籍總目）

上圖　國圖　南圖　北大

晚香堂集十卷

眉公十種藏書本（崇禎刻）（古籍總目）

明刻本（古籍總目）

國圖

白石樵真稿二十四卷

眉公十種藏書本（崇禎刻）（古籍總目）

明刻本（古籍總目）

日本東洋文庫

白石樵真稿四卷

明刻本（古籍總目）

國圖

白石樵尺牘四卷

眉公十種藏書本（崇禎刻）（古籍總目）

翠娛閣評選陳眉公先生小品二卷（明丁允和、明陸雲龍編　明陸雲龍評）

皇明十六家小品本（崇禎刻）（古籍總目）

眉公先生晚香堂小品二十四卷

明崇禎間武林湯大節簡綠居刻本　九行二十字　白口四周單邊單魚尾（善本書目、古籍總目）

上圖　復旦　國圖　臺北故宮　美國哈佛燕京

明刻本（古籍總目）

北大

明末刻本　九行二十字　白口四周單邊單魚尾（古籍總目）

上圖　美國哈佛燕京　日本靜嘉堂文庫　日本尊經閣文庫

眉公先生晚香堂小品二十二卷

清末民國初資益館鉛印本（古籍總目）

南圖

胡繩集詩抄三卷（明范壺貞撰　明陳繼儒評　清胡鯨發編）

清乾隆間重編稿本（古籍總目）

上圖（清沈大成校改并序）

合選文章軌範十卷補二卷（明張鼐輯　明陳繼儒補）

明末南城翁氏刻本（古籍總目）

遼寧省圖書館

正續名世文宗十六卷（題明王世貞輯　明錢允治續輯　明陳繼儒校注）

明萬曆四十五年刻本（古籍總目）

上圖　中科院　天津圖書館　湖北省圖書館

明萬曆四十五年刻金陵唐玉予印本（古籍總目）

人民大學　山東省圖書館　重慶市圖書館

明萬曆四十五年刻南城翁少麓印本（古籍總目）

齊齊哈爾市圖書館

陳眉公先生批點名世文宗拔粹八卷（題明王世貞輯　明陳繼儒批點）

明刻本（古籍總目）

南開大學　溆浦縣圖書館

鐫陳眉公評選秦漢文雋四卷（輯并評）

明天啓間書林蕭少衢師儉堂刻本　九行二十一字　白口四周單邊（善本書目、古籍總目）

南圖

先秦兩漢文膾五卷（輯）

明鄒彦章刻本　九行二十字　白口左右雙邊（善本書目、古籍總目）

河南省圖書館

刻陳眉公先生古文品内録二十卷（輯）

明末刻本　十一行二十二字　白口四周單邊（善本書目、古籍總目）

上海辭書出版社　吉林大學

古文品外録二十四卷（輯并評）

明劉龍田喬山堂刻本　九行二十一字小字雙行同　白口四周單邊單魚尾（善本書目、古籍總目）

國圖

明刻本　九行二十一字小字雙行同　白口四周單邊單魚尾（善本書目、古籍總目）

國圖　南圖　浙圖　湖北省圖書館

古文品外録十二卷（輯并評）

明天啓五年朱蔚然刻本　九行二十字　白口四周單邊單魚尾　書眉上刻評（善本書目、古籍總目）

上圖　浙圖　中科院　天津圖書館（清陳洪綬批點）

新刊陳眉公先生精選古論大觀四十卷（輯）

明刻本（古籍總目）

中科院　南圖　山東省圖書館

精刻徐陳二先生評選歷代名文則五卷續選熙朝明文則一卷（明徐廣輯　明陳繼儒評）

明天啓元年陳孫賢積善堂刻本（古籍總目）

吉林大學　美國普林斯頓大學葛思德東方圖書館

刻陳眉公先生選注兩漢龍驤二卷（明陳繼儒輯，明張鼎校）

明末三臺館刻本　十行十八字　白口四周雙邊（善本書目、古籍總目）

中央黨校

唐詩選注四卷諸名家評説一卷（明李攀龍輯　明陳繼儒釋）

明萬曆間刻本（古籍總目）

南圖

删補唐詩選脈箋釋會通評林六十卷（明周珽集注　明陳繼儒批點）

明崇禎八年穀采齋刻本（古籍總目）

上圖　復旦　國圖　南圖

國朝名公詩選十二卷（明陳繼儒輯，明陳元素箋注）

明天啓元年書林童氏刻本　九行二十一字小字雙行同　白口左右雙邊（古籍總目）

上圖　華東師大　國圖　北大　南圖

新刻陳眉公攷正國朝七子詩集注解七卷（明李攀龍、明王世貞撰　明陳繼儒句解　明李士安補注）

明刻本（古籍總目）

北大

新刊陳眉公先生精選論膾八卷（輯）

明末刻本（古籍總目）

山東師範大學

繡梓尺牘雙魚十一卷又四卷補選捷用尺牘雙魚四卷（輯并評注）

明書林葉啓元玉夏齋金閶刻本　九行二十二字小字雙行同　白口四周單邊（善本書目、古籍總目）

國圖　北大　中科院　社科院文學所

明刻本（古籍總目）

國圖

新鐫增補較正寅几熊先生尺牘雙魚九卷補選捷用尺牘雙魚四卷（輯）

明末刻本　九行二十四字小字雙行同　白口四周單邊　補選捷用尺牘雙魚四卷九行二十二字小字雙行同　白口四周單邊（善本書目、古籍總目）

首都圖書館　中科院

捷用雲箋六卷（輯）

明末刻本　八行十八字小字雙行同　白口四周單邊（善本書目、古籍總目）

中科院（清李世熊增録）

古今詩話八卷（編）

明末心遠堂刻本（古籍總目）

國圖　北大

清初刻本　九行二十字　白口左右雙邊（善本書目、古籍總目）

遼寧省圖書館

佘山詩話三卷（編）

學海類編本（道光木活字印、民國影印）（古籍總目）

精選點板崑調十部集樂府先春三卷首一卷（輯）

明刻本（古籍總目）

國圖（鄭振鐸跋）

清明曲一卷

晚香堂小品本附（萬曆刻）（古籍總目）

尚白齋鐫陳眉公訂正秘籍二十一種（編）

明萬曆間沈氏尚白齋刻本（古籍總目）

復旦　國圖（傅增湘校并跋）　中科院　北大　遼寧大學

尚白齋鐫陳眉公家藏秘籍續函（寶顔堂續秘籍五十種）（編）

明萬曆間沈氏尚白齋刻本（古籍總目）

復旦　國圖（傅增湘校）　中科院　青島市圖書館　河南省圖書館

亦政堂陳眉公家藏廣秘籍五十四種（編）

明萬曆間沈氏亦政堂刻本（古籍總目）

復旦　國圖（傅增湘校并跋）　中科院　故宫　天津圖書館

亦政堂鐫陳眉公普秘籍一集五十種（編）

明萬曆間沈氏亦政堂刻本（古籍總目）

復旦　國圖（傅增湘校并跋）　中科院　祁縣圖書館　上虞市圖書館

亦政堂鎸陳眉公家藏彙秘籍（寶顔堂彙秘籍）四十二種（編）

明萬曆間沈氏亦政堂刻本（古籍總目）

復旦　國圖（傅增湘校并跋）　中科院　故宫　祁縣圖書館

尚白齋鎸陳眉公寶顔堂秘籍（眉公雜著）十七種（撰并編）

明萬曆三十四年沈氏尚白齋刻本（古籍總目）

復旦　國圖　首都圖書館　中科院　重慶市圖書館

寶顔堂秘籍二百二十八種（編）

明萬曆至泰昌間繡水沈氏刻本（古籍總目）

北大

民國十一年上海文明書局石印本（古籍總目）

上圖　復旦　國圖　北大　南圖

五子雋五種（評注）

明書林蕭鳴盛刻本（古籍總目）

淮安市淮陰中學

眉公十種藏書（明章台鼎訂）

明崇禎九年章台鼎醉緑居刻本（古籍總目）

上圖　中科院　祁縣圖書館　山東省圖書館

陳眉公先生十集

明末沈先濬發堂刻本（古籍總目）

大連市圖書館　撫順市圖書館

陳眉公先生十集

明末聚奎樓刻本（古籍總目）

首都圖書館　清華　社科院文學所

鐫陳眉公先生批點閑情小品十二種

明萬曆間刻本（古籍總目）

吉林大學

笈雋十種

明末武林王欽明刻本（古籍總目）

臺圖

董復表

明松江府華亭縣人。字章甫。《四庫全書總目》卷六二史部傳記類存目四稱其爲華亭人。

弇州史料前集三十卷後集七十卷（明王世貞撰　明董復表輯）

明萬曆四十二年楊鶴等雲間刻本　九行十八字　白口四周單邊單魚尾（存目標注、古籍總目）

上圖　國圖　北大　南圖　遼寧省圖書館

明刻本　九行十八字　白口四周單邊（存目標注、古籍總目）

國圖　清華　浙圖　東北師大

唐汝詢（一五六五—？）

明松江府華亭縣人。字仲言。傳見本卷《善本經眼録》。

酉陽舌瑣一卷

清咸豐六年張爾耆抄本（古籍總目）

復旦

書三味樓叢書本（嘉慶道光刻）（古籍總目）

酉陽山人編蓬集十卷後集十五卷

明萬曆間刻本　九行二十字　白口四周單邊單黑魚尾　後集九行十八字　白口四周雙邊單黑魚尾（版本志、古籍總目）

上圖　國圖　臺圖　日本内閣文庫

明萬曆間刻清乾隆二十四年唐元素重修本（古籍總目）

南圖

唐詩選彙解七卷首一卷（明李攀龍輯　明鍾惺批點　明唐汝詢參注　明蔣一葵箋釋）

明末服古堂刻本（古籍總目）

國圖

唐詩解五十卷（輯）

明萬曆四十三年楊鶴刻本　九行二十字小字雙行同　白口四周單邊（善本書目、古籍總目）

清華大學　吉林大學　南通市圖書館　安徽省圖書館　重慶市圖書館

明萬曆間大業堂刻本（上師大古籍目録）

上師大

明萬曆間刻本（古籍總目）

國圖

唐詩解五十卷詩人爵里一卷（輯）

清順治十六年武林趙孟龍萬笈堂刻本　九行十九字　白口四周單邊（善本書目、古籍總目、上師大古籍目録）

上圖　復旦　上師大　浙圖　南圖

唐詩歸□□卷（輯）

明萬曆間刻本（古籍總目）

上圖（存卷首、目録）

彙編唐詩十集四十一卷目録七卷（輯）

明天啓間刻本　九行十八字小字雙行同　白口四周單邊眉上鎸評（善本書目、古籍總目）

上圖　北大　北師大

唐詩十集四十一卷（明唐汝詢輯　清蔣漢紀增釋　清王士禛重編）

清刻本　上下兩欄　下欄九行十八字小字雙行同　白口四周單邊（古籍總目）

國圖

删訂唐詩解二十四卷（明唐汝詢輯　清吴昌祺評）

清康熙四十年誦懿堂刻本　九行二十一字白口左右雙邊眉欄鎸評（善本書目、古籍總目）

上圖　國圖　北大　南圖　湖北省圖書館

删定唐詩解六卷（清吴昌祺評定）

清康熙間刻本　上下兩欄　上欄小字六行四字　下欄八行二十一字　小字雙行同　白口左右雙邊單魚尾（國圖古籍目録）

國圖

顧氏詩史十五卷

明萬曆二十八年顧正誼刻本　九行十八字　四周單邊白口單魚尾間有刻工（善本書目）

上圖　國圖　浙圖

皇明經濟文輯二十三卷（明陳其愫輯　明唐汝詢選釋）

明天啓七年刻本　八行十八字　白口四周單邊無魚尾（善本書提要）

復旦　國圖　北大

宋懋澄（一五七二—一六二二）

明松江府華亭縣人。字幼清，號稚源。傳見本卷《善本經眼録》。

九籥集四十七卷

明萬曆間刻本　九行十九字　白口左右雙邊單黑魚尾　包括九籥前集十一卷、九籥前集詩八卷、九籥中集一卷、九籥後集二卷、九籥續集十卷、九籥集十卷、九籥集詩四卷、瞻途紀聞一卷（善本書目、古籍總目）

中科院　上海辭書出版社

九籥集三十一卷

明萬曆四十年刻本（古籍總目）

臺圖

九籥前集文十一卷詩八卷九籥集文十卷詩四卷

明萬曆四十年序刻本（古籍總目）

日本内閣文庫

九籥别集四卷

清初刻本　九行二十字　白口左右雙邊單黑魚尾（善本書目、古籍總目）

中科院　南圖

宋　彦

明松江府華亭縣人。生平不詳。《四庫全書總目》卷七八史部地理類存目七稱其華亭人。

山行雜記一卷

寶顔堂秘籍本（萬曆刻、民國石印）（古籍總目）

陳眉公訂正山行雜記

普秘籍本（古籍總目）

張鼒（？—一六二九）

明松江府華亭縣人。字世調，一字侗初。傳見本卷《善本經眼録》。

新刻張侗初先生永思齋書經演十三卷

明坊刻本（古籍總目）

南圖

書經主意綱目六卷（明張鼐評訂　明陳臺輯）

明天啓七年吴郡周鳴岐刻朱墨黄三色套印本（古籍總目）

國圖

左傳文苑八卷（明張鼐輯　明陳繼儒注）

明慶雲館三色套印本　九行二十二字小字雙行同　白口四周單邊（善本書目、古籍總目）

上圖　國圖

明刻朱墨套印本（古籍總目）

上圖　清華　天一閣　安徽博物院

鐫侗初張先生評選左傳雋四卷

明末書林蕭少衢師儉堂刻本　九行二十一字　白口四周單邊（善本書目、古籍總目）

上圖　中央黨校　吉林省圖書館

新刻張侗初先生永思齋四書演二十卷

明崇禎五年曾楚卿刻本（日藏善本書録、古籍總目）

日本内閣文庫　日本蓬左文庫　日本龍谷大學

新鐫侗初張先生訂選四書述十三卷

明刻本（日藏善本書録、古籍總目）

日本陽明文庫

新擬科場急出題旨元脈八卷（明陳仁錫批評　明余應虬訂正）

明潭陽世慶堂刻本（日藏善本書録、古籍總目）

日本蓬左文庫

新鐫張太史注釋標題綱鑑白眉二十一卷首一卷（明張鼐輯　明周宗建、曾楚卿參訂）

明末李潮刻本　十二行二十四字小字雙行同　上欄刻論題　行七字　白口四周單邊（善本書目、古

籍總目）　復旦

新鐫翰苑張侗初先生手纂綱鑑隽七卷

明萬曆間刻本（日藏善本書録）

日本尊經閣文庫

寶日堂雜抄不分卷（輯）

明張氏寶日堂抄本　十行十八字　白口藍格左右雙邊（善本書目、古籍總目）

國圖

吴淞甲乙倭變志二卷

民國二十五年上海掌故叢書第一集本（古籍總目）

遼籌二卷遼夷略一卷陳謡雜詠一卷

玄覽堂叢書本（古籍總目）

遼籌二卷遼夷略一卷奏草一卷陳謠雜詠一卷

明天啓間刻本　遼籌八行十九字　白口左右雙邊單魚尾　奏草八行十九字　白口四周單邊單魚尾　陳謠雜詠六行十七字　白口四周單邊有眉欄無直格無魚尾

國圖（遼夷略配清陳氏裛露軒抄本；鄧邦述跋）

遼夷略一卷

明天啓間刻本（上圖古籍目録）

上圖

清陳氏裛露軒抄本（國圖古籍目録）

國圖

清初史料四種本（古籍總目）

新刻侗初張先生評選國語雋四卷

明末蕭少衢師儉堂刻本　九行二十一字　白口四周單邊（古籍總目）

山東大學

鎸侗初張先生評選戰國策雋四卷

明末書林蕭少衢師儉堂刻本　九行二十一字　白口四周單邊（古籍總目）

上圖

鎸侗初張先生評選史記雋六卷（輯）

明末書林蕭少衢師儉堂刻本　九行二十一字　白口四周單邊（古籍總目、善本書目）

上圖　中央黨校　吉林省圖書館

宋西事案二卷

明天啓間刻本（古籍總目）

南圖

明刻本　九行十八字　花口單白魚尾　存一卷（書志初稿）

臺圖（存卷二）

清康熙間抄本　十行二十三字（上師大古籍目録）

上師大

抄本　九行十八字　花口單白魚尾（書志初稿）

二六時令一卷

枕中秘本（明末刻）（古籍總目）

虞山書院志十五卷

明萬曆間刻本　九行十八字小字雙行同　白口四周雙邊（古籍總目）

國圖　南圖　浙圖　常熟市圖書館

虞山書院志十卷

明萬曆間刻本　九行十八字小字雙行同　白口左右雙邊（國圖古籍目録）

國圖

新鍥侗初張先生注釋孔子家語隽五卷

明萬曆間書林蕭世熙刻本　九行二十一字　白口四周單邊（善本書目、古籍總目）

上圖　臺圖

新鍥侗初張先生注釋孔子家語宗五卷首一卷

明書林熊秉宏讀書坊刻本（日藏善本書録）

日本蓬左文庫　日本神户大學

山中讀書印三卷補一卷

明萬曆四十五年俞廷諤刻本　九行十八字　白口左右雙邊（善本書目、古籍總目）

上圖　清華　蘇州市圖書館　重慶市圖書館　日本龍谷大學

世調漫草一卷

清抄本（古籍總目）

南圖

寶日堂初集三十二卷

明崇禎二年汪維寬、汪維信等刻本　九行十九字　白口四周單邊單線魚尾（善本書目、古籍總目）

上圖　國圖　中科院　浙圖

翠娛閣評選張侗初先生小品二卷（明丁允和、明陸雲龍編　明陸雲龍評）

皇明十六家小品本（崇禎刻）（善本書目、古籍總目）

合選文章軌範十卷（輯）（補二卷　明陳繼儒補）

明末南城翁氏刻本（古籍總目）

遼寧省圖書館

古文正宗十卷（宋謝枋得輯　明王守仁續輯　明張鼒增訂）

明刻本（古籍總目）

清華

鐫張太史評選古文正宗十二卷

明婁東余少眉刻本（日藏善本書録）

日本宫内廳書陵部

必讀古文正宗十卷（輯）

明刻本（古籍總目）

浙圖

鐫張侗初先生評定古文獨賞四卷（明張鼒輯并評　明陳繼儒訂）

明末光啓堂刻本　九行二十字　小字雙行同　白口四周單邊（善本書目、古籍總目）

湖北省圖書館

新鐫張侗初太史永思齋評選古文必讀八卷

明刻本（日藏善本書録）

日本尊經閣文庫

張侗初先生評選古文綱目八卷（輯）

明天啓間刻本（古籍總目）

美國普林斯頓大學葛斯德東方圖書館

皇明文準八卷（輯）

明萬曆間刻套印本　十行二十五字　白口四周單邊（善本書目、古籍總目）

國圖

皇明文準不分卷（輯）

明刻本　八行二十字　白口四周單邊（善本書目、古籍總目）

南圖

新鐫張太史評選眉山橋梓名文雋三卷（輯）

明末書林蕭世熙刻本　九行二十字　白口四周單邊（善本書目、古籍總目）

遼寧省圖書館　山東省圖書館

蘇文雋三卷（宋蘇洵、蘇軾、蘇轍撰　明張鼐選　明陳仁錫輯）

明萬曆間書林蕭世熙刻本（古籍總目）

山東省圖書館

明刻本（古籍總目）

河南省圖書館　廣東省社會科學院

于燕芳

明松江府華亭縣人。字虬先，又字仲虬。生平未詳。傳見本卷《善本經眼録》。

剿奴議撮一卷

寶顔堂秘籍本（萬曆刻、民國石印）（古籍總目）

陳眉公訂正剿奴議撮一卷（建州考一卷　明陳繼儒撰）

民國十七年國立中央大學圖書館鉛印本（古籍總目）

南圖　遼寧省圖書館

輦下歙九卷鄮草一卷後西湖草一卷

明刻本　八行十七字　白口四周單邊（善本書目、古籍總目）

上圖（輦下歙缺卷三、七）

陳眉公訂正燕市雜詩一卷

寶顔堂秘籍本（萬曆刻、民國石印）（善本書目、古籍總目）

徐爾鉉

明松江府華亭縣人。字九玉，號核庵居士。傳見本卷《善本經眼録》。

詩韵攷裁五卷（輯）

明崇禎十四年刻本　八行注文小字雙行　白口四周單邊（古籍總目）

上圖　中科院

明刻清初重修尚白齋鐫陳眉公訂正秘籍本（善本書目）

核菴集二卷詩餘一卷

明崇禎間刻本（古籍總目）

中科院

核菴集二卷詩餘一卷二集二卷

明崇禎二年刻本　八行二十一字　二集八行十八字　白口四周單邊（善本書目、古籍總目）

南圖（存四卷，缺二集卷下）　中科院

林有麟（一五七八—一六四七）

明松江府華亭縣人。字仁甫，號衷齋。傳見本卷《善本經眼録》。

青蓮舫琴雅四卷

明萬曆四十二年刻本　九行二十字　白口左右雙邊（存目標注）

雲南大學　臺北故宮

明抄本　九行二十字　白口四周單邊（日藏善本書録）

日本關西大學

素園石譜四卷

明萬曆四十一年自刻本　八行十八字　白口四周單邊（善本書目、古籍總目）

上圖　國圖（鄭振鐸跋）　北大　故宮　廣東省中山圖書館

清抄本（上圖古籍目録）

上圖

法教佩珠二卷（輯）

明萬曆四十二年刻本　九行二十字　白口四周單邊（善本書目）

上圖

僊里塵譚十二卷（輯）

明天啓間刻本　七行十六字　白口四周單邊（善本書目）

首都圖書館

錢龍錫（一五七九—一六四五）

明松江府華亭縣人。字稚文。傳見本卷《善本經眼録》。

四書證義筆記合編十七卷（明錢大復撰　明錢龍錫校）

明萬曆四十一年刻本（古籍總目）

上圖　日本東京都立日比谷圖書館

蜀藻幽勝録四卷（明傅振商彙輯　明錢龍錫删訂）

明刻本　九行十九字　白口四周單邊單魚尾（善本書目）

國圖　重慶市圖書館

吴嘉胤（一五七九—一六四五）

明松江府華亭縣人。字君錫，又字繩如。傳見本卷《善本經眼録》。

淙缺捍海石塘記事一卷

清道光十五年抄本（古籍總目）

北大（清姜皋、張鴻卓跋）

松江淙缺石塘録不分卷附刻一卷（清馮敦忠輯）

清雍正二年刻本（古籍總目）

上圖

許譽卿（一五八六—一六六二）

明松江府華亭縣人。字公實，號霞城。傳見本卷《善本經眼録》。

三垣疏稿三卷

藝海珠塵本（乾隆刻）（古籍總目）
叢書集成初編本（古籍總目）

施紹莘（一五八八—一六四〇）

明松江府上海縣人。字子野，號峰泖浪仙。傳見本卷《善本經眼録》。

瑶臺片玉不分卷

清抄本（古籍總目）
南大

瑶臺片玉甲種三卷

香艷叢書本（古籍總目）

瑶臺片玉甲種補録一卷

香艷叢書本（古籍總目）

秋水菴花影集五卷

明刻本（古籍總目）

上圖　中科院　山東省圖書館

明末刻本　八行二十字　四周單邊無直格　眉上刻評（善本書目、古籍總目、北大古籍目録）

上師大　北大　南圖

清乾隆十七年博古堂刻本（古籍總目）

南圖

清小嫏嬛刻本（古籍總目）

南圖

明箓筠軒抄本　九行二十一字（國圖古籍目録、古籍總目）

國圖

王廷宰

明松江府華亭縣人。占籍嘉興。字鹿柴。貢生。官六安教諭，遷沅江令。見時事不可爲，即歸。後隱居張堰，自號毗翁。傳見嘉慶《松江府志》卷五十六《古今人傳八》。

緯蕭齋存稿三卷畫鏡剩稿一卷

書三味樓叢書本（嘉慶道光刻）（古籍總目）

別本緯蕭齋存稿三卷

抄本（古籍總目）

上圖

朱國盛

明松江府華亭縣人。字敬韜，號雲來。傳見本卷《善本經眼録》。

南河志十卷南河全考二卷（明朱國盛、明徐標撰）

明天啓間刻本（日藏善本書録）

日本内閣文庫
明天啓五年至崇禎六年刻本（古籍總目）
國圖　南圖　浙圖

南河志十四卷（明朱國盛、明徐標撰）
明刻本（上圖古籍目録、四庫全書存目叢書）
上圖　浙圖

南河全考二卷圖一卷（明朱國盛、明徐標撰）
明崇禎六年刻本（古籍總目）
上圖　南圖　山東省圖書館

南河全考二卷圖一卷（明朱國盛、明徐標撰）
明刻本（浙圖古籍目録）
浙圖

南河圖考二卷

書三味樓叢書本（嘉慶道光刻）（古籍總目）

沈猶龍（？—一六四五）

明松江府華亭縣人。字雲昇。萬曆四十四年（一六一六）進士，除鄞縣知縣。歷官河南副使、太僕少卿、福建巡撫、兵部右侍郎兼廣東巡撫等。清順治二年（一六四五），松江城破，中矢死。傳見嘉慶《松江府志》卷五十五《古今人傳七》。

明文翼運六十卷

明崇禎間刻本　九行十九字　白口四周單邊單魚尾（日藏善本書録）

日本尊經閣文庫

明文翼運三十六卷（明鄭邦泰評）

明崇禎十年序刻本（日藏善本書録）

日本國會圖書館

潘基慶

明松江府人。字良耜。見本卷《善本經眼録》。

老莊郭注會解九卷（輯）

明文樞堂刻本　道德經二卷南華經七卷　八行二十字　白口四周單邊（善本書目、古籍總目）

中科院　山西省文物局　安陸縣圖書館

老莊會解九卷（集注）

明萬曆間刻本（上圖古籍目録）

上圖

合刻諸名家評點老莊會解十一卷（輯）

明書林楊小閩刻本　老子道德真經會解二卷首一卷、莊子南華副墨會解七卷首一卷　八行二十字　白口四周單邊（善本書目、古籍總目）

暨南大學

道德經二卷（會解）

明文樞堂刻老莊郭注會解本（古籍總目）

道德經二卷首一卷（集注）

明萬曆間刻本（古籍總目）

上圖

南華經七卷首一卷（注）

明崇禎九年合刻道德南華二經注疏傳神集本（古籍總目）

明文樞堂刻老莊郭注會解本（古籍總目）

明末刻本（古籍總目）

臺圖（佚名批校）

明末刻本　十行二十二字　白口四周單邊單魚尾（古籍總目）

中科院

南華真經内篇集注七卷首一卷（輯）

明刻本　八行二十或二十二字　白口四周單邊單魚尾　書眉上刻評注（古籍總目）

國圖　美國哈佛燕京

古逸書三十卷首一卷末一卷（輯）

明萬曆間刻本　八行二十字　白口四周單邊單魚尾（善本書目、古籍總目）

上圖　國圖　北大　中科院　南圖

明末刻本　八行二十字　白口四周單邊單魚尾（善本書目、古籍總目）

復旦　國圖　南圖　天津圖書館

張肯堂（？——一六五一）

明末清初松江府華亭縣人。字載寧，號鯢淵。傳見本卷《善本經眼録》。

保黎録四卷附録一卷隣謳一卷

明崇禎六年刻本　八行二十二字　白口四周單邊（古籍總目）

上圖（存卷三卷四）

罄辭十二卷

明崇禎七年刻本　七行二十字　白口四周單邊（古籍總目）

上圖

瑞穀新謡不分卷

明崇禎四年刻本　七行二十字　白口四周單邊（善本書目）

沈陽音樂學院

宋劉後村先生集十二卷（宋劉克莊撰　明張肯堂輯）

明崇禎十一年建州錢震瀧刻本　九行二十字　白口四周單邊（善本書目、古籍總目）

重慶市圖書館　南通市圖書館

莫秉清

明松江府華亭縣人。字紫仙，號蘧士。傳見本卷《善本經眼録》。

華亭莫葭士先生遺稿二種

民國二十年鉛印本　傍秋庵文集四卷采隱草詩集二卷（古籍總目）

上圖　復旦　國圖　南圖

采隱草一卷

清康熙五十五年曹炳曾城書室刻雲間二韓詩本（古籍總目）

上圖　國圖　南圖

夏允彝（一五九六——一六四五）

明松江府華亭縣人。字彝仲。傳見本卷《善本經眼録》。

刻夏先生書經六卷

明刻本（古籍總目）

日本内閣文庫

夏彝仲先生書經聽月十一卷

明刻本（古籍總目）

日本尊經閣文庫

禹貢合圖纂注一卷附録一卷（明鍾惺纂注　明艾南英圖注　明夏允彝合注）

明末舒瀛溪刻本　九行二十字　白口　四周單邊（善本書目、古籍總目）

國圖

禹貢古今合注五卷圖一卷（明李開鄴校）

明崇禎間吴門正雅堂刻本　九行十九字　白口　左右雙邊（存目標注、古籍總目）

上圖　國圖　北大　清華　南圖

禹貢古今合注一卷

清嘉慶二十一年夏汝珍刻本（存目標注、總目）

上圖

禹貢古今合注五卷

舊抄本（存目標注）

臺灣「中研院」史語所

禹貢古今合注三卷圖一卷

清乾隆三十八年高見龍抄本　十行二十四字（善本書目）

上圖　國圖　南圖

近聖居三刻參補四書燃犀解二十一卷（明陳祖綬撰　明夏允彝等參補）

明末近聖居刻本　大學一卷中庸三卷論語十卷孟子七卷　十一行二十一字　上欄十九行二十字　白口四周單邊無魚尾（古籍總目）

日本國會　日本龍谷大學　日本新發田市立圖書館　美國哈佛燕京

參補鄒魯心印集注二十卷（明張明弼撰　明夏允彝等補）

明刻本　大學一卷中庸二卷論語十卷孟子七卷（古籍總目）

日本内閣文庫

幸存録一卷

三異詞録本（清抄本）（善本書目、古籍總目）
勝朝遺事初編本（古籍總目）
明末稗史鈔四種本（古籍總目）
明末十家集本（古籍總目）
清抄本（古籍總目）

幸存録二卷

清抄明季野史三十四種本（古籍總目）
清抄明季野史彙編本（善本書目、古籍總目）
清抄十家集十一種本（古籍總目）
清抄明季十家集十一種本（善本書目、古籍總目）
清抄明逸史十家集本（古籍總目）
清抄明季雜史本（古籍總目）

明季十家集十二種本（古籍總目）
清抄明末野史十一種本（古籍總目）
明季稗史彙編十六種本（清刻）（善本書目、古籍總目）
中國内亂外禍歷史叢書本（古籍總目）

幸存録三卷

清抄本（善本書目、古籍總目）
上圖　復旦　國圖　中科院　蘇州市博物館
清抄本（善本書目）
南開大學（清徐衷涵校并跋）
清敦仁堂抄本（古籍總目）
蘇州市文管會

幸存録四卷續録二卷附録一卷

清抄本（善本書目）
上圖

幸存録不分卷

清初抄本（古籍總目）

上圖

清乾隆七年嗚珂室抄本（善本書目、古籍總目）

國圖

清抄本（古籍總目）

國圖　北師大

清刻本（古籍總目）

北大

崇禎長樂縣志十一卷（纂修）

明崇禎十四年刻本　十行二十字小字雙行同　花口四周單邊單魚尾有刻工（古籍總目、書志初稿）

臺圖

新刻注釋孔子家語二卷（注釋）

明書林鄭以祺刻本　九行二十八字　白口四周單邊（善本書目、古籍總目）

南圖
清楊若眉友古堂刻本（古籍總目）
國圖

唐昌世（一五九六—一六八四）

明松江府華亭縣人。字興公。一字名必，號存我。唐文獻從孫。天啓五年（一六二五）進士，補工部營膳司主事，歷官至郎中。崇禎二年（一六二九）以積忤中官，借端題參奪職歸。後數薦不出。明亡，屏居不復出。傳見嘉慶《松江府志》卷五十五《古今人傳七》。

隨筆漫記一卷

指海本（善本書目、古籍總目）

周立勳（一五九七—一六三九）

明松江府華亭縣人。字勒卣。以高才負盛名。與同里陳子龍、夏允彝齊名，爲「雲間五子」之一。以太學生屢試不第，留滯南雍，未幾客死。傳見嘉慶《松江府志》卷五十五《古今人傳七》。

幾社集選一卷（清陳見衡選）

清順治間澄懷閣刻詩慰初集本　十一行二十三字　白口四周單邊（善本書目、古籍總目）

復旦　國圖　中科院

幾社六君子詩選不分卷（明陳子龍等撰）

清初抄本　十行三十字（善本書目、古籍總目）

衢州市博物館（文管會）

徐孚遠（一五九九—一六六五）

明松江府華亭縣人。字闇公，晚號復齋。徐陟曾孫。崇禎十五年（一六四二）舉人，「幾社六子」之一。明亡後避居鷺門十餘年。傳見嘉慶《松江府志》卷五十五《古今人傳七》、光緒《重修華亭縣志》卷十五《人物三》。

史記一百三十卷（漢司馬遷撰　劉宋裴駰集解　唐司馬貞索隱　唐張守節正義　明徐孚遠、陳子龍測議）

明崇禎間刻本（古籍總目）

上圖（清吴熙載跋）

明末素位堂刻本（古籍總目）

浙圖（清朱駿聲批校）

明末刻本（古籍總目）

上圖

清瑞成堂刻本（古籍總目）

上圖

史記獺俎□卷（輯）

清抄本（古籍總目）

上圖（存卷一至卷九）　東北師大

前漢書獺俎五卷（輯）

清抄本（古籍總目）

上圖

後漢書獮組十二卷（輯）

清抄本（古籍總目）

上圖

三國志獮組十二卷（輯）

清抄本（古籍總目）

上圖

晋書獮組三卷（輯）

清抄本（古籍總目）

上圖

南史獮組六卷（輯）

清抄本（善本書目、古籍總目）

上圖

梁書獵組六卷（輯）

清抄本（古籍總目）

上圖

陳書獵組三卷（輯）

清抄本（古籍總目）

上圖

北齊書獵組三卷（輯）

清抄本（古籍總目）

廣東省中山圖書館

唐書獵組二十四卷（輯）

清抄本（古籍總目）

上圖

釣璜堂存稿二十卷交行摘稿一卷徐闇公先生遺文一卷

民國十五年金山姚氏刻懷舊樓叢書本　十行二十二字小字雙行同　黑口四周單邊單魚尾（古籍總目）

復旦　國圖　北大

交行摘稿一卷

藝海珠塵本（乾隆刻）（古籍總目）

徐闇公殘集一卷

抄本（上圖古籍目録）

上圖

徐鳳彩（一六〇一——一六五七）

明松江府華亭縣人。字聖期。傳見本卷《善本經眼録》。

詩經輔注五卷

清徐朝俊抄本（古籍總目）

復旦

詩經輔注四卷（清諸廷式録）

民國間金山高氏食古書庫傳抄本（古籍總目）

復旦

幾社壬申合稿二十卷（明杜騏徵、明徐鳳彩、明盛翼進輯）

明崇禎間静貴草堂刻本（古籍總目）

國圖

明刻本（古籍總目）

上圖

清初小樊堂刻本　九行十九字　白口左右雙邊（善本書目）

上圖　中科院　南圖

幾社文選二十卷（明杜騏徵、明徐鳳彩、明盛翼進輯）

明末刻本　九行十九字　白口左右雙邊（古籍總目）

國圖

宋存標（約一六〇一—一六六六後）

明末清初松江府華亭縣人。字子建，號秋士。傳見本卷《善本經眼録》。

春秋四家十二卷附董劉春秋雜論一卷（評輯）

明末君子堂刻本　九行二十字小字雙行同　白口四周單邊單魚尾（古籍總目、日藏善本書録）

華東師大　北大　中央黨校　遼寧大學　日本尊經閣文庫

戰國策全編十卷國策异同四卷（輯）

明崇禎間刻本　九行二十字　白口四周單邊單魚尾（善本書目、古籍總目）

上圖　山東大學　中央黨校

秋士史疑四卷附秋士新詩一卷君子堂詩一卷

明崇禎二年宋氏君子堂自刻本　九行二十字　白口左右雙邊（古籍總目）

上圖　首都圖書館　南開大學

皇明歷朝召對都俞録十一卷（輯）

明末刻本（古籍總目）

中科院（存卷十至十一）

墨妙法式論注三卷

明末君子堂刻本（善本書目、古籍總目）

國圖

情種八卷秋士選詩三百五卷（撰輯）

明天啓間翁少麓刻本　九行二十字　白口四周單邊（善本書目、古籍總目）

上圖　國圖　中科院

明末刻本（古籍總目）

中科院

思訫室無事書二卷

明末刻本　八行二十字　白口四周單邊無魚尾（善本書目、古籍總目）

上圖

秋士偶編一卷附董劉春秋雜論一卷（撰／評輯）

明末刻本　九行二十字　白口四周單邊單黑魚尾（善本書目、古籍總目）

中科院　國圖

秋士香詞一卷

清順治間刻倡和詩餘本（善本書目、古籍總目）

棣萼香詞二卷（輯）

清順治間刻本（古籍總目）

國圖

宋徵璧（一六〇二—一六七二）

明末清初松江府華亭縣人。一名存楠，字尚木。傳見本卷《善本經眼録》。

左氏兵法測要二十卷首二卷

明崇禎間劍閑齋刻本（古籍總目）

上圖　北大　福建省圖書館

左氏兵法測要二十卷

明崇禎十年劍閑齋刻本（古籍總目）

上圖　上海辭書出版社　國圖　浙圖

明崇禎間雲間平露堂刻本（古籍總目）

北大

明刻本（古籍總目）

曲阜師範大學

王光承（一六〇六—一六七七）

明松江府華亭縣人。字玠右。傳見本卷《善本經眼録》。

王玠右文存不分卷

抄本（古籍總目）

上圖

鎌山草堂詩合抄二卷（明王光承、清王烈撰　清吴省蘭輯）

藝海珠塵本（乾隆刻）（古籍總目）

陳子龍（一六〇八—一六四七）

明松江府華亭縣人。初名介，字卧子、懋中、人中，號大樽、海士、軼符等。傳見本卷《善本經眼録》。

五經全文訓解三十二卷（元熊禾撰，明陳子龍訂定）

明崇禎間熊友兮白炤山房刻本　易經訓解四卷、書經訓解六卷、詩經訓解八卷、禮記訓解十卷、春秋訓

解四卷（古籍總目）
美國哈佛燕京　日本内閣文庫

毛詩蒙引二十卷首一卷

明刻本（古籍總目）
日本尊經閣文庫
日本文政六年浪華岡田羣玉堂刻本（古籍總目）
上圖

詩經人物備考十三卷（明汪桓參　明陳子龍輯）

明末武林還讀齋刻本（古籍總目）
上圖　北大
明刻本（上圖古籍目録）（麒按：架上無，未見）

詩問略一卷

學海類編本（道光木活字印、民國影印）（古籍總目）

民國間金山高氏食古書庫傳抄本（古籍總目）
復旦

華亭卧子説書文箋四卷

明崇禎十年横雲山房刻本　八行二十字　白口四周單邊單魚尾　眉上刻評（善本書目、古籍總目）
上圖　日本内閣文庫　日本龍谷大學

史記測議一百二十卷（明徐孚遠、明陳子龍測議）

明崇禎十三年刻本　左右雙邊白口單魚尾　上方諸家評論十八行四字　正文九行二十字（古籍總目）
上圖（清吴熙載跋）
明末素位堂刻本（古籍總目）
浙圖（清朱駿聲批校）
明末刻本（古籍總目）
上圖
清瑞成堂刻本（古籍總目）
上圖

農政全書六十卷（評點）

明崇禎十二年陳子龍平露堂刻本　九行二十字小字雙行同　四周單邊白口單魚尾（善本書目）

北大　故宫　南圖

皇清賜謚忠裕明兵科給事中大樽陳公自述年譜一卷（續一卷　清王澐輯）

清潘鍾瑞抄本（善本書目、古籍總目）

蘇州市圖書館

陳子自述年譜一卷附史論一卷雜文一卷

清抄本　九行二十五字（書志初稿、古籍總目）

臺圖（清韓應陛題記）

兵垣奏議一卷

明末刻本　九行二十字　白口四周單邊（善本書目、古籍總目）

國圖

清光緒二十三年刻本（古籍總目）

上圖　國圖　浙圖

（陳臥子先生）兵垣奏議二卷

清宣統二年上海時中書局鉛印本（古籍總目）

上圖　國圖　浙圖

陳忠裕公兵垣奏議二卷

清光緒二十三年諸暨陳遹聲刻本（古籍總目）

國圖　軍事科學院圖書館

陸宣公集十八卷（唐陸贄撰　明陳子龍評）

明末刻本（古籍總目）

蘇州大學

李衛公文集二十卷別集十卷外集四卷（唐李德裕撰　明陳子龍評）

明末刻本（古籍總目）

北大　社科院文學所（清熙元校跋并録清陸心源校跋）

陳忠裕公全集三十卷兵垣奏議一卷首一卷末一卷自著年譜三卷

清嘉慶八年簳山草堂刻本（古籍總目）

復旦　國圖　北大　天津圖書館　南圖

陳忠裕公全集十卷

乾坤正氣集本（道光刻、同治五年印）（古籍總目）

陳忠裕公全集三十卷

清同治八年刻本（古籍總目）

遼寧省圖書館

陳卧子先生安雅堂稿十五卷兵垣奏議二卷

清宣統元年上海時中書局鉛印本（古籍總目）

國圖　北大　天津圖書館　山東省圖書館

清宣統二年上海時中書局再版鉛印本（古籍總目）

復旦　國圖　南圖

安雅堂稿十八卷

明末刻本　九行二十字　白口四周單邊（版本志、古籍總目）

上圖

抄本（上圖古籍目録）

上圖

清宣統二年上海中華書局印本（古籍總目）

湖南省圖書館

彙訂安雅堂稿十卷

抄本（上圖古籍目録）（麒按：上圖無）

陳臥子詩一卷（明陳濟生輯）

啓禎兩朝遺詩本（清初刻）（古籍總目）

國圖

陳子龍詩三卷

歷朝二十五家詩録本（光緒刻）（古籍總目）

陳忠裕公集十五卷卷首一卷

清嘉慶七年授經堂刻本　十行二十一字　白口左右雙邊單黑魚尾（古籍總目）

北大

清道光五年刻本（古籍總目）

南圖

陳大樽先生集十八卷（清吴光裕輯）

清康熙間延清閣刻本（上圖古籍目録）

上圖

清刻本（古籍總目）

國圖

陳忠裕公全集三十卷年譜三卷卷首一卷卷末一卷

清嘉慶八年何其偉刻本　十行二十一字　白口左右雙邊單黑魚尾（版本志）

湘真閣稿六卷

明末刻本　九行十八字　白口四周單邊（善本書目）

南圖

湘真閣存稿一卷

清順治間刻倡和詩餘本（古籍總目）

國圖

陳大樽稿一卷（清俞長城選評）

可儀堂一百二十名家制義本（古籍總目）

陳忠裕公未刻稿

抄本　安雅堂稿原編二十卷安雅堂稿重編二十卷（古籍總目）

北大

皇明文鈔十三種（輯）

明刻本　何仲默文鈔（明何景明撰）、袁中郎文鈔（明袁宏道撰）、湯若士文鈔（明湯顯祖撰）、鍾伯敬文鈔（明鍾惺撰）、汪伯玉文鈔（明汪道昆撰）、徐文長文鈔（明徐渭撰）、徐昌谷文鈔（明徐禎卿撰）、楊用修文鈔（明楊慎撰）、王允寧文鈔（明王維楨撰）、李于鱗文鈔（明李攀龍撰）、王伯安文鈔（明王守仁撰）、唐德亮文鈔（明唐順之撰）（古籍總目）

四川師範大學（闕一種）

皇明詩選十三卷（明陳子龍、清李雯、明宋徵輿輯）

明末刻本　九行十八字　白口四周單邊（善本書目、上師大古籍目録）

上師大　上圖　北大

明詩選十二卷（明李攀龍輯　明陳子龍增删）

明崇禎間豹變齋刻本（古籍總目）

國圖　天津圖書館　山東省圖書館　湖北省圖書館

明詩選不分卷（輯）

清初抄本　十行二十八字　無格（善本書目、古籍總目）

天台市文管會

三子新詩合稿九卷（明陳子龍、清李雯、明宋徵輿撰　明夏完淳輯）

明末刻本　九行十八字　白口四周單邊（善本書目）

上師大　國圖　南圖　北大　中科院（鄧之誠跋）

清初刻本（古籍總目）

上圖　南圖

清抄本　九行十八字　無格（善本書目）

安陸縣圖書館

清抄本（古籍總目）

蘄春縣圖書館（清周星詒校）

幾社六子詩選不分卷（明陳子龍、明夏允彝、明徐孚遠、明杜麟徵、明彭賓、明周立勳合撰）

清初抄本　十行三十字（善本書目、古籍總目）

衢州市博物館（文管會）

皇明經世文編五百四卷補遺四卷卷首一卷（明陳子龍、明徐孚遠、明宋徵璧、明周立勳等選輯）

明崇禎間平露堂刻本　九行二十字（善本書目、古籍總目）

上圖　中科院　北大　天津圖書館

新刻卧子陳先生編纂歷代名賢古文宗六卷（編）

明崇禎間刻本　十行二十二字　白口四周單邊　書眉鐫評（哈佛燕京善本書志）

美國哈佛燕京

陳忠裕詞一卷

清光緒二十九年刻雙碧詞本（古籍總目）

國圖

章曠（一六〇八—一六四七）

明松江府華亭縣人。字于野，號峨山。傳見本卷《善本經眼録》。

章于野詩一卷（明陳濟生輯）

清初刻啓禎兩朝遺詩本（古籍總目）

章文毅公詩集一卷

清光緒間刻本　十行二十字　白口左右雙邊單魚尾（古籍總目、上師大古籍目録）

上師大　國圖

蔣平階（一六一六—一七一四）

明松江府華亭縣人。初名雯階，字馭閎，一字大鴻，别署杜陵生。傳見本卷《善本經眼録》。

畢少保公傳一卷

清康熙間刻本（古籍總目）

國圖　山東省圖書館（清李堯臣跋）　遼寧省圖書館

民國二十五年滿日文化協會石印明季遼事叢刊本（古籍總目）

上圖　復旦　國圖　南圖　浙圖

東林始末一卷

學海類編本（道光木活字印、民國影印）（古籍總目）

清抄本（古籍總目）

北大

中國内亂外禍歷史叢書本（古籍總目）

尚書倪文正公傳一卷

清康熙間刻本（古籍總目）

浙圖

陽宅三格辨一卷

四秘全書十二種本（古籍總目）

地理大全十二種本（古籍總目）

玉函真義古鏡歌三卷（明蔣平階撰　清尹有本發義）

四秘全書十二種本（古籍總目）

地理大全十二種本（古籍總目）

地理古鏡歌一卷

藝海珠塵本（乾隆刻）（古籍總目）

玉函真義天元歌（明蔣平階述　清尹有本發義）

地理大全十二種本（古籍總目）

天元歌一卷（清繆亮輯）

地理一貫集二十七種本（古籍總目）

清葉氏平安館抄本（善本書目、古籍總目）

上圖

天元歌一卷天元古鏡歌三卷

抄本（古籍總目）

北大

陽宅指南（明蔣平階撰　清尹有本發義）

地理大全十二種本（古籍總目）

歸厚録擇要一卷（清繆亮輯）

地理一貫集二十七種本

歸厚録一卷天元歌一卷（陽宅補遺一卷　題張重明注；醒心篇一卷八極神樞一卷　題雲陽口極真人口訣　明蔣平階述）天元餘義一卷

清抄本（古籍總目）

北大

秘傳水龍經五卷（題晉郭璞撰　明蔣平階輯）

清道光二十八年經飴山房刻本（古籍總目）

南圖

清光緒間刻本（古籍總目）

上圖

清咸豐五年刻本（古籍總目）

國圖

清抄本（古籍總目）

南圖

王禮圭抄本（古籍總目）

上圖

清抄本（古籍總目）

吉林省圖書館（三卷，圖三卷）

水龍經五卷（清繆亮輯）

地理一貫集二十七種本（古籍總目）

清咸豐五年刻本　八行二十五字　白口左右雙邊單魚尾（古籍總目）

上圖

王禮圭抄本（古籍總目）

上圖

陽宅指南篇一卷分房變氣論宅法一卷

稿本（善本書目、古籍總目）

故宫

陽宅指南一卷（清梁承誥輯）

稿本（古籍總目）

上圖

（都天寶照經不分卷　題唐楊筠松撰　明蔣平階補傳）玉函真義一卷

清抄本（古籍總目）

大連市圖書館

青囊序一卷（題唐曾求己撰　明蔣平階補傳）

地理一貫集本（稿本）（古籍總目）

地理辨正五卷（明姜垚辨正）

清嘉慶二年芸經堂刻本（古籍總目）

上圖

清道光元年可久堂刻本（古籍總目）

上圖

清掃葉山房刻本（古籍總目）

上圖

抄本（古籍總目）

上圖（不分卷）

地理辨正補義五卷（明蔣平階補傳　明姜垚辨正　清尹有本補義）

四秘全書十二種本（古籍總目）

地理大全十二種本（古籍總目）

地理辨正疏六卷

清同治二年文玉樓刻本（上圖古籍目録）

上圖

清同治二年禪山翰文堂刻本（上圖古籍目録）

上圖

地理辨正翼六卷（披肝露膽經一卷　題明劉基撰）

清宣統元年衡陽陳氏刻本（古籍總目）

上圖

清刻本（古籍總目）

上圖

批注地理辨正直解五卷（明蔣平階補傳　清章仲山直解）

清道光間刻本（古籍總目）

國圖

清宣統元年三味堂刻本（古籍總目）

上圖

地理辨正參解六卷附録一卷（明蔣平階、清甘受益撰）

清上海十萬卷樓刻本（古籍總目）

北大

地理辨正直解五卷天元五歌闡義五卷元空秘旨一卷心眼指要四卷（明蔣平階補傳　清姜垚辨正　清章仲山直解）

清經元堂刻本（上圖古籍目録）

上圖

地理録要四卷

清同治十一年刻本　九行二十字　白口四周單邊單魚尾（國圖古籍目録）

國圖

傳家得一録不分卷

清抄本（古籍總目）

南圖

相地指迷十卷勸葬説一卷（清凌登輯）

凌氏傳經堂叢書本（道光刻）（古籍總目）

地理指迷十卷（清凌堃輯）

清光緒二十五年來鹿堂刻本（古籍總目）

上圖

天元餘義二卷

清刻本（古籍總目）

國圖

天元五歌闡義五卷

清宣統元年刻本（古籍總目）

上圖

清宣統元年成都三味堂刻本（古籍總目）

上圖

天元烏兔經二卷（清高雲龍輯）

抄本（古籍總目）

上圖

支機集三卷（明蔣平階、明周積賢、明沈憶年撰）

清順治九年刻本　八行十八字　白口四周單邊（善本書目）

上圖

張雲龍

明松江府華亭縣人。字爾陽。傳見本卷《善本經眼録》。

廣社不分卷

明崇禎十六年刻本　九行十九字　白口四周單邊（善本書目）
華東師大　北大

清初抄本　八行（國圖古籍目録）
國圖

清初抄本（古籍總目）
上圖（姚光跋）

周大韶

明松江府華亭縣人。監生。《四庫全書總目》卷六九史部地理類二《三吴水考》條稱「大韶稱華亭監生，其始末則均未詳也」。

三吴水考十六卷（明張内藴、明周大韶著）

明萬曆間刻本（古籍總目）

上圖（存卷一至卷二）

四庫全書本（乾隆寫）（古籍總目）

水利節略二卷

清抄本（善本書目、古籍總目）

復旦

陳重光

明松江府華亭縣人。字瑞羲。傳見本卷《善本經眼録》。

毛詩正變指南圖六卷（宋□□編　明陳重光重訂）

明崇禎十一年華亭陳氏刻本　十行二十一字小字雙行二十字　白口左右雙邊（善本書目、古籍總目）

復旦

張彦之

明松江府華亭縣人。字洮侯，初名慤。張之象玄孫。初與弟讀書細林山中，後盡斥田宅，隱居窮巷。傳見嘉慶《松江府志》卷五十六《古今人傳八》。

觀海草堂集一卷

皇清百名家詩本（康熙刻）（古籍總目）

馬　靖

明松江府華亭縣人。字寧伯，號愚庵。崇禎六年（一六三三）武舉。爲仇家所陷，亡命八年，郡守李鏡雪其枉，歸隱里中，卒。傳見光緒《金山縣志》卷二十五《隱逸傳》。

松菊堂詩抄二卷

書三味樓叢書本（嘉慶道光刻）（古籍總目）

沈泓

明松江府華亭縣人。字臨秋。崇禎十六年（一六四三）進士，官刑部主事。遭國變，自縊未遂，削髮爲僧，更名宏忍，號無寐。後疾作，絶醫藥遂卒。著有《易憲》《東山遺草》《懷謝軒詩文集》等。傳見嘉慶《松江府志》卷五十五《古今人傳七》。

易憲不分卷

明崇禎間刻清印本（古籍總目）

上圖

易憲四卷卦歌一卷圖説一卷

清乾隆九年補堂刻本（古籍總目）

上圖　復旦（清吕璜批校）　國圖　中科院歷史所（清何紹基批點）　北大

清光緒十四年卓德徵刻本（古籍總目）

上圖　北大　南圖

清木活字印本（古籍總目）

上圖

清抄本（上師大古籍目録）

上師大

夏完淳（一六三一——一六四七）

明松江府華亭縣人。原名復，字存古，號小隱、靈首（一作靈胥）。傳見本卷《善本經眼録》。

（幸存録三卷　明夏允彝撰）續幸存録二卷

清抄本（古籍總目）

上圖　復旦　國圖　中科院

（幸存録三卷續一卷　明夏允彝撰）續幸存録二卷

清抄本（古籍總目）

南開大學（清徐衷涵校并跋）

（幸存録三卷　明夏允彝撰）續幸存録二卷大哀賦一卷

清敦仁堂抄本（古籍總目）

蘇州市文管會

續幸存録二卷

清魚元傅抄本（古籍總目）

上圖

清抄本（古籍總目）

國圖

續幸存録一卷

清刻本（古籍總目）

上圖　國圖

明季野史三十四種本（古籍總目）

明季野史彙編本（古籍總目）

十家集本（古籍總目）

清抄明逸史十家集本（古籍總目）

清抄明季雜史本（古籍總目）

明季十家集十一種本（古籍總目）
明季十家集十二種本（古籍總目）
明末野史十一種本（古籍總目）
明季稗史彙編本（琉璃廠、圖書集成局本）（古籍總目）
中國内亂外禍歷史叢書本（古籍總目）

續幸存録二卷

明末十家集本（古籍總目）

續幸存録三卷

明末稗史鈔四種本（古籍總目）

夏節愍全集十卷卷首一卷卷末一卷補遺一卷續補遺一卷（明陳均編　明莊師洛輯）

清嘉慶十二年婁縣陳氏刻本（古籍總目）
　國圖　北大　南圖
清嘉慶十二年婁縣陳氏刻同治八年重修本　十行二十一字　小字雙行同　白口　左右雙邊　單魚尾

（國圖古籍目録）

復旦　上師大　國圖　北大　南圖

清光緒二十九年新津吴氏成都刻本　十行二十一字　小字雙行同　白口　左右雙邊　單魚尾（國圖古籍目録）

上師大　國圖　遼寧省圖書館　湖北省圖書館

夏節愍公集四卷

乾坤正氣集本（道光刻同治五年、光緒元年、光緒七年、光緒十八年印）（古籍總目）

清同治五年新建吴坤修重印本（國圖古籍目録）

光緒元年潘氏重印本（國圖古籍目録）

清光緒七年長白恭鎧重印本（國圖古籍目録）

夏太史遺稿一卷

清初抄本（古籍總目）

南圖

三子新詩合稿九卷（明陳子龍、清李雯、明宋徵輿撰　明夏完淳輯）

明末刻本　九行十八字　白口四周單邊（善本書目、古籍總目）

國圖　南圖　北大　中科院（鄧之誠跋）

清初刻本（古籍總目）

上圖　南圖

清抄本（古籍總目）

蘄春縣圖書館

清抄本　九行十八字　無格（善本書目）

安陸縣圖書館

夏節湣詞一卷

清光緒二十九年刻雙碧詞本（國圖古籍目録、古籍總目）

國圖

獄中草一卷

清嘉慶十二年王昶輯刻夏節愍公全集本（古籍總目）

復旦　國圖　北大　南圖
民國三十年金陵盧前飲虹簃刻本（國圖古籍目録）
國圖

夏内史集九卷附録一卷
藝海珠塵本（乾隆刻）（上師大古籍目録）

張龍翼

明松江府華亭縣人。字羽明。見本書《善本經眼録》。

兵機類纂三十二卷
明崇禎十六年刻本（古籍總目）
軍事科學院圖書館

戡定玄機三十二卷
明刻本（古籍總目）

首都圖書館（存卷二至八、卷十五至三十二）

沈佳胤

明松江府華亭縣人。字錫侯。傳見本卷《善本經眼録》。

翰海十二卷（輯）

明崇禎間刻本（古籍總目）

上圖　復旦　中科院　南圖　浙圖

明末徐含靈刻本（上師大古籍目録、北師大古籍目録）

上師大（存卷一至卷六，卷七部分）　北師大

明末刻本（古籍總目）

國圖　中科院（存卷一至十）　南圖　天津圖書館　湖北省圖書館

清抄本（古籍總目）

南圖

中報館叢書本（光緒鉛印）（古籍總目）

流寓

馮淮

明蘇州府崑山安亭人，寓居松江。字會東，一字雪竹。傳見本卷《善本經眼録》。

江皋集六卷遺稿一卷

明刻本　十行二十二字　白口左右雙邊（版本志、古籍總目）

國圖

抄本（上圖古籍目録）

上圖

范允臨（一五五八—一六四一）

明松江府寓賢，南直隸蘇州府吴縣人。字至之。傳見本卷《善本經眼録》。

輸廖館集八卷

明萬曆間刻本　十行十八字　白口四周單邊（版本志、古籍總目）

上圖

清順治間刻本（版本志、古籍總目）

上圖（麒按：即明萬曆間刻本）

清順治間吴趨范氏刻乾隆十九年補修本（古籍總目）

臺圖

徐　媛

明松江府寓賢范允臨妻。南直隸蘇州府吴縣人。傳見本卷《善本經眼録》。

絡緯吟十二卷

明萬曆四十一年吴郡范允臨刻本　八行十八字　白口四周雙邊（善本書目、古籍總目）

上圖　國圖　南圖　天津圖書館　浙圖

明萬曆四十三年刻本（上圖古籍目録）

上圖（按：即明萬曆四十一年刻本）

明崇禎三年序刻本（古籍總目）
日本内閣文庫
明末抄本（中科院古籍目録）
中科院

曹勛

明松江府華亭縣寓賢。嘉善人。字允大，號峨雪。傳見本卷《善本經眼録》。

古史紀年一卷

清抄本（古籍總目）
上圖（清鐵橋散人跋）

曹宗伯全集十六卷

清初刻本　九行二十字　白口左右雙邊（善本書目、古籍總目）
上圖

存笥一卷行笈一卷居近詩二卷

明崇禎刻本（善本書目）

故宫

南溪詩草七卷東干詩草一卷

清順治間刻本（善本書目、古籍總目）

上圖　故宫

南溪詩草四卷東干詩草一卷居近詩二卷存笥一卷行笈一卷

清彙印本（善本書目）

故宫

戊辰科曹會元館課試草一卷

明崇禎間金陵書林唐振吾廣慶堂刻本（古籍總目）

故宫

曹峨雪稿一卷（清俞長城選評）

可儀堂一百二十名家制義本（康熙刻、乾隆刻）（古籍總目）

璩之璞

明松江府華亭縣人，一説江西人，僑居華亭。字元瑱，號君瑕，一説字君瑕。傳見本卷《善本經眼録》。

（蘇文忠公年譜一卷　宋王宗稷編；附外紀二卷　明王世貞輯）外紀逸編一卷（輯）

明末刻本（古籍總目）

上圖

清光緒二十年粵東文英閣刻本（古籍總目）

國圖

（東坡集選五十卷集餘一卷　宋蘇軾撰　明陳夢槐選　明陳繼儒定；東坡先生年譜一卷　宋王宗稷編；外紀二卷　明王世貞撰）外紀逸編一卷

明刻本（古籍總目）

上圖　浙圖

蘇長公外紀十二卷（王世貞輯　璩之璞校補）

明萬曆二十三年璩氏燕石齋重修本　十行十八字　白口左右雙邊（國圖古籍目録）

國圖

上海縣

本籍

董紀

元末明初松江府上海縣人。字良史。傳見本卷《善本經眼録》。

西郊笑端集二卷

四庫全書本（乾隆寫）（古籍總目）

西郊笑端集一卷

明成化十年周庠刻本　十行十八字　黑口四周雙邊雙魚尾（《原國立北平圖書館甲庫善本叢書》目録）
臺北故宫
清抄本（善本書目、古籍總目）
南圖（清丁丙跋）
民國間盧江劉氏遠碧樓抄本（上圖古籍目録）
上圖

李伯璵（一四〇六—一四七三）

明松江府上海縣人。字君美。傳見本卷《善本經眼録》。

文翰類選大成一百六十三卷（明李伯璵、明馮厚輯）

明成化八年淮府刻弘治十四年增刻本　十二行二十三字　黑口四周雙邊雙魚尾（善本書目、古籍總目）
上圖　國圖　臺圖（王禮培跋）
明成化八年淮府刻弘治十四年嘉靖二十五年遞修本　十二行二十三字　黑口四周雙邊雙魚尾（善本

書目、古籍總目）

北大　首都圖書館　中科院　天津圖書館　山東省圖書館

明成化八年淮藩刻弘治十四年嘉靖二十五年萬曆四十四年遞修本　十二行二十三字　黑口四周雙邊雙魚尾（哈佛燕京善本書志）

美國哈佛燕京

明刻本（古籍總目）

北大

郁文博（一四一七—一四九五?）

明松江府上海縣人。以字行。景泰五年（一四五四）進士，擢御史，有直聲。官至湖廣按察司僉事。歸筑萬卷樓，校《説郛》其中。傳見弘治《上海志》卷八《人品志》、崇禎《松江府志》卷三十八《賢達三》、嘉慶《松江府志》卷五十一《古今人傳三》、同治《上海縣志》卷十八《人物一》。

和杜律一卷

明成化間刻本　十行二十字　黑口四周雙邊雙黑魚尾（善本書提要）

朱應祥

明松江府上海縣人。字岐鳳，號鳳山、玉華外史。成化十三年（一四七七）以歲貢薦南畿，復不利，遂放意文酒，與張天錫諸人相應和。未幾卒，所著述多散失。傳見正德《松江府志》卷三十《人物六·文學》，嘉慶《松江府志》卷五十二《古今人傳四》。

在野集二卷（明袁凱撰　明張璞選　明朱應祥評點）

明正德元年鄢陵劉氏山東刻本（古籍總目）

臺圖

朱元振

明宣德間松江府上海縣人。字士誠，號壽梅。傳見本卷《善本經眼録》。

壽梅集二卷

明嘉靖間刻本（古籍總目）

首都圖書館

書三味樓叢書本（嘉慶道光刻）（古籍總目）

朱佑

明松江府上海縣人。字民吉。傳見本卷《善本經眼録》。

葵軒集二卷

書三味樓叢書本（嘉慶道光刻）（古籍總目）

朱曜

明松江府上海縣人。字叔暘。傳見本卷《善本經眼録》。

朱玉洲集八卷

明嘉靖十五年朱蟾刻本　八行十六字　白口左右雙邊（版本志、古籍總目）

南圖（清丁丙跋）

唐錦（一四七五—一五五四）

明松江府上海縣人。字士絅，號龍江。傳見本卷《善本經眼録》。

正德大名府志十卷（明韓福、石禄修　明唐錦纂）

明正德元年刻本　九行十八字　白口四周雙邊（善本書目、古籍總目）

　天一閣

弘治上海志八卷（明郭經修　明唐錦纂）

明弘治十七年刻本　九行十八字　白口左右雙邊（善本書目、古籍總目）

　天一閣　中國第一歷史檔案館

民國二十六年上海市通志館影印明弘治十七年刻本（古籍總目）

　上圖　中科院　遼寧省圖書館　南圖

民國二十九年昆明中華書局影印明弘治十七年刻本（古籍總目）

　上圖　復旦　國圖　北大　南圖

龍江夢餘録四卷

明弘治十七年郭經刻本　九行十七字　白口左右雙邊（善本書目）

　上圖　國圖

明抄本　十行二十三字　藍格　白口四周單邊（善本書目）

國圖

夢餘録一卷

説郛本（宛委山堂刻）（古籍總目）

龍江集十四卷

明隆慶三年唐氏聽雨山房刻本　十行十九字　白口左右雙邊單黑魚尾有刻工（古籍總目）

上圖

陸深（一四七七—一五四四）

明松江府上海縣人。字子淵，號儼山。傳見本卷《善本經眼録》。

儼山詩微二卷

清抄本（古籍總目）

復旦

平胡録一卷

儼山外集本（嘉靖刻）（古籍總目）
金聲玉振集本（善本書目、古籍總目）
紀録彙編本（萬曆刻）（古籍總目）
今獻彙言本（萬曆刻）（古籍總目）
勝朝遺事本（古籍總目）
叢書集成初編本（古籍總目）
景印元明善本叢書本（古籍總目）

（聖駕）南巡日録一卷

儼山外集本（嘉靖刻）（古籍總目）
紀録彙編本（萬曆刻）（古籍總目）
五朝小説本（明刻）（古籍總目）
説郛本（宛委山堂刻）（古籍總目）
景印元明善本叢書本（古籍總目）

（大駕）北還録一卷

儼山外集本（嘉靖刻）（古籍總目）

紀録彙編本（萬曆刻）（古籍總目）

説郛本（宛委山堂刻）（古籍總目）

景印元明善本叢書本（古籍總目）

張陸二先生批評戰國策抄四卷（明阮宗孔删注　明張居正、明陸深評）

明萬曆六年王篆刻本（古籍總目）

上圖　國圖　南圖

明萬曆七年錢普刻本（古籍總目）

首都師範大學　湖南省圖書館

明萬曆三十五年楊廷采刻本（古籍總目）

復旦

明刻本（古籍總目）

上圖　南圖　湖北省圖書館

史通會要三卷

儼山外集本（嘉靖刻）（古籍總目）

科場條貫一卷

儼山外集本（嘉靖刻）（古籍總目）
紀録彙編本（萬曆刻）（古籍總目）
叢書集成初編本（古籍總目）
景印元明善本叢書本（古籍總目）

豫章漫抄四卷

儼山外集本（嘉靖刻）（古籍總目）

豫章漫抄摘録一卷

紀録彙編本（萬曆刻）（古籍總目）
景印元明善本叢書本（古籍總目）

豫章漫抄一卷

五朝小説本（明刻）（古籍總目）

蜀都雜抄一卷

廣百川學海本（古籍總目）

儼山外集本（嘉靖刻）（古籍總目）

淮封日記一卷

儼山外集本（嘉靖刻）（古籍總目）

南遷日記一卷

儼山外集本（嘉靖刻）（古籍總目）

書輯三卷

儼山外集本（嘉靖刻）（古籍總目）

陳眉公訂正古奇器録一卷（明陳繼儒訂）

明刻本（古籍總目）

東北師大

金臺紀聞一卷

廣百川學海本（明刻）（古籍總目）

寶顔堂秘籍本（萬曆刻、民國石印）（古籍總目）

説郛本（宛委山堂刻）（古籍總目）

金臺紀聞二卷

儼山外集本（嘉靖刻）（古籍總目）

金臺紀聞摘抄一卷

紀録彙編本（萬曆刻）（古籍總目）

玉堂漫筆一卷

廣百川學海本（明刻）（古籍總目）
寶顔堂秘籍本（萬曆刻、民國石印）（古籍總目）
説郛本（宛委山堂刻）（古籍總目）

玉堂漫筆三卷

儼山外集本（嘉靖刻）（古籍總目）

玉堂漫筆摘抄一卷

紀録彙編本（萬曆刻）（古籍總目）

春風堂隨筆一卷

儼山外集本（嘉靖刻）（古籍總目）
寶顔堂秘籍本（萬曆刻、民國石印）（古籍總目）
説郛本（宛委山堂刻）（古籍總目）

春雨堂隨筆一卷

今獻彙言本（萬曆刻）（古籍總目）

春風堂雜抄一卷

儼山外集本（嘉靖刻）（古籍總目）

儼山纂録一卷

明世學山本（善本書目）
百陵學山本（萬曆刻）（善本書目、古籍總目）
説郛本（宛委山堂刻）（古籍總目）

儼山外纂一卷

學海類編本（道光木活字印、民國影印）（古籍總目）

中和堂隨筆二卷

儼山外集本（嘉靖刻）（古籍總目）

停驂録一卷續録三卷

儼山外集本（嘉靖刻）（古籍總目）

停驂録一卷摘録一卷續一卷

紀録彙編本（萬曆刻）（古籍總目）

谿山餘話一卷

廣百川學海本（明刻）（古籍總目）

儼山外集本（嘉靖刻）（古籍總目）

寶顔堂秘籍本（萬曆刻、民國石印）（古籍總目）

閑情小品本（萬曆刻）（古籍總目）

説郛本（宛委山堂刻）（古籍總目）

願豐堂漫書一卷

廣百川學海本（明刻）（古籍總目）

儼山外集本（嘉靖刻）（古籍總目）
寶顔堂秘籍本（萬曆刻、民國石印）（古籍總目）
説郛本（宛委山堂刻）（古籍總目）

河汾燕閑録二卷

儼山外集本（嘉靖刻）（古籍總目）

傳疑録二卷

儼山外集本（嘉靖刻）（古籍總目）

寶顔堂訂正傳疑録一卷

寶顔堂秘籍本（萬曆刻、民國石印）（古籍總目）

同異録二卷

儼山外集本（嘉靖刻）（古籍總目）

寶顏堂秘籍本（萬曆刻、民國石印）（古籍總目）
清康熙二十三年萬泰抄本（古籍總目）
浙圖（清萬學詩跋）

寶顏堂訂正知命録一卷

明刻本（古籍總目）
東北師大

儼山文集一百卷目録二卷外集四十卷續集十卷（明陸楫編）

明嘉靖二十五年至三十年陸楫刻本　十行二十字　白口左右雙邊雙魚尾（善本書目、古籍總目）
上圖　復旦　北大　南圖（清丁丙跋）　湖北省圖書館

儼山文集一百卷目録二卷（明黄標編）

明嘉靖間雲間陸氏刻崇禎十三年補修本（古籍總目）
國圖

儼山文集一百卷目録二卷續集十卷

四庫全書本（乾隆寫）（古籍總目）

黑格抄本（古籍總目）

北大

陸文裕公續集十卷

明嘉靖三十年雲間陸楫刻本（古籍總目）

國圖　南圖

陸文裕公行遠集二十卷外集一卷（明陸起龍編）

明崇禎十年雲間陸起龍刻本（古籍總目）

臺北「中研院」傅斯年圖書館　日本内閣文庫

陸文裕公行遠集二十三卷外集一卷（陸起龍編）

明崇禎十年陸起龍刻清康熙六十一年陸瀛齡增修本　九行二十字　白口無直格四周單邊（善本書

目、古籍總目）

上圖　復旦　國圖　北大

陸文裕公集一卷（明俞憲輯）

盛明百家詩本（嘉靖隆慶刻）（古籍總目）

儼山尺牘不分卷

清雲間陸氏緑格抄本　九行二十一字　緑格（善本書目、古籍總目）

復旦

詩準三卷（輯）

抄本（古籍總目）

北大

朱　木

明松江府上海縣人。字楚材，號静翁。治《易》，工辭章。祖士雲避張士誠亂，由蘇州遷新場，遂爲邑人。傳見同治《上海縣志》卷十八《人物一》、光緒《南匯縣志》卷十三《人物志》。

嘉靖昌樂縣志四卷（明朱木修　明高凌雲纂）

明嘉靖二十七年刻本　九行二十字白口四周單邊（古籍總目）

天一閣（存卷一至卷三）

朱　豹

明松江府上海縣人，居新場。字子文，號青岡居士。傳見本卷《善本經眼録》。

朱福州集一卷（明俞憲輯）

盛明百家詩本（嘉靖隆慶刻）（古籍總目）

朱福州集六卷

明嘉靖三十一年朱察卿刻本　八行十六字　白口左右雙邊（古籍總目）

國圖

潘恩（一四九六—一五八二）

明松江府上海縣人。字子仁，號笠江。傳見本卷《善本經眼録》。

詩韻輯略五卷

明隆慶間刻本　八行大小字不等　白口間有綫黑口左右雙邊（善本書目、古籍總目）

上圖　復旦　國圖　中科院　北大

明天啓二年刻本　八行十二字小字雙行二十四字　白口左右雙邊白單魚尾（善本書目、古籍總目）

華東師大（麒按：華東師大無）　清華　東北師大

明末陳繼儒刻本（古籍總目）

北大

明刻本　八行小字雙行二十四字　白口四周單邊（善本書目、古籍總目）

故宫　中科院　吉林大學

清順治九年寧壽堂刻本（古籍總目）

湖南省圖書館　人大

清刻本（古籍總目）

南圖

美芹録二卷

明萬曆十五年刻本　九行十八字　白口左右雙邊（善本書目、古籍總目）

北大

潘恭定公全集二十五卷

明嘉靖三十四年聶叔頤刻本　包括嘉靖本潘笠江先生集十二卷、萬曆本笠江先生近稿十二卷附集一卷　十行二十字　白口左右雙邊（古籍總目）

國圖　南圖　蘇州市圖書館　臺圖（存潘笠江先生集十二卷）　臺北故宫

明嘉靖間刻萬曆間遞修本（古籍總目）

天津圖書館　南圖（清丁丙跋）

潘尚書集一卷（明俞憲輯）

盛明百家詩本（嘉靖隆慶刻）（古籍總目）

玄覽堂詩鈔四卷

明活字印本（古籍總目）

中國書店　臺北故宫

明嘉靖間刻本（古籍總目）

國圖

笠江近稿五卷

明刻本（日藏善本書録）

日本内閣文庫

石英中

明松江府上海縣人，居十六保。字子珍，號見山。傳見本卷《善本經眼録》。

石比部集（石見山集）八卷

明萬曆間石應魁刻本　九行十八字　白口左右雙邊單魚尾（存目標注、上圖古籍目録）

上圖（石見山集）　湖南省圖書館（存卷五至八）

張之象（一五〇七—一五八七）

明松江府上海縣人，居龍華里。字月麓，一字玄超，號王屋山人。傳見本卷《善本經眼録》。

韻經五卷

明嘉靖十八年長水書院刻本　十行十八字小字雙行同　白口左右雙邊（善本書目、古籍總目）
國圖　北大　天津圖書館
明萬曆六年李良柱淮陰刻本　十行十八字　白口左右雙邊（善本書目、古籍總目）
上圖　上海辭書出版社
明萬曆二十七年郭正域刻本　八行十四字　白口左右雙邊有刻工（存目標注）
復旦　中科院　福建省圖書館
明萬曆二十九年刻本（上圖古籍目録）
上圖

太史史例一百卷（輯）

明嘉靖四十四年長水書院刻本　十行十八字　白口左右雙邊雙魚尾（善本書目、古籍總目）

上圖　四川大學

萬曆上海縣志十卷（明顔洪範修　明張之象、黄炎纂）

明萬曆十六年刻本　九行十八字　小黑口左右雙邊（善本書目、古籍總目、中國地方志聯合目録、原國立北平圖書館甲庫善本叢書目録）

上圖　上海博物館　臺北故宫

孫氏瓜瑞堂抄本（古籍總目）

上圖

鹽鐵論十二卷（漢桓寬撰　明張之象注）

明嘉靖三十三年雲間張氏猗蘭堂刻本　九行十七字小字雙行同　小黑口左右雙邊單魚尾（善本書目）

上圖　國圖　北大　南圖（清丁丙跋）　浙圖

明萬曆七年朗陵刻本　九行十七字　黑口左右雙邊（善本書目、古籍總目）

上圖

明萬曆八年趙南星等刻本　九行十七字　黑口左右雙邊（善本書目、古籍總目）

中科院　中山大學

廣漢魏叢書本（萬曆刻、嘉慶刻）（善本書目、古籍總目）

明末刻本　九行二十字　白口四周單邊（善本書目、古籍總目）

上圖（黄鈞録諸家批校）　國圖　中央民族大學　山西大學　廣東省社會科學院

明刻本（古籍總目）

上圖（葉景葵跋）　南圖　天津圖書館　吉林省圖書館

清初刻本（善本書目、古籍總目、上師大古籍目録）

上圖（清譚獻校）　上師大

四庫全書薈要本（乾隆寫）（古籍總目）

四庫全書本（乾隆寫）（古籍總目）

增訂漢魏叢書本（乾隆刻、光緒刻、宣統石印）（古籍總目）

鹽鐵論十二卷（漢桓寬撰　明張之象注　明金蟠輯）

明崇禎十三年金蟠刻本（古籍總目）

上圖

鹽鐵論十二卷（漢桓寬撰　明張之象注　明鍾惺評）

秘書九種本（萬曆刻）（古籍總目）

明末刻本（古籍總目）

中科院　天津圖書館

清刻本（古籍總目）

上圖

楚騷綺語六卷

文林綺繡本（萬曆刻）（善本書目、古籍總目、上師大古籍目録）

融經館叢書本（光緒刻）（古籍總目）

抄本（古籍總目）

上圖

張王屋集一卷（明俞憲輯）

盛明百家詩本（嘉靖隆慶刻）（古籍總目）

剪綵集二卷
明嘉靖二十八年程衛道刻本　十行十八字　細黑口左右雙邊（善本書目、古籍總目）
復旦　國圖

翔鴻集一卷
明嘉靖三十四年朱大英刻本（古籍總目）
臺圖

叩頭蟲賦一卷
明刻本（古籍總目）
天一閣

回文類聚四卷（宋桑世昌輯　明張之象補）
明萬曆四十四年刻本　九行二十七字小字雙行同　白口四周雙邊（善本書目、古籍總目）
國圖

古詩類苑一百三十卷（明張之象輯　明俞顯卿訂補）

明萬曆三十年俞顯謨等刻本　十行二十一字　白口左右雙邊（善本書目）

上圖　復旦　國圖　北大　南圖

彤管新編八卷（輯）

明嘉靖三十三年魏留耘刻本　十行十八字　白口左右雙邊（善本書目）

上圖　國圖　中科院

明萬曆二十五年茅文燿刻本　十行十八字　白口左右雙邊單白魚尾（善本書目、古籍總目）

上圖

唐雅二十六卷（輯）

明嘉靖二十年長水書院刻本　九行十七字　白口左右雙邊單魚尾（善本書目、古籍總目）

中科院　浙圖

明嘉靖三十一年無錫縣署刻本　九行十七字　白口左右雙邊（善本書目、古籍總目）

上圖　上師大　國圖

唐雅二十一卷（輯）

明萬曆間吴勉學刻本　九行十九字　白口四周雙邊（善本書目、古籍總目）

上圖　國圖　北大　山東省圖書館

唐詩類苑二百卷（輯）

明萬曆二十九年曹仁孫刻本　十行二十字　白口四周雙邊（善本書目、古籍總目）

上圖　復旦　北大　南圖　浙圖

明萬曆間曹伯安刻清咸豐五年北平祥恩修補光緒六年印本（古籍總目）

上圖

唐詩類苑二百卷（明張之象輯，清吴榮芝重輯）

明萬曆間刻清重修本（古籍總目）

上圖

楚範六卷

明刻本　九行十八字　白口四周單邊（古籍總目）

蔡懋昭

明松江府上海縣人。字允德，號南溟。嘉靖十九年（一五四〇）舉人。署嘉善教諭。擢知新河縣，遷守趙州。起桂陽州，旋同知懷慶。有惠政，致仕歸，民思之，爲立肖像。卒年九十。傳見嘉慶《松江府志》卷五十三《古今人傳五》。

隆慶趙州志十卷（纂修）

明隆慶元年刻本（古籍總目）

天一閣

嘉靖新河縣志六卷（明蔡懋昭、明徐應解纂修）

明嘉靖四十三年刻本（古籍總目、原國立北平圖書館甲庫善本叢書目録）

臺北故宫

抄本（古籍總目）

人大

李昭祥

明松江府上海縣人。字元韜。傳見本卷《善本經眼録》。

愼餘録二十四卷

明雲間張之象校刻本　十行十九字　花口左右雙邊單魚尾（書志初稿）

臺圖

龍江船廠志八卷

明嘉靖三十二年刻本　九行二十一字　白口四周雙邊單魚尾（書志初稿、古籍總目）

臺圖

玄覽堂叢書續集本（古籍總目）

棲雲館集二十卷

明刻本　十行十九字　白口左右雙邊　存卷一至十四、卷十八至卷二十（古籍總目）

浙圖（闕卷十五至十七）

董宜陽（一五一〇—一五七二）

明松江府上海縣人。字子元，别號七休居士、紫冈山樵。好讀書，工詩文，善古人書法。與何良俊、徐獻忠、張之象并稱爲「四賢」。傳見嘉慶《松江府志》卷五十三《古今人傳五》。

松郡雜記四卷

書三味樓叢書本（嘉慶道光刻）（古籍總目）

陸楫（一五一五—一五五二）

明松江府上海縣人。字思豫，號小山。傳見本卷《善本經眼録》。

陸文裕公（深）榮哀録十卷附一卷（輯）

明嘉靖二十五年刻本（善本書目、古籍總目）

上圖（卷七至十抄補）

説略三十卷

明刻本（古籍總目）

上圖

説略三十二卷

清宣統元年上海集成圖書公司鉛印本（古籍總目）

上圖

古今説海一百四十二卷（明陸楫等輯）

明嘉靖二十三年陸楫儼山書院雲山書院刻本　八行十六字　白口左右雙邊雙白魚尾（善本書目）

上圖　復旦　國圖　北大　南圖

四庫全書本（乾隆寫）（古籍總目）

清道光元年苕溪邵氏酉山堂刻本　八行十六字　白口左右雙邊雙白魚尾（善本書目、古籍總目、上師大古籍目録）

復旦　上師大　國圖（傅增湘校并跋）　首都圖書館　中科院

清宣統元年上海集成圖書公司鉛印本（古籍總目）

上圖　首都圖書館　北師大　山東大學　廣西壯族自治區圖書館

清汲古堂藍格鈔本　九行二十字　白口四周單邊單魚尾　存説纂部十九卷（書志初稿）

臺圖

民國四年上海進步書局石印本（古籍總目）

上圖　復旦　國圖　首都圖書館　甘肅省圖書館

儼山文集一百卷目録二卷外集四十卷續集十卷（明陸楫編）

明嘉靖二十五年至三十年陸楫刻本　十行二十字　白口左右雙邊雙魚尾（善本書目、古籍總目）

上圖　復旦　北大　南圖（清丁丙跋）　湖北省圖書館

蒹葭堂稿八卷

明嘉靖四十五年陸郯刻本　九行十八字　白口左右雙邊單線魚尾（古籍總目、善本書目、臺圖古籍目録）

南圖　清華（存卷一至七）　臺圖

黄　標

明松江府上海縣人。字良玉。陸深甥。藏書甚富。陸深臨文有疑義，必屬標考核。與人談經濟，鑿鑿可行。著有《平夏録》《書經異同》《上海縣志稿》等，除《平夏録》外，俱毁於倭。傳見崇禎《松江府志》卷四十二《文學》、同治《上海縣志》卷十八《人物一》、光緒《川沙廳志》卷十《人物志》。

平夏録一卷

古今説海本（古籍總目）
歷代小史本（古籍總目）
紀録彙編本（萬曆刻）（古籍總目）
今獻彙言本（萬曆刻）（古籍總目）
國朝典故六十種本（古籍總目）
新刊皇明小説今獻彙言本（古籍總目）
廣百川學海本（古籍總目）
説郛本（宛委山堂刻）（古籍總目）
借月山房彙抄本（古籍總目）
澤古齋重抄本（古籍總目）
叢書集成初編本（古籍總目）
景印元明善本叢書本（古籍總目）

顧從德（一五一八—一五八七）

明松江府上海縣人。字汝修。傳見本卷《善本經眼録》。

集古印譜不分卷（明王常編　明顧從德輯）

明隆慶間刻鈐印本（古籍總目）

上圖（清季錫疇、翁同龢、吴憲澂跋）　浙圖（清巢勝跋）　開封市圖書館

集古印譜六卷（明王常編）

明萬曆三年顧氏芸閣刻本（善本書目）

上圖　北大　故宫

明萬曆三年顧氏芸閣刻朱印本　十行十九字　細黑口四周單邊（古籍總目）

上圖　復旦　國圖

明刻本（古籍總目）

故宫

醫學六經（編）

明萬曆間吴勉學刻本（古籍總目）

上海中醫藥大學

顧從義（一五二三—一五八八）

明松江府上海縣人。字汝和，號研山。傳見本卷《善本經眼録》。

歷代帝王法帖釋文考異十卷（明吴之芳輯）

明自刻本（古籍總目）

上圖　華東師大　國圖　湖南省圖書館　重慶市圖書館

明崇禎間刻本（古籍總目）

南開大學

明香雪齋刻本（古籍總目）

人民大學　湖南省圖書館　四川省圖書館

明刻本（古籍總目）

北大　徽州文化博物館

明抄本（古籍總目）
國圖
清抄本（古籍總目）
國圖　北師大（清蔣湘南批校并録清何焯題識）

法帖釋文考異十卷

明刻本（古籍總目）
上圖　北大
四庫全書本（乾隆寫）（古籍總目）
林石廬影抄本（上圖古籍目録）
上圖

朱察卿（一五二四—一五七二）

明松江府上海縣人。字邦憲，號醉石。傳見本卷《善本經眼録》。

朱山人集一卷（明俞憲輯）

盛明百家詩本（嘉靖隆慶刻）（古籍總目）

朱邦憲集十五卷附録一卷

明萬曆六年雲間朱家法刻本　九行十八字　白口左右雙邊（版本志、古籍總目）

國圖　北大

明雲間朱長世等刻本（古籍總目）

北大

王百穀全集十二種（明王穉登撰　明朱察卿編）

明聚星館葉均宇刻本（古籍總目）

湖北省博物館

顧從敬

明松江府上海縣人。字汝所。傳見本卷《善本經眼録》。

類選注釋駱丞全集四卷（唐駱賓王撰　明顧從敬輯　明陳繼儒釋）

明刻本（古籍總目）

復旦　國圖　中科院　南圖　浙圖

類編草堂詩餘四卷（編次　韓俞臣校正）

明嘉靖二十九年顧從敬刻本　八行十六字　白口四周單邊（善本書目）

上圖　湖北省圖書館

明博雅堂刻本　十一行十九字　線黑口左右雙邊雙魚尾（古籍總目）

上圖（麒按：上圖原書已借出，未見）　國圖　遼寧省圖書館

清康熙二十三年（一六八四）蘇州金閶天禄閣刻本　十一行十九字　白口左右雙邊上單魚尾（上師大古籍目録）

上師大

類選箋釋草堂詩餘六卷類選箋釋（續選草堂詩餘二卷　明錢允治箋釋；類編箋釋國朝詩餘五卷　明錢允治輯）（明顧從敬輯　明陳繼儒校　明陳仁錫參訂）

明萬曆四十二年翁少麓刻本　九行二十字　白口左右雙邊單魚尾（古籍總目）

上圖　國圖　北大　南圖　浙圖

明末翁少麓刻童湧泉印本（古籍總目）

南圖　浙圖　遼寧省圖書館　河南省圖書館

明末刻聚錦堂印本（古籍總目）

四川省圖書館

明萬賢樓刻本（古籍總目）

國圖

明刻本（古籍總目）

上圖

類編草堂詩餘四卷（續編草堂詩餘二卷　明長湖外史輯，詞韻括略一卷附詞學論略一卷

清毛先舒撰）（輯）

明嘉靖間刻本（古籍總目）

上圖

清康熙間刻本（古籍總目）

清華　南圖

清乾隆三十年刻本（古籍總目）

遼寧省圖書館

草堂詩餘正集六卷（輯　明沈際飛評）

明末刻古香岑批點草堂詩餘十七卷本（古籍總目）

上圖　國圖　山東省圖書館　安徽省圖書館　福建省圖書館

潘允端（一五二六—一六〇一）

明松江府上海縣人。字仲履。潘恩子。嘉靖四十一年（一五六二）進士，授刑部主事，改調南工部，榷龍江關稅。官至四川右布政使。歸構樂壽堂，鑿泉壘石，奉父居其中。傳見崇禎《松江府志》卷四十《賢達五》、嘉慶《松江府志》卷五十三《古今人傳五》。

玉華堂日記不分卷（明萬曆十四年至二十九年）

稿本（善本書目）

上海博物館（姚光跋）

董傳策（一五三〇—一五七九）

明松江府上海縣人。字原漢。傳見本卷《善本經眼録》。

烏蠻瀧夜談記一卷

説郛本（宛委山堂刻）（古籍總目）

奇游漫記四卷

明萬曆二十九年刻本（古籍總目）

國圖

廓然子五述一卷

百陵學山本（萬曆刻）（古籍總目）

董幼海先生全集十九卷

明萬曆間雲間董氏刻本　九行二十字　白口四周雙邊（古籍總目）

國圖（存采薇集四卷邕歙稿六卷奏疏輯略一卷奇游漫記八卷附録一卷）　臺北故宫（存采薇集四卷邕歙稿六卷幽貞集三卷奏疏輯略一卷奇游漫記八卷）

王圻（一五三〇—一六一五）

明松江府上海縣人。字元翰，號洪州。傳見本卷《善本經眼録》。

續定周禮全經集注十五卷

明萬曆四十一年刻本　九行二十字　白口左右雙邊（善本書目、古籍總目）

温州市圖書館

新刊禮記裒言十六卷［明王圻、明李確（天植）等撰］

明萬曆十三年秦紳等刻本　十二行二十五字　白口四周雙邊（善本書目、古籍總目）

國圖　南圖

新刊禮記積翠裒言□□卷［明王圻、明李確（天植）等撰］

清初抄本（善本書目、古籍總目）

河南省圖書館（存卷一至八）

續文獻通考二百五十四卷

明萬曆三十一年曹時聘、許維新等刻本　十一行二十二字　白口左右雙邊有刻工（善本書目、古籍總目）

上圖　國圖　北大　中科院　南圖

清抄本　九行二十一字　白口四周雙邊（善本書目）

國圖

續文獻通考鈔二十三卷

清康熙二年美延堂刻本（古籍總目）

國圖　北師大

（文獻通考鈔二十四卷　元馬端臨撰　清史以遇輯）續文獻通考鈔三十卷（明王圻撰　清史以甲輯）

清康熙間刻本（古籍總目）

上圖　華東師大　人民大學（清沈彤跋　清顧廣圻批點）

謚法通考十八卷

明萬曆二十四年趙可懷刻本　九行二十字　白口四周雙邊（古籍總目）

上圖　北大　廣東省中山圖書館（清孫星衍跋）　重慶市圖書館　西北大學

重修兩浙鹺志十二卷（纂修）

明萬曆四十二年劉紹先刻本　九行二十字　白口四周單邊單魚尾（善本書目、古籍總目）

北大

重修兩浙鹺志二十四卷（纂修）（兩浙訂正鹺規四卷　明楊鶴撰）

明萬曆間刻天啓崇禎增修本　九行二十字　白口四周單邊　存八卷（善本書目、古籍總目）

吉林大學（存鹺志十三、十七至二十一，鹺規二、四）

重修兩浙鹺志二十四卷

明崇禎間刻本（古籍總目）

上圖（存卷三至四、七至八、十一至十七）

東吴水利考十卷

明天啓元年松江府刻本　九行二十字　白口四周雙邊（善本書目、古籍總目）

國圖　安徽省博物館　重慶市北碚區圖書館　西安市文物管理委員會　臺北故宫

萬曆青浦縣志八卷（明卓鈿修　明王圻纂）

明萬曆間刻本　九行二十字小字雙行同　白口左右雙邊　存一至四卷（善本書目、古籍總目）

日本國會圖書館　臺北故宫（存卷一至四）

稗史彙編一百七十五卷（輯）

明萬曆三十八年豫章熊劍化雲間刻本（古籍總目）

臺圖

明萬曆間刻本　十行二十字　白口左右雙邊（善本書目、古籍總目）

上圖　華東師大　中科院　南圖　遼寧省圖書館

明刻本（古籍總目）

國圖

三才圖會一百六卷（明王圻輯　明王思義續輯）

明萬曆三十五年刻後印本（有圖）（古籍總目）

中科院

明萬曆三十七年刻本　九行二十二字　白口四周單邊（善本書目、古籍總目）

上圖　北大　國家博物館　南圖　南大

明萬曆三十七年刻王爾賓重修本　九行二十二字　白口四周單邊（善本書目、古籍總目）

上圖　復旦　中科院　南圖　美國哈佛燕京

明萬曆間刻本（古籍總目）

國圖

明萬曆間刻天啓崇禎間印本（古籍總目）

香港大學

明萬曆三十七年刻清黄晟槐蔭草堂重修本（古籍總目、伯克萊善本書志）

南圖　遼寧省圖書館　香港大學　美國加州大學伯克萊分校（存「鳥獸」卷一至四）

明刻本（古籍總目）

日本東京大學
清刻本（古籍總目）
國圖　天津

三才圖會十四集（輯）

明萬曆間刻本（古籍總目）
國圖
明刻本（古籍總目）
國圖

三才圖會儀製圖會八卷（明王圻輯　明王思義續輯）

明刻本（古籍總目）
東北師大　吉林市社會科學院

王侍御類稿十六卷

明萬曆四十八年王思義刻本　九行二十字　白口四周單邊或四周雙邊（存目標注）

臺北故宫

顧成憲

明松江府上海縣人。字幼章。傳見本卷《善本經眼録》。

蝶庵道人清夢録一卷

明祁氏淡生堂抄本（善本書目、古籍總目）

南圖（清丁丙跋）

清黄氏醉經樓抄本（善本書目、古籍總目）

天津圖書館

玄津寶筏三卷

明萬曆二十二年翁良樞刻本　八行十六字　白口四周單邊（善本書目）

上圖

馮　遷

明松江府上海縣人。字子喬，號樵谷。傳見本卷《善本經眼録》。

長鋏齋稿七卷

明隆慶四年汪稷刻本　十行十九字　白口左右雙邊單魚尾（版本志、上圖古籍目録）

上圖　臺圖

耆齡集一卷

明隆慶五年新都汪稷刻本（臺北故宫古籍目録）

臺北故宫

喬懋敬

明松江府上海縣人。字允德。傳見本卷《善本經眼録》。

古今廉鑑八卷

明萬曆六年刻本　九行十八字　白口四周雙邊（存目標注、古籍總目）

清華　浙圖　社科院歷史所　吉林大學

明萬曆九年兩淮都轉運監使司刻本　九行十八字　白口四周雙邊有刻工（古籍總目）

國圖　北大　人民大學　北師大

張所敬（一五三九—一六一五？）

明松江府上海縣人。字長輿，號三止居士。傳見本卷《善本經眼録》。

騷苑補一卷

明萬曆二十六年潘雲獻刻本　十行二十字　白口左右雙邊（善本書目、古籍總目）

南圖

潛玉齋稿四卷春雪篇二卷近稿一卷解弢篇一卷

明萬曆十三年至二十八年田烔等刻本　九行十九字　白口左右雙邊（善本書目、古籍總目）

上圖

潛玉齋近稿不分卷

清刻本（上圖古籍目録）

上圖

新刻語苑五卷

格致叢書本（萬曆刻）（古籍總目）

藝苑叢鈔本（古籍總目）

滄溟先生尺牘三卷（明李攀龍撰　明張所敬輯）

日本寶曆元年江都嵩山房刻本（上圖古籍目録、上師大古籍目録）

上圖　上師大

陳所藴（一五四三—一六二六）

明松江府上海縣人。字子有，號具茨山人。傳見本卷《善本經眼録》。

竹素堂合併全集□□卷

明萬曆間陳庚蕃刻本　九行十八字　白口四周單邊（善本書目、古籍總目）

上圖（存卷一至二十三）

竹素堂藏稿十四卷續稿二十卷

明萬曆十九年刻本　九行十八字　白口四周單邊（善本書目、古籍總目）

上圖（存卷一至二、卷六至十四，續稿存卷五至六）

竹素堂續稿二十卷

明萬曆三十三年刻本　九行十八字　白口四周單邊（善本書目、古籍總目、上圖古籍目録）

北大　上圖（存卷五至六）

竹素堂文抄不分卷

清吴郡陸氏紅格抄本（上圖古籍目録）

上圖

黄體仁（一五四五—一六一九）

明松江府上海縣人。字長卿，號穀城。傳見本卷《善本經眼録》。

四然齋藏稿十卷

明萬曆間刻本　九行二十字　白口四周單邊（古籍總目）

湖北省博物館　臺圖

王思義

明松江府上海縣人。字允明。王圻子。見本卷《善本經眼録》。

身體圖會六卷

明萬曆間刻本（古籍總目）

中國醫學科學院

畫法小學四卷（輯）

明刻本　八行二十二字　白口四周雙邊（善本書目、古籍總目）

上圖

三才圖會一百六卷（明王圻輯　明王思義續輯）

明萬曆三十五年刻後印本（有圖）（古籍總目）

中科院

明萬曆三十七年刻本　九行二十二字　白口四周單邊（善本書目、古籍總目）

上圖　北大　國家博物館　南圖　南京大學

明萬曆三十七年刻王爾賓重修本　九行二十二字　白口四周單邊（善本書目、古籍總目）

上圖　復旦　中科院　南圖　美國哈佛燕京

明萬曆間刻本（古籍總目）

國圖

明萬曆間刻天啓崇禎間印本（古籍總目）

香港大學

明萬曆三十七年刻清黄晟槐蔭草堂重修本（古籍總目、伯克萊善本書志）

南圖　遼寧省圖書館　香港大學　美國加州大學伯克萊分校（存「鳥獸」卷一至四）
明刻本（古籍總目）
國圖　天津圖書館
清刻本（古籍總目）
日本東京大學

三才圖會儀製圖會八卷（明王圻輯　明王思義續輯）
明刻本（古籍總目）
東北師大　吉林省社會科學院

香雪林集二十六卷（輯）
明萬曆三十三年自刻本　八行二十字　白口四周雙邊（古籍總目）
國圖　南圖（清丁丙跋）

萬竹園倡和集一卷（明王思義等撰）
明萬曆二十三年王思義刻本　八行二十字　白口四周雙邊（善本書目、古籍總目）

社科院文學所

施大經（一五六〇？—一六一〇）

明松江府上海縣人。字天卿，號石渠，又號玉屏。傳見本卷《善本經眼録》。

農書六卷

明刻本　九行二十字小字雙行同　白口四周單邊（善本書目、古籍總目）

國圖　北大　南圖　蘇州市圖書館

徐光啓（一五六二—一六三三）

明松江府上海縣人。字子先，號玄扈。傳見本卷《善本經眼録》。

新刻徐玄扈先生纂輯毛詩六帖講意四卷

明萬曆四十五年金陵書林廣慶堂唐振吾刻本　十一行二十八字　白口四周單邊（善本書目、古籍總目）

上圖（羅振玉跋）　遼寧省圖書館

清抄本（古籍總目）

國圖

考工記解二卷

清抄本（古籍總目）

復旦

徐文定公奏疏不分卷

清抄本（古籍總目）

北大

新編大明一統九邊險要韜略世法一卷（輯）

武書大全本（崇禎刻）（古籍總目）

農政全書六十卷

明崇禎十二年陳子龍平露堂刻本　九行二十字小字雙行同　白口四周單邊單魚尾（古籍總目）

上圖（葉景葵跋）　華東師大　國圖　北大　南圖
明末張國維等刻本（古籍總目）
臺圖
四庫全書本（乾隆寫）（古籍總目）
清道光十七年貴州糧署刻本　九行二十字　白口四周單邊單魚尾（古籍總目）
國圖　南圖　浙圖　遼寧省圖書館　四川省圖書館
清道光十八年刻本（古籍總目）
遼寧省圖書館
清道光二十三年上海王氏曙海樓刻本　九行二十字　白口左右雙邊單魚尾（古籍總目）
上圖　國圖　南圖　遼寧省圖書館　吉林省圖書館
清同治十三年山東書局刻本　九行二十字小字雙行同　白口左右雙邊單魚尾（古籍總目）
國圖　首都圖書館　南圖　山東省圖書館　湖北省圖書館
清光緒二十六年上海文海書局石印本（古籍總目）
國圖　南圖　浙圖　黑龍江大學
清宣統元年上海求學齋局石印本（古籍總目）
上圖　國圖　遼寧省圖書館　吉林省圖書館　陝西省圖書館

清末抄本（古籍總目）

上圖

泰西水法六卷（意大利熊三拔撰　明徐光啓筆録　明李之藻訂正）

明萬曆四十年曹于汴彭惟成等刻本　十行二十二字　白口左右雙邊單魚尾（古籍總目）

上圖　國圖　北大　福建省圖書館　臺圖

四庫全書本（乾隆寫）（古籍總目）

清嘉慶五年席氏掃葉山房刻本　十行二十二字　白口左右雙邊單魚尾（古籍總目）

南圖

清嘉慶五年席氏掃葉山房刻後印本　十行二十二字　白口左右雙邊單魚尾（古籍總目）

南圖

水法輯要二卷（輯）

清道光二十五年清江楊氏刻本　十一行二十四字　白口四周單邊（國圖古籍目録）

國圖

占候一卷

江陰季氏叢刻本（光緒刻）（古籍總目）

西洋新法曆書（明徐光啓、明李天經編）

明末刻本（古籍總目）

北大（存二十七卷）

明崇禎至清順治間刻本　九行二十二字　白口左右雙邊（古籍總目）

國圖（存一百卷）　南圖（存二十五種）

明崇禎間刻、清順治康熙間續刻本（古籍總目）

上圖　國圖　故宫　北大　南圖

清初刻本（古籍總目）

北大（存二十三種）

抄本（古籍總目）

國圖（殘存六種）

天文經緯度立成不分卷

明抄本（古籍總目）

福建省圖書館

測量法義一卷測量同異一卷（意大利利瑪竇譯　明徐光啓筆述）

清道光十六年金山錢祚守山閣刻本（古籍總目）

北大

清抄本（古籍總目）

國圖

崇禎曆書八種（明徐光啓等修）

明崇禎間刻本（古籍總目）

中科院

勾股義一卷

天學初函本（萬曆天啓刻）（古籍總目）

中西算學四種本（光緒刻）（古籍總目）

測量異同一卷

天學初函本（萬曆天啓刻）（古籍總目）
中西算學四種本（光緒刻）（古籍總目）
中西算學叢書初編本（光緒石印）（古籍總目）

測量法義一卷（意大利利瑪竇口譯　明徐光啓筆受）

天學初函本（萬曆天啓刻）（古籍總目）
中西算學四種本（光緒刻）（古籍總目）

定法平方算術

清抄本（古籍總目）
國圖

幾何原本六卷（意大利利瑪竇口授　明徐光啓筆受）

明萬曆三十五年刻本　十行二十二字　白口左右雙邊（善本書目、古籍總目）

上圖　國圖（清韓應陛跋）　中國歷史博物館　吉林省圖書館

明萬曆三十五年刻三十九年重修本　十行二十二字　白口黑魚尾左右雙邊（古籍總目）

湖北省圖書館

天學初函本（萬曆天啓刻）（古籍總目）

上博（清楊貞吉跋）

四庫全書本（乾隆寫）（古籍總目）

海山仙館叢書本（道光刻）（古籍總目）

清道光咸豐間刻本（古籍總目）

南圖

清光緒十九年刻本（古籍總目）

香港大學

清光緒三十二年刻本（古籍總目）

北大　香港大學

清刻本（古籍總目）

國圖（存卷六、首）

清抄本（古籍總目）

國圖（存卷一至五、七）　臺圖

幾何原本七卷附算法原本一卷（意大利利瑪竇口譯　明徐光啓記）

清康熙間内府抄本（古籍總目）

故宫

幾何原本十二卷附算法原本二卷（意大利利瑪竇口譯　明徐光啓記）

清康熙間内府抄本（古籍總目）

故宫

幾何原本十五卷（意大利利瑪竇口譯　明徐光啓筆述　清李善蘭續述）

清同治四年金陵刻本（古籍總目）

南圖

清光緒二十四年石印本（古籍總目）

南圖

靈言蠡勺二卷（意大利畢方濟口授　明徐光啓筆録）

天學初函本（萬曆天啓刻）（古籍總目）

明刻本（古籍總目）

南圖

民國八年鉛印本（古籍總目）

上圖　遼寧省圖書館　哈爾濱師範大學

增訂徐文定公集六卷首二卷（清徐允希輯）

清宣統元年上海慈母堂鉛印本（古籍總目）

復旦　國圖　北大　天津圖書館　南圖

增訂徐文定公集六卷

清光緒二十二年木活字印本（古籍總目）

天津圖書館

秦昌遇（一五七六—一六四〇）

明松江府上海縣人。字景明，號廣野山道人，又號乾乾子。傳見本卷《善本經眼録》。

脈法頷珠二卷

清抄本（古籍總目）

北大

傷寒總論

清初刻本　九行二十四字（古籍總目）

上海中醫藥大學

症（證）因脈治四卷（清秦之禎輯）

清康熙四十五年刻本（古籍總目）

中科院　遼寧中醫藥大學　浙圖

清康熙四十七年攸寧堂刻本（古籍總目）

上圖（論一卷）

清康熙五十四年攸寧堂刻本（古籍總目）

上海中醫藥大學　北京中醫藥大學　中科院　山東中醫藥大學　蘇州中醫醫院

清康熙五十四年攸寧堂刻乾隆十八年博古堂印本（古籍總目）

上海中醫藥大學

幼科折衷二卷

清康熙間抄本　九行二十一字（書志初稿）

臺圖

清乾隆間抄本（古籍總目）

上圖　中華醫學會上海分會

清抄本（古籍總目）

南圖（兩部，又一部四卷）　中國醫學科學院　遼寧中醫藥大學

訂補幼科折衷十二卷（清徐象初補）

清抄本（古籍總目）

上圖

幼科折衷總括秘傳真本一卷（□□輯）

清光緒十八年孟作霖抄本（古籍總目）

上海中醫藥大學

幼科金鍼二卷（輯）

清康熙二十三年陸時雍抄本（古籍總目）

上海中醫藥大學

抄本（古籍總目）

上圖

幼科醫驗二卷（明秦載明輯）

稿本　九行二十字（古籍總目）

上海中醫藥大學

痘疹折衷二卷

清嘉慶六年經藝堂刻本（古籍總目）

陝西中醫藥研究院　蘇州大學醫學院

清抄本（古籍總目）

上圖　山西省圖書館　蘇州市圖書館

抄本　九行二十四字（書志初稿、古籍總目）

臺圖

方劑類選不分卷（輯）

抄本（古籍總目）

上圖

大方醫驗大成二卷附大方醫驗女科一卷幼科醫案一卷

抄本（古籍總目）

上海中醫藥大學

秦御醫景明大方折衷二卷

近代抄本（上圖古籍目録）

上圖

陸明揚

明松江府上海縣人。字伯師，號襟玄。傳見本卷《善本經眼録》。

紫薇堂四子（編）

明萬曆五年施堯臣刻本（古籍總目）

上圖（存三種，文始真經三卷冲虚真經八卷南華真經十卷）

四子書四種二十三卷

明萬曆九年陳楠刻本（上圖古籍目録）

上圖

紫薇堂集八卷附録一卷

清抄本　八行二十二字（版本志、古籍總目）

國圖　浙圖

喬時敏

明松江府上海縣人。字君求，號古岡。傳見本卷《善本經眼録》。

詩繹四卷

明末鼎雲堂刻本　九行二十二字　白口四周單邊（善本書目、古籍總目）

復旦

王元美先生文選二十六卷（明王世貞撰　明喬時敏輯）

明萬曆四十三年吴德聚刻本（古籍總目）

上圖　國圖　南圖　浙圖

陸起龍

明松江府上海縣人。字雲從，一字吉雲。陸明允子。崇禎十五年（一六四二）舉人，知永寧縣。有政聲。假歸，卒。傳見嘉慶《松江府志》卷五十五《古今人傳七》。

陸文裕公行遠集二十卷外集一卷（明陸深撰　明陸起龍編）

明崇禎十年雲間陸起龍刻本（古籍總目）

臺北「中研院」傅斯年圖書館　日本内閣文庫

陸文裕公行遠集二十四卷（明陸深撰　明陸起龍編　清陸瀛齡重編）

明崇禎十年雲間陸起龍刻清康熙六十一年陸瀛齡增修本　九行二十字　白口無直格四周單邊（善本書目、古籍總目）

上圖　復旦　國圖　北大

王昌會

明松江府上海縣人。字嘉侯。傳見本卷《善本經眼録》。

一、現存著述簡目

詩話類編三十二卷

明萬曆四十四年武林洪文刻本　九行二十字　白口四周單邊單魚尾（善本書目、古籍總目）

國圖　北大　中科院　浙大　湖北省圖書館

明刻本（古籍總目）

上圖（存一卷）

張泰階

明松江府上海縣人。字爰平。傳見本卷《善本經眼録》。

寶繪録（四朝寶繪録）二十卷（輯）

明崇禎間刻本　九行二十字　白口四周單邊（善本書目、古籍總目）

上圖（卷一至五、十一至十二配清抄本，清許心晻跋）　上海辭書出版社　國圖　北大　南圖

知不足齋叢書本（乾隆道光刻，四朝寶繪録）　九行二十字　黑口左右雙邊（古籍總目）

清光緒六年江西雙峰書屋刻本　九行二十字　白口四周單邊單魚尾（古籍總目）

國圖　南圖

清末抄本（古籍總目）

南圖

北征小草十二卷

明崇禎間刻本　八行十九字　白口四周單邊（版本志、古籍總目）

浙圖

清看雲草堂抄本（古籍總目）

天一閣

杜開美

明松江府上海縣人。字袁度。傳見本卷《善本經眼録》。

蘭陔堂稿十四卷

明萬曆間刻本　扣舷草一卷、遠游篇一卷、貂裘草一卷、秋水篇一卷、潤州草一卷、敝帚草二卷、白門草一卷、行藥草一卷、蜩甲草一卷、尺牘四卷　八行十六字（蜩甲草九行十八字　尺牘九行十七字）白口四周單邊（版本志、古籍總目）

國圖

顧斗英

明松江府上海縣人。字仲韓。顧名世子。嘉靖三十八年（一五五九）進士。歷官尚寶司丞，有文譽。賓客填門，輕財好施。年三十七早卒。著作甚富，惜不盡傳。傳見崇禎《松江府志》卷四十二《文學》。

小庵羅集六卷

清康熙五十五年曹炳曾城書室刻雲間二韓詩本（古籍總目）

上圖　國圖　南圖

顧昉之（一五八一——一六四一？）

明松江府上海縣人。字彦初。顧斗英子。工書翰，能詩。傳見嘉慶《松江府志》卷五十四《古今人傳六·顧斗英》附。

拾香草一卷

清康熙十年城書室刻小庵羅集本（古籍總目）

人民大學
清康熙五十五年曹炳曾城書室刻雲間二韓詩本（古籍總目）
上圖　國圖

施沛（一五八五—一六六一）

明松江府上海縣人。字沛然，號笠澤居士，又號元元子。傳見本卷《善本經眼録》。

南京五城察院職掌志二卷

清同治十年孫文川抄本（古籍總目）
南圖
清抄本（古籍總目）
南圖　中科院

南京都察院志四十卷

明天啓三年序刻本　十行二十字　白口四周雙邊（存目標注）
日本内閣文庫

脈微二卷

明崇禎十二年刻本（古籍總目）

中國中醫科學院

祖劑四卷附雲起堂診籍一卷

明崇禎間刻本　八行十八字四周單邊（國圖古籍目録、古籍總目）

上海中醫藥大學　國圖

經穴指掌圖

明崇禎十二年抄本（古籍總目）

中南大學湘雅醫學院（存十八葉半）

經穴指掌圖書一卷（清柴恒、清柴觀補）

清抄本（古籍總目）

南圖

范文若（一五九〇——一六三七）

明松江府上海縣人。字更生，初名景文。傳見本卷《善本經眼録》。

鴛鴦棒二卷山水鄰新鐫花筵賺二卷

十種傳奇本（明末刻、清初坊刻、清抄本）（古籍總目）

范氏博山堂三種曲六卷（鴛鴦棒二卷，花筵賺二卷，夢花酣二卷）（北曲譜十二卷　明朱權撰）

明崇禎間博山堂刻本（上圖古籍目録）

上圖

明末刻本（古籍總目）

國圖　南圖

明末刻清初芥子園印本　九行二十字白口四周單邊（善本書目、古籍總目）

國圖

山水鄰新鐫花筵賺二卷

明崇禎間山水鄰刻清初印玉夏齋傳奇十種本（古籍總目）

國圖　北大　首都圖書館

花筵賺二卷二十九齣

清抄本（古籍總目）

國圖

麗句亭花評點花筵賺樂府二卷

明末烏衣巷刻本（古籍總目）

國圖　臺圖

鴛鴦棒二卷三十二齣

明崇禎間山水鄰清初印玉夏齋傳奇十種本（古籍總目）

國圖　北大　首都圖書館

麗句亭評點鴛鴦棒樂府二卷

明末烏衣巷刻本（古籍總目）

上圖

朱光家

明松江府上海縣人。字謙甫。生平不詳。見本卷《善本經眼録》。

字學指南十卷

明萬曆二十九年刻本　八行十二字小字雙行二十四字　白口左右雙邊（善本書目、古籍總目）

上圖

李中梓（一五八八—一六五五）

明松江府上海縣人。字士材。傳見本卷《善本經眼録》。

士材三書（明李中梓等撰　清尤乘編）

（診家正眼二卷，本草通玄二卷，病機沙篆二卷，明李中梓撰　壽世青編二卷，清尤乘輯）

清康熙六年刻本（古籍總目）
首都圖書館　北大　中國中醫科學院　山西省圖書館　遼寧省圖書館
清康熙四十七年刻本（古籍總目）
國圖　中國中醫科學院　南京中醫藥大學
清康熙間宏道堂刻本（上圖古籍目録）
上圖
清康熙間刻本（古籍總目）
北大　陝西中醫學院　浙江中醫藥大學
清雍正六年刻本（古籍總目）
中國中醫科學院　山西醫科大學
清乾隆三十二年丞德堂刻本（古籍總目）
上海中醫藥大學　天津圖書館　南京中醫藥大學
清乾隆三十四年文盛堂刻本（古籍總目）
天津中醫藥大學第一附屬醫院
清乾隆三十四年藜照書屋刻本（古籍總目）
重慶市圖書館

清乾隆四十八年三多齋刻本（古籍總目）
陝西中醫藥學院
清嘉慶九年金閶書業堂刻本（古籍總目）
上海中醫藥大學　北京中醫藥大學　山東中醫藥大學　南京中醫藥大學　四川省圖書館
清嘉慶二十三年致和堂刻本（古籍總目）
安徽醫科大學
清光緒十三年上海江左書林刻本（古籍總目）
上圖　首都圖書館　中科院　天津圖書館　遼寧省圖書館
清光緒三十一年善成堂刻本（古籍總目）
國圖　吉林省圖書館　湖北省圖書館　湖南省圖書館　四川省圖書館
清光緒三十三年寶興堂刻本（古籍總目）
山東省圖書館
清光緒間上海掃葉山房石印本（古籍總目）
中國中醫科學院　長春中醫藥大學　湖北中醫學院
清宣統二年錦文堂刻本（古籍總目）
内蒙古自治區中蒙醫研究所

清貴文堂刻本（古籍總目）
山東省圖書館
清文誠堂刻本（古籍總目）
山東中醫藥大學　湖北省圖書館
清三餘堂刻本（古籍總目）
南圖　河南省圖書館
清裕德堂刻本（古籍總目）
山東中醫藥大學　河南省圖書館
清宏道堂刻本（古籍總目）
上圖　黑龍江省圖書館　浙江省中醫藥研究院　同濟醫科大學
清尊德堂刻本（古籍總目）
中華醫學會上海分會　南京中醫藥大學
清經綸堂刻本（古籍總目）
蘇州中醫醫院
清經國堂刻本（古籍總目）
蘇州中醫醫院　湖北省圖書館

清佛山會文堂刻本（古籍總目）
廣州中醫藥大學
清天德堂刻本（古籍總目）
遼寧中醫藥大學　湖北中醫學院　四川省圖書館
清光華堂刻本（古籍總目）
廣州中醫藥大學
清刻本（古籍總目）
遼寧省圖書館　四川省圖書館　廣州中醫藥大學

醫宗必讀十卷（三餘堂詳校醫宗必讀、古吴童氏重校醫宗必讀）

明崇禎十年刻本　十一行二十六字　白口左右雙邊單魚尾（古籍總目）
上圖　上海中醫藥大學　首都圖書館　北師大　南圖
明王漢沖刻本（古籍總目）
中國中醫科學院　南京中醫藥大學
明刻本（附本草徵要補遺一卷）（古籍總目）
中華醫學會上海分會　南圖

清康熙二十五年籯經堂刻本（古籍總目）
中國中醫科學院　黑龍江省圖書館
清康熙四十九年刻本（古籍總目）
上圖　安徽醫科大學
清乾隆十四年文翰樓刻本（古籍總目）
河南省圖書館
清乾隆二十四年三槐堂刻本（古籍總目）
山東中醫藥大學
清乾隆三十七年三餘堂刻本（三餘堂詳校醫宗必讀）（古籍總目）
黑龍江中醫藥大學　南圖（佚名批校）　重慶市圖書館
清乾隆四十年刻本（古籍總目）
河南省圖書館
清乾隆四十四年刻本（古籍總目）
安徽省圖書館
清乾隆四十七年金相堂刻本（古籍總目）
中國中醫科學院　山西醫科大學

清乾隆五十五年大興堂刻本（古籍總目）
北京中醫藥大學　黑龍江中醫藥大學
清乾隆五十八年映雪堂刻本（古籍總目）
浙江醫科大學
清嘉慶六年聚瀛堂刻本（古籍總目）
南圖　重慶市圖書館
清嘉慶二十年敷潤堂刻本（古籍總目）
南圖　山西省圖書館　重慶市圖書館
清嘉慶間文光堂刻本（古籍總目）
安徽省圖書館
清道光二年刻本（古籍總目）
山東省圖書館
清道光十六年文星堂刻本（古籍總目）
首都圖書館
清咸豐十年宏道堂刻本（古籍總目）
故宮　黑龍江中醫藥大學　重慶市圖書館

清光緒九年羣玉山房刻本（古籍總目）
上圖　山西醫科大學　黑龍江中醫藥大學
清光緒二十年掃葉山房刻本（古籍總目）
上圖
清光緒二十四年常州宛委山莊刻本（古籍總目）
南圖　内蒙古自治區圖書館　湖北中醫學院　重慶市圖書館
清光緒三十年鴻文堂石印本（古吳童氏重校醫宗必讀）（古籍總目）
上圖
清光緒三十三年崇實書局刻本（古籍總目）
南圖　天津中醫藥大學第一附屬醫院　河南省圖書館　湖北省圖書館
清善成堂刻本（古籍總目）
首都圖書館　南圖　中國中醫科學院　河南省圖書館　廣西壯族自治區圖書館
清蘇州緑蔭堂刻本（古籍總目）
上海中醫藥大學業　中國中醫科學院　南圖　吉林省圖書館　安徽省圖書館
清金閶亦西齋刻本（古籍總目）
上圖　南圖

醫宗必讀五卷

清順治六年盛德堂刻本（古籍總目）
天津市醫學科學技術信息研究所　江西省圖書館

清同治三年聚文堂刻本（古籍總目）
山東中醫藥大學圖書館　黑龍江中醫藥大學

清尚友堂刻本（古籍總目）
上圖

醫宗必讀四卷

清乾隆二十一年寶章堂刻本（古籍總目）
福建中醫學院

頤生微論四卷

明書林葉仰峰刻本　九行二十字　白口四周單邊（善本書目、古籍總目）
北大

清刻本（古籍總目）

中國中醫科學院　廣州中醫藥大學

删補頤生微論四卷

明崇禎十五年沈頲刻本　十行二十字小字雙行同　白口四周單邊單魚尾（善本書目、古籍總目）

上圖　上海中醫藥大學　上海交通大學醫學院　國圖　中科院

明崇禎十五年刻李士材醫書二種本（存目標注）

中國中醫科學院

明崇禎間閩漳天瑞堂刻本（存目標注）

江西省圖書館

清金閶傳萬堂刻本（古籍總目）

南圖

清初據明崇禎十五年金閶傳萬堂本覆刻本（存目標注）

中國中醫科學院

清抄本（古籍總目）

北大

日本菊屋長兵衛刻本（存目標注）

南圖

醫林摘要

抄本（古籍總目）

長春中醫藥大學

内經知要二卷（輯并注）

明崇禎十五年刻李士材醫書二種本（存目標注）

中國中醫科學院

明末刻本（古籍總目）

吉林大學醫學部　南通市圖書館　廣州中山醫科大學

清乾隆二十九年薛雪掃葉山房刻本（古籍總目）

上圖　國圖　中科院（清張琦朱墨評）　南圖　遼寧省圖書館

清道光五年太邑趙道南刻本（古籍總目）

國圖　天津中醫藥大學第一附屬醫院

清咸豐十年抄本（古籍總目）

山東省圖書館
清光緒九年常熟抱芳閣刻本（古籍總目）
上圖　中國中醫科學院　南圖　南京中醫藥大學　湖南中醫學院
清光緒九年崇德堂刻本（古籍總目）
國圖　天津中醫藥大學業第一附屬醫院　遼寧中醫藥大學　甘肅省圖書館　揚州市圖書館
清光緒九年上洋江左書林刻本（古籍總目）
上圖　黑龍江省圖書館　山東省圖書館　安徽省圖書館
清光緒九年上洋紫文閣刻本（古籍總目）
天津市醫學科學技術信息研究所
清光緒十一年蘇州王氏緑慎堂刻本（古籍總目）
上圖　國圖　中科院　南圖　山東省圖書館
清光緒十六年雲陽周氏醫室刻本（古籍總目）
上海中醫藥大學　北京中醫藥大學　山東中醫藥大學
清光緒十六年常州文興堂刻本（古籍總目）
上海中醫藥大學　江西中醫學院
清光緒十六年常州振玉山房刻本（古籍總目）

南圖　福建中醫學院　河南中醫學院
清金閶傳萬堂刻本（古籍總目）
中國中醫科學院　南圖
清刻本（古籍總目）
南圖　四川省圖書館
清抄本（古籍總目）
蘇州中醫醫院

黄帝内經素問（校正）

抄本（古籍總目）
上圖

鎸補雷公炮製藥性解六卷

明天啓二年刻本　九行二十字　白口四周單邊（善本書目、古籍總目）
中國中醫科學院　中國醫學科學院　遼寧省圖書館　安徽博物院
明末唐鯉飛刻本　十行二十字　白口四周單邊單魚尾（古籍總目、浙圖古籍目録）

浙圖　甘肅省圖書館　稷山縣圖書館
明刻本（古籍總目）
上圖　遼寧省圖書館

鐫補雷公炮製藥性解六卷附四卷

明末三槐堂刻本（古籍總目）
中國醫學科學院

雷公炮製藥性解六卷

明刻本（古籍總目）
上圖　天津市醫學科學技術信息研究所
清初杏園刻本（古籍總目、存目標注）
北大　中國中醫科學院
清乾隆十一年金閶古講堂刻本（古籍總目）
江西中醫學院
清道光十八年刻本（存目標注）

山東省圖書館
清光緒十二年江左書林刻本（存目標注）
山東省圖書館
清光緒二十年上海文瑞樓鉛印本（古籍總目）
南圖
清光緒二十三年金陵濮氏刻本（古籍總目）
北京中醫藥大學　重慶市圖書館　貴州省圖書館
清光緒三十一年上海校經山房刻本（古籍總目）
哈爾濱市圖書館
清光緒三十二年蘇州掃葉山房刻本（古籍總目）
南圖（佚名批）　北京中醫藥大學　蘇州大學醫學院　浙江中醫藥大學　江西中醫學院
清光緒三十二年羣玉山房刻本（古籍總目）
國圖　南圖（佚名批）
清光緒間李光明莊刻本（古籍總目）
國圖　蘇州中醫醫院
清光緒間上海圖書集成印書局鉛印本（古籍總目）

國圖　河南省圖書館
清光緒間章福記書局石印本（古籍總目）
山東醫科大學
清宣統二年掃葉山房石印本（古籍總目）
雲南中醫學院
清會文堂刻本（古籍總目）
南圖（佚名批）
清大文堂刻本（古籍總目）
中國中醫科學院
清文盛堂刻本（古籍總目）
浙圖　江西省圖書館
清羣玉山房刻本（古籍總目）
上圖　南圖　蘇州市圖書館　浙江中醫藥研究院　吉林省圖書館
清經綸堂刻本（古籍總目）
甘肅中醫學院
清文成堂刻本（古籍總目）

蘇州大學醫學院　廣西壯族自治區圖書館

清蘇州緑蔭堂刻本（古籍總目）

陝西中醫藥研究院

清刻本（古籍總目）

上圖　國圖　中國中醫科學院　遼寧中醫藥大學　遼寧省圖書館

清末石印本（古籍總目）

南圖　天津市衛生職工醫學院

本草通玄二卷

清康熙十七年吴三桂雲南刻本　十行二十字　白口四周單邊單魚尾（古籍總目）

中國中醫科學院　蘇州中醫醫院

士材三書本（康熙刻）（古籍總目）

清善成堂刻本（古籍總目）

重慶市圖書館　成都中醫藥大學　雲南省圖書館

清宏道堂刻本（古籍總目）

上圖

清刻本（古籍總目）
内蒙古自治區圖書館　蘇州大學醫學院

清抄本（古籍總目）
天津圖書館

抄本（古籍總目）
黑龍江省圖書館

李瀕湖脈學詩四言舉要便讀

脈訣彙編説統本（古籍總目）

脈訣一卷

清抄本（古籍總目）
國圖

診家正眼二卷（清尤乘增補）

清順治十七年二雅堂刻本（古籍總目）

上海中醫藥大學　中國中醫科學院　中國醫科大學
士材三書本（康熙刻）（古籍總目）
清道光二十九年南邑火惟新抄本（古籍總目）
上圖
清道光二十九年抄本（古籍總目）
上圖
清末掃葉山房石印本（古籍總目）
山東省圖書館
清宏道堂刻本（古籍總目）
上圖
清滬緯文閣鉛印本（古籍總目）
中國中醫科學院　遼寧省圖書館
清刻本（古籍總目）
內蒙古自治區圖書館　大連市圖書館
清抄本（古籍總目）
國圖　南圖　鎮江市圖書館　廣西壯族自治區桂林圖書館

傷寒括要二卷

清順治六年刻本（古籍總目）
　南通大學醫學院
清康熙間刻本（古籍總目）
　上海中醫藥大學
清嘉慶間朱陶性木活字印本（古籍總目）
　上海中醫藥大學　中國中醫科學院
書三味樓叢書本（嘉慶道光刻）（古籍總目）
抄本（古籍總目）
　上圖　中華醫學會上海分會　四川省圖書館

病機沙篆二卷

士材三書本（康熙刻）（古籍總目）
清康熙十五年刻本（古籍總目）
　上海中醫藥大學　中華醫學會上海分會
清宣統二年石印本（古籍總目）

內蒙古自治區中蒙醫研究所
清刻本　十行二十四字　白口四周單邊單魚尾（古籍總目）
上圖　國圖　中國中醫科學院　蘇州中醫醫院　重慶市圖書館
抄本（古籍總目）
南圖

婦科寶案

吴錫麟抄本（古籍總目）
蘇州大學醫學院

李中梓醫案（清李延昰輯）

抄本（里中醫案）（古籍總目）
蘇州市圖書館

壽世青編二卷（清尤乘輯）

清康熙三十六年陳鐸刻本（古籍總目）

南圖
清康熙三十八年刻本（古籍總目）
中國醫科大學　吉林省圖書館
士材三書本（康熙刻）（古籍總目）
南圖（佚名批）
清雍正六年刻本（古籍總目）
陝西中醫藥研究院
清咸豐四年刻本（古籍總目）
中國中醫科學院
清同治光緒間刻本（古籍總目）
上圖
清光緒十七年刻本（古籍總目）
湖南中醫學院
清宏道堂刻本（古籍總目）
上圖
清刻本（古籍總目）

中華醫學會上海分會　上海中醫藥大學　南京中醫藥大學　浙圖　吉林省圖書館

抄本（古籍總目）

中國醫科大學

陳　曼

明松江府上海縣人。字長倩，别號青厓道人。傳見本書《善本經眼録》。

詠歸堂集一卷

丁丑叢編本（民國鉛印）（古籍總目）

南圖（按：南圖古籍目録著録爲「一九三六年鉛印本」）

流　寓

孫　作

元末明初江陰人，僑居上海。字大雅，以字行，自號東家子。傳見本卷《善本經眼録》。

滄螺集六卷

明末虞山毛氏汲古閣刻本　十行十七字　白口　左右雙邊（古籍總目）
上圖　北大（四庫全書底本）　南圖　遼寧省圖書館　北京市文物局（傅增湘跋）
明刻本　十行十七字　白口　左右雙邊（古籍總目）
國圖
四庫全書本（乾隆寫）（古籍總目）
江陰叢書本（光緒刻）（古籍總目）
粟香室叢書本（光緒至民國刻）（古籍總目）
清抄本（古籍總目）
國圖　南圖
江陰繆氏藝風堂抄本（古籍總目）
臺圖

滄螺集六卷補遺一卷附録一卷

明藍格抄本（古籍總目）
臺圖（明薛章憲跋）

常州先哲遺書本（光緒刻）（古籍總目）

顧德基

明常熟人，流寓上海。字用晦。傳見本卷《善本經眼録》。

東海散人集六卷（于役草一卷，海雲樓七十二候詩一卷，虎林游一卷，來鶴軒草一卷，松風樓稿二卷）

清順治四年毛氏汲古閣刻本　十行十八字　白口左右雙邊（善本書目、古籍總目）

上圖

海雲樓七十二候詩一卷

清初藍格抄本（古籍總目）

國圖

青浦縣

本籍

楊樞（一五〇二—一五五六）

明松江府青浦縣人。字運之，號細林山人。傳見本卷《善本經眼録》。

淞故述一卷

藝海珠塵本（乾隆刻）（古籍總目）
叢書集成初編本（古籍總目）

楊豫孫（一五三一—一五七七）

明松江府青浦縣人。字幼殷，號朋石。楊樞子。嘉靖二十六年（一五四七）進士，歷任禮部員外郎中、湖廣學政、河南參政、太僕寺少卿等。以右僉都御史巡撫湖廣，卒於官。傳見崇禎《松江府志》卷四十《賢達五》。

西堂日記一卷

寶顏堂秘籍本（萬曆刻、民國石印）

楊幼殷集

清康熙間洪洞范鄗鼎五經堂刻清道光五年洪洞張恢重修廣理學備考本（古籍總目）

上圖　國圖　清華大學

彭汝讓

明松江府青浦縣人。字欽之。諸生，入國子監，萬曆元年（一五七三）副榜。爲隆萬詩文社十八子之一，多憂生之作。著有《木几冗談》《九麓集》等。傳見崇禎《松江府志》卷四十二《文學》、嘉慶《松江府志》卷五十四《古今人傳六》。

木几冗談一卷

廣百川學海本（明刻）（古籍總目）

寶顏堂秘籍本（萬曆刻、民國石印）（古籍總目）

説郛本（宛委山堂刻）（古籍總目）

徐三重

明松江府青浦縣人。字伯同，號鴻洲、蒲溪釣叟。傳見本卷《善本經眼録》。

采芹録四卷

抄本（古籍總目）

上圖

信古餘論八卷

清抄本　九行二十字　無格（存目標注）

國圖

清抄本　十行二十四字　無格（存目標注）

國圖

牖景録二卷

明刻槜亭全集本　九行二十字　白口四周單邊（存目標注、古籍總目）

上圖

清抄本　九行二十字　無格（存目標注、古籍總目）

國圖　湖南省圖書館

庸齋日紀八卷

清抄本　九行二十字　無格（存目標注）

國圖

清抄本　十行二十四字　無格（存目標注）

國圖

（鴻洲先生）家則一卷野志一卷

清抄本　九行二十字　無格（存目標注）

國圖

庸齋家則一卷庸齋野志一卷

清乾隆間刻本（古籍總目）

國圖

清抄本（古籍總目）

國圖

庸齋日記八卷信古餘論八卷采芹録四卷牖景録二卷餘言二卷家則一卷野志一卷附志一卷像傳一卷實行記一卷

清抄本（古籍總目）

國圖（黄裳跋）

張以誠（一五六八—一六一五）

明松江府青浦縣人。字君一，號瀛海。傳見本卷《善本經眼録》。

葉太史參補古今大方詩經大全十五卷小序一卷詩圖一卷綱領一卷（明葉向高編纂　明張以誠校正）

明萬曆二十九至三十五年書林余氏閩芝城建邑刻本（古籍總目）

上圖　上海大學　北大　清華　北師大
清康熙間刻本（古籍總目）
國圖　湖北省圖書館

張君一先生毛詩微言二十卷首一卷（明唐汝諤輯）

明末刻本　十行二十四字　白口四周單邊（善本書目、古籍總目）
北大　保定市圖書館　日本内閣文庫
清抄本（古籍總目）
北大

毛詩微言二十卷首一卷（明唐汝諤輯）

明書林俞秀山刻本　十行二十四字　白口四周單邊（善本書目）
復旦

新鐫詩經微言合參八卷（明張以誠參定）

明刻本（古籍總目）

日本蓬左文庫

新刻七翰林纂定四書主意定本十二卷（明張以誠等撰　明周文翀編）

明萬曆三十九年金陵書林岑光啓堂刻本（古籍總目）

開封市圖書館

張宫諭酌春堂集十卷首一卷

明崇禎間張安苞刻本　九行十八字　白口四周單邊（古籍總目）

故宫

張君一稿一卷（清俞長城選評）

可儀堂一百二十名家制義本（康熙刻、乾隆刻）

新鐫張狀元遴輯評林秦漢狐白四卷（輯）

明萬曆三十三年余紹崖刻本（古籍總目）

國圖

新鐫太史評先生精選助捷輝珍論鈔注釋評林六卷（輯）

明萬曆三十一年閩書林余良史刻本（古籍總目）

北大

黄廷鵠（一五六八—一六三六）

明松江府青浦縣人。字澹志，一字孟舉，號偶諧居士。傳見本卷《善本經眼録》。

爲臣不易編不分卷

明崇禎間刻本　九行二十字　白口四周單邊（善本書目、古籍總目）

國圖　清華

希聲館藏稿十卷附一卷都門草一卷南淮草一卷京兆微波録一卷尤言一卷

明崇禎十年序刻本（古籍總目）

日本内閣文庫

希聲館藏稿十卷附録一卷

明崇禎間刻本　九行二十字　白口左右雙邊（善本書目、古籍總目）

山東省圖書館

詩冶二十六卷（評注）

明末黄泰芑刻本　九行二十字小字雙行同　白口四周雙邊（善本書目、古籍總目）

國圖　蘇州市圖書館

徐禎稷（一五七五—一六四五）

明松江府青浦縣人。字叔開，號厚源。傳見本卷《善本經眼録》。

恥言二卷

藝海珠塵本（乾隆刻）（古籍總目）

清光緒三十二年南扶山房刻本　九行二十二字　白口左右雙邊單魚尾（古籍總目）

上圖　國圖　中科院　南圖　香港大學

恥言一卷

西京清麓叢書本（光緒刻）（古籍總目）

清光緒七年解梁書院刻本　九行二十二字　黑口左右雙邊單魚尾（古籍總目）

上圖　國圖

清末刻本（古籍總目）

國圖

徐餘齋恥言一卷

清光緒十六年涇陽柏經正堂刻本（古籍總目）

上圖

楊繼益

明松江府青浦縣人。字茂謙。傳見本卷《善本經眼録》。

（簣齋雜著一卷　明陸埰撰）澹齋内言一卷外言一卷

清抄本（古籍總目）

上圖（佚名録清吴焯跋）

學海類編本（道光木活字印、民國影印）（學海類編目録）

醒心藥石一卷

清嘉慶十九年體仁堂刻本（上圖古籍目録）

上圖

清嘉慶十九年刻本（古籍總目）

北大

燕寓偶談六卷

清康熙間刻本（古籍總目）

杭州市圖書館

清嘉慶十九年體仁堂刻本（古籍總目）

上圖　國圖　南圖

流寓

陶振

明蘇州府吴江縣人，居青浦金澤。字子昌。傳見本卷《善本經眼録》。

雲間清嘯集一卷

清初葉氏小有堂抄本　十一行二十二字　黑口　四周單邊（古籍總目）

國圖（與桂軒詩集合册，清黄丕烈跋）

清金氏文瑞樓抄本（古籍總目）

天一閣

清抄本　十行二十字　白口　左右雙邊（古籍總目）

國圖

徐石麒（？—一六四五）

明嘉興府嘉興縣人，居青浦。字寶摩。傳見本卷《善本經眼録》。

官爵志三卷

清抄本（古籍總目）

上圖（清吴騫校）　國圖（清韓崇校并跋）

學海類編本（道光木活字印、民國影印）（古籍總目）

抄本（古籍總目）

臺北故宫

張宗祥抄本（古籍總目）

浙圖

叢書集成初編本（古籍總目）

花傭月令一卷

傳硯齋叢書本（光緒刻）（古籍總目）

徐寶摩詩一卷（明陳濟生輯）

啓禎兩朝遺詩本（清初刻）（古籍總目）

國圖

可經堂集十二卷附録一卷

清順治八年徐柱臣刻增修本　十行十二字　白口四周單邊（古籍總目）

上圖　北大

清康熙五年刻本（上圖古籍目録）（麒按：即順治八年增修本）

上圖

可經堂集十二卷

清順治八年徐柱臣刻本　十行二十字　白口　四周單邊　無魚尾（古籍總目）

南圖（存卷一至七）

清末黑格抄本（古籍總目）

國圖

清抄本（古籍總目）

國圖

嘉定縣

本籍

王彝（？—一三七四）

明嘉定縣人。字常宗，自號媯蜼子。傳見本卷《善本經眼録》。

王常宗集四卷補遺一卷

明弘治十五年劉廷瓚刻本　十一行二十字　白口左右雙邊（善本書目、古籍總目）
南圖（清丁丙跋）

王常宗集四卷

清初抄本　九行十六字　無格（善本書目、古籍總目）
上圖（清馬思贊校）

王常宗集四卷補遺一卷續補遺一卷（明劉廷璋補遺）

四庫全書本（乾隆寫）（古籍總目）

清抄本　十行二十字　無格（善本書目、古籍總目）

上圖（清張蓉鏡跋）

抄本（古籍總目）

臺圖（明浦杲、明劉廷璋跋）

王徵士集四卷附録一卷（明都穆輯　清陸廷燦重校輯）

清康熙三十九年陸廷燦刻本　九行十九字　白口左右雙邊單黑魚尾（善本書目、古籍總目）

國圖　北大　南圖

嫣雌子集六卷

明抄本（古籍總目）

臺圖（缺卷二）

章黼（一三七八—一四六九）

明嘉定縣人。字道常，號守道。傳見本卷《善本經眼録》。

直音篇七卷

明成化十三年刻清康熙四年重修本（古籍總目）

南圖

明成化十七年刻嘉靖二十四年張重補刻萬曆九年高薦重修本（古籍總目）

國圖　北大

明萬曆六年維揚資政左室刻本（古籍總目）

北大　中科院

重訂直音篇七卷

明萬曆三十四年練川明德書院刻本（古籍總目、上師大古籍目録、南圖古籍目録）

上師大　國圖　北大　南圖

明萬曆三十四年練川明德書院刻清康熙四年乾隆十五年遞修本（古籍總目）

北大　中科院

新編併音連聲韻學集成十三卷直音篇七卷

明成化十七年刻本　八行大字四五字不等小字雙行字數不等　黑口左右雙邊三魚尾（善本書目、古籍總目）

上圖　國圖　北大

明成化十七年刻明嘉靖二十四年張重補刻萬曆九年高薦遞修本　八行注文二十四字　黑口四周雙邊雙魚尾（善本書目、古籍總目）

上圖　北大

重訂併音連聲韻學集成十三卷

清康熙四年補刻明成化本（古籍總目）

中科院　湖北省圖書館

重刊併音連聲韵學集成十三卷重訂直音篇七卷

明萬曆六年維揚資政左室刻本　八行大字不等小字雙行二十四字　白口四周雙邊有刻工（善本書

目、古籍總目、日藏善本書録）
首都圖書館　中科院　故宫　日本内閣文庫
明萬曆三十四年練川明德書院刻本　八行十二字小字雙行二十四字　白口左右雙邊有刻工（善本書目、古籍總目、上師大古籍目録）
上師大　國圖　北大　南圖

重訂併音連聲韵學集成十三卷（明吴道長重訂　清余敏補輯）

明萬曆三十四年練川明德書院刻清康熙四年補修本　八行十二字小字雙行二十四字　白口左右雙邊有刻工（善本書目）
北師大

馬　愈

明嘉定縣人。字抑之，號華髮仙人，又自號馬清癡。由欽天監籍中順天鄉試，天順八年（一四六四）進士，官刑部主事。博士馬軾之子，能詩，善書。傳見康熙《嘉定縣志》卷十一《選舉》。

稗官記五卷

清初抄本（善本書目、古籍總目）

廣東省中山圖書館

馬氏日抄一卷

煙霞小説本（嘉靖刻、萬曆刻）（古籍總目）

徐恂

明嘉定縣人。字信夫。成化十九年（一四八三）舉人。知嵊縣，德威并著，以勞瘁卒於官。傳見康熙《嘉定縣志》卷十五人物一、《（光緒）嘉定縣志》卷十六《宦蹟》。

弘治嵊縣志十卷（明徐恂修　明周山、夏雷纂）

明弘治十四年刻本　十行二十二字　粗黑口四周雙邊雙魚尾　（善本書目、古籍總目）

上圖（存卷二至六）

張時泰

明嘉定縣人。字吉甫，號西州。傳見本卷《善本經眼録》。

續資治通鑒綱目二十七卷（明商輅等撰　明周禮發明　明張時泰廣義）

明弘治十七年書林慎獨齋刻本　十行二十二字小字雙行同　黑口四周雙邊雙黑魚尾（善本書目、古籍總目）

上圖　南圖　山東省圖書館

明正德元年清江堂刻本　十行二十二字小字雙行同　黑口四周雙邊（善本書目、古籍總目）

復旦

明嘉靖七年書林宗文堂刻本　十四行二十四字　黑口四周雙邊（善本書目、古籍總目）

天津師範大學

明嘉靖十一年劉氏慎獨齋刻本（古籍總目）

北京市城東區圖書館（存卷一至八、十二至二十七　清趙昱批校并跋）

明嘉靖三十九年書林楊氏歸仁齋刻通鑑綱目全書本（古籍總目）

南圖

明萬曆二十一年蜀藩刻通鑑綱目全書本（古籍總目）
國圖
明刻通鑑綱目全書本（古籍總目）
國圖　山東省圖書館
資治通鑑綱目全書本（古籍總目）
南圖　青島市博物館　無錫市圖書館　河南省圖書館
重刻資治通鑑綱目全書本（古籍總目）
復旦　山東省圖書館

續資治通鑒綱目廣義十七卷

明弘治三年自刻本　八行十八字　黑口四周雙邊三魚尾（善本書目、古籍總目）
上圖　國圖　清華

翟　校

明嘉定縣人。字起英。傳見本卷《善本經眼録》。

練音集補四卷首一卷附卷一卷外卷一卷（明翟校輯　清王輔銘補輯）

清乾隆八年金尚東刻本　十一行二十一字　白口左右雙邊（善本書目、古籍總目）

上圖　國圖　南圖

沈　齡

明正德間嘉定縣人。一名受先，字壽卿，又字元壽。善詩文，尤精聲律。嘗客大學士楊一清家，武宗南巡，愛其所撰《四喜傳奇》，欲官之，不受而歸。傳見嘉慶《直隸太倉州志》。

續方言疏證二卷

木犀軒叢書本（光緒刻）　十一行二十一字小字雙行同　黑口左右雙邊雙魚尾（古籍總目、上師大古籍目録）

上圖　復旦　上師大　國圖　南圖

龔弘（一四五〇—一五二六）

明嘉定縣人。字元之，一字蒲川。明成化十四年（一四七八）進士。累官至工部侍郎，有政聲。五疏乞休，晋尚書致仕。嘉靖初，晋階榮禄大夫。所著多燬于火。今嘉定區秋霞圃局部，即原龔弘宅第後園。

傳見康熙《嘉定縣志》卷十五《人物一》、光緒《嘉定縣志》卷十六《宦蹟》。

釣台集二卷

明萬曆十三年刻本　九行十八字　粗黑口四周雙邊上單魚尾　版心下有刻工姓名（臺圖古籍目録）

臺圖

浦南金

明嘉定縣人。字伯兼。傳見本卷《善本經眼録》。

嘉靖嘉定縣志十二卷（明楊旦修　明浦南金纂）

明嘉靖二十六年刻本　九行十八字小字雙行十七字　白口左右雙邊（善本書目、古籍總目）

南圖（存卷一至九）

嘉靖湖州府志十六卷（明張鐸修　明浦南金纂）

明嘉靖二十一年刻本　九行十八字　白口左右雙邊單魚尾（善本書目、古籍總目）

上圖（存卷四至五、十至十一）

修辭指南二十卷（輯）

明嘉靖三十六年浦氏五樂堂刻本　九行十八字小字雙行同　白口左右雙邊（善本書目、古籍總目）

上圖　國圖　北大　南圖　浙圖

明嘉靖三十六年浦氏五樂堂刻張象賢印本（古籍總目）

美國哈佛燕京

明萬曆六年坊肆重刻本　九行十八字小字雙行同　白口左右雙邊（古籍總目）

臺圖

明五樂堂刻本（古籍總目）

北大

明刻本（古籍總目）

國圖　北大

詩學正宗十六卷（輯）

明嘉靖三十六年浦氏五樂堂刻本　九行十八字　白口左右雙邊（善本書目、古籍總目）

國圖　北大　浙圖

金 熑

明嘉定縣人。字懋光。弘治十八年（一五〇五）貢生，授浙江象山縣訓導。爲人樸忠，見人有過輒正言折之，無所忌諱。長於史學。傳見嘉靖《太倉州志》卷七《人物》、康熙《嘉定縣志》卷十五《人物一》、民國《太倉州志》卷十八《人物二》。

諸史會編大全一百十二卷

明嘉靖四年金壇縣刻本（古籍總目）

北大

明嘉靖四年金壇縣刻公文紙印本　九行二十二字小字雙行同　白口或黑口四周單邊有刻工（善本書目、古籍總目）

無錫市圖書館

明萬曆間刻本（古籍總目）

美國普林斯頓大學葛斯德東方圖書館

明刻本（古籍總目）

上圖

王翹（一五〇五—一五七二）

明嘉定縣人。字時羽，一字叔楚，號小竹、小竹山人。弱冠補郡諸生以不能其業久乃謝去。工詩善圖繪，詩宗孟郊枯寂有致，畫工草蟲竹石。傳見康熙《嘉定縣志》卷十五《人物一》、《徐氏海隅集·文編》卷十七《王山人墓志銘》。

小竹山人集三卷首一卷

清道光二十二年友蘭別墅刻本（古籍總目）

上圖　復旦　北大　南圖

徐學謨（一五二二—一五九三）

明嘉定縣人。字叔明，一字太室，原名學詩，字恩重。傳見本卷《善本經眼録》。

春秋億六卷

四庫全書本（乾隆寫）（古籍總目）

民國間廬江劉氏遠碧樓藍格抄本（古籍總目）

上圖

抄本（古籍總目）

南圖

世廟識餘録二十六卷（輯）

明徐兆稷活字印本　十行二十一字　白口四周單邊無直格（古籍總目）

國圖

明萬曆三十六年徐元嘏刻本　十行二十一字　白口左右雙邊（古籍總目）

上圖　北大　南圖

明萬曆四十二年崑山周本正刻本　十行二十一字　白口左右雙邊（古籍總目）

南圖

清初抄本（古籍總目）

中科院

清抄本　緑絲欄（國圖古籍目録）

國圖

萬曆湖廣總志九十八卷（纂修）

明萬曆十九年刻本　十行二十一字小字雙行同　白口左右雙邊（古籍總目）

上圖　南圖　湖南省圖書館

抄本（古籍總目）

湖北省圖書館（存卷一至卷七十五、七十八至九十八）

歸有園麈談一卷

廣百川學海本（明刻）（古籍總目）

寶顔堂秘籍本（萬曆刻、民國石印）（古籍總目）

説郛本（宛委山堂刻）（古籍總目）

老子解二卷

明萬曆十八年申用嘉刻本　九行十六字　白口左右雙邊（古籍總目）

上圖　國圖　北大　中央黨校　美國哈佛燕京

徐氏海隅集詩編二十二卷文編四十三卷外編十四卷續三卷（明徐元嘏輯）

明萬曆五年刻四十年嘉定徐元嘏重修本　十行十九字　白口左右雙邊單魚尾（善本書目、古籍總目）

上圖　北大（無外編、續）　南圖　浙圖

歸有園稿詩編七卷文編二十二卷

明萬曆二十一年張汝濟刻本（古籍總目）

南圖

明萬曆二十一年張汝濟刻萬曆四十年嘉定徐元嘏重修本　九行十九字　白口左右雙邊有刻工（善本書目、古籍總目）

上圖　國圖　天津圖書館　浙圖

春明稿十四卷

明萬曆十一年嘉定徐氏原刻本　九行十五字　白口左右雙邊（存目標注、古籍總目）

臺灣漢學研究中心　臺圖（存四卷：春明稿詩編三卷塡鄖續稿一卷）

海隅集二十二卷

明萬曆六年方九功刻本　十行十九字　白口左右雙邊（版本志）

浙圖

明萬曆間刻本（古籍總目）

國圖

移虔稿一卷

明萬曆三年刻本　九行十八字　白口左右雙邊有刻工（版本志、古籍總目）

天一閣

（玉臺新詠十卷　南朝陳徐陵輯）續五卷（輯）

明嘉靖間徐氏海曙樓刻本（古籍總目）

臺圖

金大有

明嘉定縣人。字伯謙。傳見本卷《善本經眼録》。

詒翼堂詩一卷

清康熙間刻嘉定金氏五世家集本　九行十八字　白口左右雙邊（善本書目、古籍總目）

復旦　浙圖

殷都（一五三一——一六〇二）

明嘉定縣人。字開美、無美。工詞賦，有盛名。萬曆十一年（一五八三）進士，授知夷陵州。擢兵部職方員外，遷郎中。遭讒罷歸。傳見康熙《嘉定縣志》卷十六《人物二》。

日本犯華考一卷

中國内亂外禍歷史叢書本（古籍總目）

日本考略一卷

明天啓元年茹上閔氏刻套印兵垣四編本（古籍總目）

上圖　國圖　北大　南圖　遼寧省圖書館

爾雅齋文集不分卷

明抄本（古籍總目）

香港大學

沈　采

明嘉定縣人。字練川。傳見本卷《善本經眼録》。

新刊重訂出相附釋標注裴度香山還帶記二卷

明萬曆十四年金陵唐氏世德堂刻本　八行二十一字小字雙行　白口四周雙邊（善本書目、古籍總目）

北大

還帶記不分卷

清順治間抄本（古籍總目）

戲曲研究院

千金記不分卷

清乾隆間内府抄本（古籍總目）

國圖

鼎鐫出相點板千金記二卷

明崇文堂刻本　十行二十三字　白口四周單邊（善本書目、古籍總目）

國圖

明刻清初讀書坊重修本　十行二十二字　白口四周單邊（善本書目、古籍總目）

國圖

重校千金記二卷

繡刻演劇（六十種曲）本（明末汲古閣刻）（古籍總目）

清康熙五十三年盛紫僊抄本（古籍總目）

戲曲研究院

清康熙間内府抄本（古籍總目）

國圖

新刻出像音注花欄韓信千金記四卷

明萬曆間金陵唐氏富春堂刻本　十行二十一字　白口四周花邊（善本書目、古籍總目）

國圖

汪明際

明嘉定縣人。字無際，號雷庵。萬曆四十六年（一六一八）舉人，屢困公車，謁選得壽昌教諭。由國子學録歷都察院司務，陞工部主事，晋員外郎。後以同官誤工，廷杖以死。傳見康熙《嘉定縣志》卷十六《人物二》。

通鑑箋注七十二卷（題明王世貞輯　明汪明際評　明鍾人傑箋注）

明崇禎二年刻本　十行二十二字小字雙行同　白口四周單邊上綫魚尾（善本書目、古籍總目）

中科院　南圖　湖北省圖書館

鶡冠子三卷（宋陸佃解　明王宇評　明汪明際、明朱養純參評　明朱養和訂）

明天啓五年朱氏花齋刻本　九行二十字小字雙行同　白口四周單邊（善本書目）

上圖　國圖　南圖

十子全書本（嘉慶刻、光緒鉛印）

淮南子删評二卷（漢劉安撰　明汪明際評）

明刻本（古籍總目）

國圖

唐時升（一五五一——一六三六）

明嘉定縣人。字叔達，號灌園叟。傳見本卷《善本經眼録》。

三易集二十卷

明天啓間刻清雍正十三年補版印本（上圖古籍目録）

上圖

明崇禎間刻本（古籍總目）

國圖

明刻本（古籍總目）

日本静嘉堂文庫　日本尊經閣文庫

嘉定四先生集本（康熙刻）（古籍總目）

唐先生遺稿一卷

清抄本　八行二十字　無格（版本志、古籍總目）

上圖（葉景葵跋）

婁堅（一五五四—一六三一）

明嘉定縣人。字子柔，一字歇庵。傳見本卷《善本經眼録》。

論語駁異二十卷（明王衡撰　明婁堅校）

明刻本（古籍總目）

日本内閣文庫

婁子柔先生集三十七卷（吴歈小草十卷補一卷學古緒言二十五卷補一卷）（清謝三賓輯）

明隆慶元年至崇禎四年謝三賓刻本（古籍總目）

日本内閣文庫

吴歈小草十卷補一卷（清謝三賓輯）

嘉定四先生集本（康熙刻）

明末刻本（上師大古籍目録）

上師大

學古緒言二十五卷

明崇禎間刻本（古籍總目）

國圖

嘉定四先生集本（康熙刻）（古籍總目）

四庫全書本（乾隆寫）（古籍總目）

金兆登（一五五七—一六三八）

明嘉定縣人。字子魚。大有子。舉萬曆十年（一五八二）鄉試，十上公車不第，授都察院都事。淡於仕進，奉母郊居。少敏悟，工詩文，與父齊名。傳見康熙《嘉定縣志》卷十六《人物二》。

詒翼堂集三卷

嘉定金氏五世家集本（善本書目、古籍總目）

復旦　浙圖

張　恒

明嘉定縣人。字伯常。萬曆八年（一五八〇）進士，官至大常寺少卿。後因母老告歸。傳見康熙《嘉定縣志》卷十六《人物二》。

明志稿三卷詩二卷續一卷

明萬曆四十年刻本　九行十七字　白口四周單邊（善本書目、古籍總目）

上圖（麒按：已退，未見）　國圖

徐允禄（一五六四—一六二五）

明嘉定縣人。字汝廉，一作女廉。傳見本卷《善本經眼録》。

思勉齋集詩集二卷文集十二卷

清順治間刻本（古籍總目）

上圖

張振德（一五六六—一六二一）

明嘉定縣人。字季修，號峴孩。由崑山籍選貢，除四川叙州府興文知縣，兼署長寧，時藺賊作亂，振德日夜巡城，自度形勢不能保，乃左手持兩印，右執匕首，危坐廳事，妻錢氏與兩女坐後堂，積薪坐側，賊逼，俱投火死。贈光禄卿，謚烈愍。傳見康熙《嘉定縣志》卷十六《人物二》。

張烈愍公全集四卷（清張九華輯）

清抄本　九行二十一字　白口四周雙邊（善本書目、古籍總目）

河南省圖書館

王道通（一五六六—一六四四）

明嘉定縣人。字晋卿。邑諸生。負經濟才，不欲以文章名世。卒年八十餘。傳見康熙《嘉定縣志》卷十六《人物二》。

簡平子集十六卷補遺一卷

明崇禎九年藹齋刻本　九行十八字　白口左右雙邊（善本書目、古籍總目）

天津圖書館

馬元調（一五六八—一六四五）

明嘉定縣人。字巽甫，又字簡堂。崇禎間諸生，師從婁堅。清順治二年（一六四五）守嘉定，城破死難，祀忠義祠。傳見康熙《嘉定縣志》卷十六《人物二》、嘉慶《松江府志》卷五十五《古今人傳七》、同治《上海縣志》卷十九《人物二》。

横山遊記一卷

清咸豐間刻本（古籍總目）

南圖

清丁氏八千卷樓抄本（古籍總目）

南圖

武林掌故叢編本（光緒刻）（古籍總目）

簡堂集十二卷

清抄本（古籍總目）

浙圖

簡堂集一卷

油印本（古籍總目）

北大

簡堂集不分卷

清抄本　九行二十六字　無格（善本書目、古籍總目）

東北師大

清抄本（古籍總目）

復旦

侯震暘（一五六九—一六二七）

明嘉定縣人。字得一，又字起東，號吴觀。萬曆三十八年（一六一〇）進士。授行人，擢吏科給事中。

崇禎初，因其子主事峒曾請，特贈太常少卿。傳見《明史》卷二四六本傳、康熙《嘉定縣志》卷十六《人物二》、《牧齋初學集》卷五十二《侯君墓志銘》。

侯太常集不分卷

清抄嘉定侯氏三先生集本（古籍總目）

國圖

太常集

清抄嘉定侯氏三忠集本（古籍總目）

天一閣

李流芳（一五七五—一六二九）

明嘉定縣人。字茂宰，一字長蘅，號香海、泡庵，晚號慎娱居士。傳見本卷《善本經眼録》。

檀園題畫詩跋一卷

手稿本（古籍總目）

上圖

西湖卧游圖題跋一卷

武林掌故叢編本（光緒刻）（古籍總目）
西湖集覽本（光緒刻）（古籍總目）

檀園集十二卷

明崇禎二年李氏刻本（古籍總目）
國圖　北大
嘉定四先生集本（康熙刻）（古籍總目）
四庫全書本（乾隆寫）

嚴衍（一五七五—一六四五）

明嘉定縣人。字永思。傳見本卷《善本經眼録》。

資治通鑑補二百九十四卷

清抄本　十行二十字小字雙行同　白口四周雙邊（善本書目、古籍總目）

國圖　上圖（存卷三至二百九十四）

清光緒二年盛氏思補樓活字印本　十一行二十五字小字雙行同　細黑口左右雙邊單魚尾（古籍總目）

上圖　國圖　北大　遼寧省圖書館

清光緒二十八年上海益智書局石印本（古籍總目）

嚴永思先生通鑑補正略三卷（清張敦仁輯）

稿本（古籍總目）

南圖

獨抱廬叢刻本（古籍總目）

國圖（章鈺校）

清光緒十三年上海時報館鉛印本（古籍總目）

上圖　國圖　北大　遼寧省圖書館

峭帆樓叢書本（古籍總目）

資治通鑑續編一百五十七卷

清抄本（古籍總目）

上圖　國圖

溪亭集二卷（清嚴恒輯）

清黑格抄本（古籍總目）

國圖

溪亭集二卷附録一卷

清抄本（古籍總目）

南圖　中科院

沈弘正（一五七八—一六二七）

明嘉定縣人。字公路，一字席之。傳見本卷《善本經眼録》。

小字録補六卷（輯）

清暢閣刻本

上圖

蟲天志十卷

明暢閣刻本　八行十六字　細黑口左右雙邊（善本書目、古籍總目）

上圖　復旦　國圖　中科院　南圖（清丁丙跋）

廣快書本（崇禎刻）（古籍總目）

明末刻本（古籍總目）

臺圖（存卷一至七）

清刻本（古籍總目）

鞍山市圖書館

枕中草四卷

明暢閣刻本（古籍總目）

國圖

周之謨

明嘉定縣人。字公顯。萬曆四十一年（一六一三）進士，任開州知州，革陋習，考績最優，擢職方員外郎，旋以疾卒，祀鄉賢。傳見康熙《嘉定縣志》卷十六《人物二》。

宋明兩蘇先生易説合删六卷（宋蘇軾、明蘇濬撰　明周之謨删）

明萬曆四十四年吉贄刻本　九行十八字　白口四周單邊有刻工（善本書目、古籍總目）

浙圖

精選百家古髓二卷（輯）

明萬曆四十五年刻本（古籍總目）

上圖

邱　集

明嘉定縣人。字子成，自號寒谷子。生平仕履未詳。

陽春草堂稿不分卷西行稿不分卷

清黄氏次歐山館抄本（古籍總目）

南圖

侯峒曾（一五九一—一六四五）

明嘉定縣人，居諸翟（今屬上海市閔行區）。字豫瞻，號廣成。侯震暘長子。天啓五年（一六二五）進士，官至浙江參政。清順治二年（一六四五）率嘉定民衆抗擊清軍，堅守十餘日。城破，投池殉國。傳見康熙《嘉定縣志》卷十六《人物二》。

侯忠節公全集十八卷首一卷（附侯忠節年譜三卷　清侯玄瀞編）

清道光間刻本（古籍總目）

國圖　南圖（道光十七年刻）

民國二十二年鉛印本（上圖古籍目録）

上圖

侯豫瞻詩一卷（明陳濟生輯）

啓禎兩朝遺詩本（清初刻）（古籍總目）

國圖

仍貽堂集二卷

乾坤正氣集本（道光刻同治五年、光緒元年、光緒七年、光緒十八年印）（古籍總目）

侯通政集不分卷

清抄嘉定侯氏三先生集本（古籍總目）

國圖

明侯忠節尺牘手稿一卷（侯文節尺牘手稿一卷　明侯岐曾撰）

稿本（古籍總目）

上圖

内言集

清抄嘉定侯氏三忠集本（古籍總目）

天一閣

張鴻磐（一五九三—一六七八）

明嘉定縣人。字子石。諸生。書法蒼勁，詩古文詞皆有指授。崇禎末尚書徐石麟器其才，欲薦之，力辭不就。傳見光緒《嘉定縣志》卷十九《文學》。

西州合譜一卷

説郛續本（古籍總目）

五朝小説本（明刻）（古籍總目）

侯岐曾（一五九五—一六四六）

明嘉定縣人。字雍瞻，号廣線。傳見本卷《善本經眼録》。

侯文節日記二卷（明隆武元年、永曆元年）

稿本（古籍總目）

上圖（明侯汸、清金元鈺跋）

侯雍瞻詩一卷（明陳濟生輯）

啓禎兩朝遺詩本（清初刻）

國圖

侯文節集

清抄嘉定侯氏三先生集本（古籍總目）

國圖（原題侯□□撰）

文節集

清抄嘉定侯氏三忠集本（古籍總目）

天一閣

（明侯忠節尺牘手稿一卷　明侯峒曾撰）侯文節尺牘手稿一卷

稿本（古籍總目）

上圖

黄淳耀（一六〇五——一六四五）

明嘉定縣人。字藴生，一字松崖，號陶庵，又號水鏡居士。傳見本卷《善本經眼録》。

周易備旨一見能解六卷上下篇義易經圖考朱子筮儀（明黄淳耀原本　清嚴爾寬增補）

清嘉慶元年致和堂刻本（古籍總目）

國圖

清嘉慶九年敬文堂刻本（古籍總目）

國圖　北大　天津圖書館

清嘉慶二十二年慎遠堂刻本（古籍總目）

國圖　山東省圖書館

清書業堂刻本（古籍總目）

北大

參訂增補周易備旨一見能解六卷上下篇義易經圖考朱子筮儀附周易精義（明黃淳耀原本清嚴爾寬增補）

清光緒二十五年書業堂刻本（古籍總目）

北大

清光緒二十七年善成堂刻本（古籍總目）

國圖

史記論略一卷

陶庵集本（古籍總目）

詠史樂府一卷

陶庵集本（古籍總目）

黃陶庵先生甲申日記不分卷（明崇禎十七年）

清抄本（古籍總目）

上圖

黄忠節公甲申日記

留餘草堂叢書本（古籍總目）

山左筆談一卷

學海類編本（道光木活字印、民國影印）（古籍總目）

叢書集成初編本（古籍總目）

吾師録一卷

藝海珠塵本（乾隆刻）（古籍總目）

陶庵集本（古籍總目）

清光緒二十五年番禺沈氏廣陵刻本（古籍總目）

上圖

清刻本（古籍總目）

國圖

南園叢書本（民國刻）（古籍總目）

黄陶庵先生吾師録一卷

清康熙間刻本（古籍總目）

國圖

黄嘉定吾師録一卷

書三味樓叢書本（嘉慶道光刻）（古籍總目）

陶庵自鑑録四卷

陶庵集本（光緒刻）（古籍總目）

清刻本（古籍總目）

國圖

李長吉集四卷外卷一卷（唐李賀撰　明黄淳耀評點）

清雍正九年金惟駿漁書樓刻本（古籍總目）

上圖（丁福保批校）　國圖（吴梅摘録清何焯、清二樵山人諸家批注）　湖北省圖書館

清光緒十八年廣州葉衍蘭刻朱墨套印本（古籍總目）

國圖　遼寧省圖書館

清宣統元年上海掃葉山房石印本（古籍總目）

國圖　山東省圖書館

黄藴生先生陶庵全集（陶庵文集七卷陶庵詩集八卷吾師録一卷）

清康熙十五年張懿實刻本（古籍總目）

國圖　北大　天津圖書館　南圖

清康熙間刻本（古籍總目）

國圖

黄藴生先生陶庵全集（陶庵文集七卷陶庵詩集八卷吾師録一卷）（附谷簾學吟一卷　明黄淵耀撰）

清康熙十五年張懿實刻康熙四十二年陸廷燦增修本（古籍總目）

復旦　國圖　北大　中科院

陶庵全集（陶庵文集七卷陶庵詩集八卷補遺三卷吾師録一卷自監録四卷）首一卷末一卷

（清陶應鯤輯）

清乾隆二十二年刻本（古籍總目）

國圖　日本静嘉堂文庫

清乾隆二十六年寶山縣學刻本（古籍總目）

復旦　北大　南圖

清乾隆二十六年寶山縣學刻道光二十四年重修本（古籍總目）

北大　遼寧省圖書館

陶庵全集二十二卷

四庫全書本（乾隆寫）（古籍總目）

清光緒間刻本（古籍總目）

日本静嘉堂文庫　日本東洋文庫

陶庵全集八卷補遺一卷首一卷末一卷

清乾隆間刻本（古籍總目）

國圖　南圖

陶庵集二十卷首一卷末一卷（附陶庵先生年譜一卷　清陶樹德編）（谷簾學吟一卷　明黄淵耀撰）

清光緒八年刻本（古籍總目）

國圖

黄陶庵先生全稿不分卷

清雍正間刻本（古籍總目）

國圖

清刻本（古籍總目）

國圖

黄陶庵先生全稿八卷（清何忠相評點）

清道光二十二年刻本（古籍總目）

日本國會圖書館

黄陶庵文集二卷附録一卷詩集八卷

清康熙十五年陸元輔等刻本（古籍總目）

南圖

黄淳燿詩一卷

歷朝二十五家詩録本（光緒刻）（古籍總目）

和陶詩一卷

陶菴集本（光緒刻）（古籍總目）

陶庵詩六卷

陶庵集本（光緒刻）

陶庵集二十二卷首一卷末一卷

清光緒五年童式穀刻本（古籍總目）

復旦　北大　天津圖書館（宋道南刻）

知服齋叢書本（光緒刻）

陶庵文集十卷

乾坤正氣集本（道光刻同治五年、光緒元年、光緒七年、光緒十八年印）（古籍總目）

陶庵文五卷

陶庵集本（光緒刻）（古籍總目）

黄陶庵稿一卷（清俞長城選評）

可儀堂一百二十名家制義本（康熙刻、乾隆刻）（古籍總目）

陶庵雜著一卷

陶庵集本（光緒刻）（古籍總目）

陸嘉穎

明嘉定縣人。字子垂，又字明吾。傳見本卷《善本經眼録》。

維風詩集三十二卷（輯）

清抄本　十行二十一字　藍格白口左右雙邊（古籍總目）

國圖（存卷二至十五、二十一至三十二）

黄淵耀（一六二四——一六四五）

明嘉定縣人。字偉參，號谷簾。傳見本卷《善本經眼録》。

存誠録三卷

谷簾先生遺書本（雍正刻）（古籍總目）

谷簾先生遺書八卷

清雍正五年刻本（古籍總目）

中科院

玉版録一卷

谷簾先生遺書本（雍正刻）（古籍總目）

拈花録一卷

谷簾先生遺書本（雍正刻、同治刻、光緒補刻）

谷簾學吟一卷

清康熙十五年張懿實刻康熙四十二年陸廷燦增修本（古籍總目）

復旦　國圖　北大　中科院

陶庵集本（光緒刻）（古籍總目）

清光緒八年刻本（與陶菴集合刻）　九行二十一字　黑口左右雙邊單魚尾（古籍總目）

國圖

知服齋叢書本（光緒刻）（古籍總目）

自怡草一卷

谷簾先生遺書本（雍正刻）（古籍總目）

鶴鳴集二卷

谷簾先生遺書本（雍正刻）（古籍總目）

谷濂先生遺書三卷

乾坤正氣集本（道光刻同治五年、光緒元年、光緒七年、光緒十八年印）（古籍總目）

殷聘尹

明嘉定縣人。字爾時，號莘叟、莘野耕叟。本姓莊，又字秦衡。崇禎十五年（一六四二）歲貢。明亡後杜門不出，以明經老。傳見《續外岡志》卷三《人物》。

崇禎外岡志二卷（纂）

明崇禎四年纂抄本（古籍總目）

上海市嘉定區博物館

上海史料叢編本（古籍總目）

張　意

明嘉定縣人。字誠之。嘉靖八年（一五二九）進士。授工部主事，歷官至山東按察副使以歸。傳見康熙《嘉定縣志》卷十五《人物一》。

張皋副集一卷（明俞憲輯）

盛明百家詩本（嘉靖隆慶刻）（古籍總目）

閔　裴

明嘉定縣人。字百先。農家子。傳見嘉慶《直隸太倉州志》。

裴村遺稿一卷（明錢繼章輯）

人琴集本（清初刻）（善本書目、古籍總目）

流寓

歸有光（一五〇六—一五七一）

明明蘇州崑山人，寓居嘉定多年。字熙甫，一字開甫，號震川。傳見本卷《善本經眼録》。

易經淵旨

清歸朝煦刻本（古籍總目）

南圖

史記一百三十卷方望溪平點史記四卷（漢司馬遷撰　明歸有光評點　清方苞評點）

清光緒二至四年武昌張氏刻本（古籍總目）

上圖　國圖　天津圖書館　南開大學（清吴汝綸批校）

民國七年交通圖書館影印武昌張氏本（古籍總目）

上圖

新刊全補通鑑標題摘要二十八卷（明歸有光輯　明吴騰奎補）

明萬曆六年書林鄭氏望雲樓刻本（古籍總目）

安徽省圖書館

備倭事略一卷

説郛本（宛委山堂刻）（古籍總目）

馬政志一卷

説郛本（宛委山堂刻）（古籍總目）

三吴水利録四卷續增一卷

明刻本（古籍總目）

國圖　南圖

清抄本（古籍總目）

上圖

四庫全書本（乾隆寫）（古籍總目）

三吴水利録四卷續録一卷（附録一卷　明歸子寧撰）

涉聞梓舊本（古籍總目）

叢書集成初編本（古籍總目）

諸子彙函（編）

明天啓六年立達堂刻清聚英堂重修本（古籍總目）

吉林省圖書館

明天啓間刻本（古籍總目）

上圖　復旦　國圖　天津圖書館（清錢陸燦評點）　南圖

明末刻本（古籍總目）

復旦　國圖　中科院　天津　浙圖

兔園雜抄二卷

明萬曆七年顧天圻刻本（古籍總目）

南圖

兔園雜抄十卷

明刻本（古籍總目）

國圖　南圖

清常熟歸氏壽與讀書室抄本（古籍總目）

常熟市文管會　北大

省身集要四卷（編）

明崇禎十六年古郢胡氏金陵刻本（古籍總目）

北大

道德南華二經評注合刻（明歸有光輯　明文震孟訂）

明天啓四年文氏竺塢刻本（古籍總目）

華東師大　北大　東北師大　蘭州大學　浙圖

道德經評注二卷（明歸有光輯　明文震孟訂）

十子全書本（嘉慶聚文堂刻）（古籍總目）

民國間上海著易堂書局鉛印本（古籍總目）

北大

南華真經評注十卷（明歸有光輯　明文震孟訂）

明刻本（古籍總目）

國圖

民國六年中華圖書館石印本（古籍總目）

上圖　遼寧省圖書館　瀋陽市圖書館　遼寧大學　黑龍江省圖書館

唐大家柳柳州文選四卷（唐柳宗元撰　明歸有光選）

八大家文選本（明末刻）（古籍總目）

清刻本（古籍總目）

山東省圖書館

歐陽文忠公文抄不分卷（宋歐陽修撰　明歸有光評）

清抄本（古籍總目）

山東省圖書館（清王元啓批校并跋，清書巢居士跋）

震川先生評選歐陽文忠公文鈔（宋歐陽修撰　明歸有光評）

清咸豐間楊氏海源閣抄本（古籍總目）

山東省圖書館

宋大家歐陽文忠公文選十卷（宋歐陽修撰　明歸有光選輯　明顧錫疇評定）

四大家文選本（崇禎刻）（古籍總目）

上圖

宋大家蘇文忠公文選十六卷（宋蘇軾撰　明歸有光選）

明刻本（古籍總目）

華東師大

宋大家蘇文忠公文選九卷（宋蘇軾撰　明歸有光輯）

明末刻本（古籍總目）

日本狩野文庫

莊渠先生遺書十六卷附録八卷（明魏校撰　明歸有光輯）

抄本（古籍總目）

臺圖

震川先生集三十卷别集十卷附録一卷補編一卷（明歸有光撰　清歸莊校勘　清錢謙益選定　清歸玠編輯）

清康熙十至十四年常熟歸莊、歸玠等刻本（古籍總目）

上圖（清盛百二批；清鮑倚雲批并跋；清王芑孫批；清徐鴻熙録各家校，葉景葵跋，附清錢泰吉手札一通）　復旦（清沈炳垣跋并録清尤侗、清尤珍、清尤世求、清王元啓批校；清季錫疇録清錢謙益、明董説、清彭紹升批點）　國圖（清翁心存録佚名批點；清潘藹人抄附録，清錢泰吉跋并録清王元啓批點，清潘藹人録清方坰、清張鱸江評語；清管庭芬抄附録及題跋，并録清錢泰吉傳録清王元啓批點，又録清方坰、張鱸江評語；佚名録明董説批注，清龐鍾璐、翁同龢跋）　南圖（清黄宗羲、清馮偉、清彭紹升、清釋寶雲批校并跋）　湖北省圖書館（清龐鍾璐跋并録明董説評，徐恕録清錢謙益、清彭紹升、清馮偉、清董采評；李國松跋并録清姚鼐評點及諸家評語）

清康熙十至十四年常熟歸氏刻乾隆四十八年歸景灝等重修本（古籍總目）　國圖（清言侶白録清錢謙益、清錢良擇批點，清翁同龢跋并録明董説批點）　北大　南圖（清王振聲跋并録清黄宗羲、清釋寶雲、清彭紹升、清馮偉批，清歸令瑜跋）　常熟市圖書館（清王振聲跋并録清錢陸燦、清釋寶雲、清彭紹升、清馮偉批校）

清光緒六年常熟歸氏刻本（古籍總目）　復旦　國圖　天津圖書館（朱軍眉批）　南圖（王保譿朱筆手校）　北大

歸震川先生全集三十卷別集十卷

清康熙間刻本（上師大古籍目録）　上師大（文集闕卷四至卷九）

清康熙二十一年刻乾隆修補本（古籍總目）　南圖

四庫全書薈要本（乾隆寫）（古籍總目）

四庫全書本（乾隆寫）（古籍總目）

歸震川先生全集（文集三十卷補編一卷别集十卷附録一卷補刊八卷）

清康熙間刻本（古籍總目）

國圖

震川大全集三十卷别集十卷補集八卷餘集八卷先太僕評點史記例意一卷歸震川先生論文章體則一卷

清嘉慶元年常熟歸朝煦玉鑰堂刻本（古籍總目）

上圖（清宋鉞臨各家評）　國圖　南圖　湖南省社會科學院（清何紹基批點，清徐楨立跋）

震川大全集三十卷别集十卷補集八卷餘集八卷

清嘉慶四年琴川萬卷堂張氏刻本（古籍總目、上師大古籍目録）

上師大　臺圖

清宣統二年上海中國圖書公司和記鉛印本（古籍總目）

香港中山圖書館

震川大全集四十八卷

清嘉慶間常熟歸氏刻本（古籍總目）

南圖

震川先生全集補編八卷

清道光二十三年盧陵王氏抄本（古籍總目）

北大

歸震川先生全集

清光緒元年常熟歸氏刻本（古籍總目）

國圖

歸震川先生全稿不分卷（清呂留良評點）

清康熙十八年吕氏天蓋樓刻本（古籍總目）

國圖
清康熙間吕葆中刻本（古籍總目）
國圖

補刊震川先生集八卷

清康熙四十三年王澐刻本（古籍總目）
復旦　湖北省圖書館

震川先生别集十卷附録一卷

清光緒元年刻本（古籍總目）
天津圖書館
清末石印本（古籍總目）
國圖
清刻本（古籍總目）
南圖

震川先生餘集二卷別集十卷

清抄本（古籍總目）

上圖（餘集清佚名校）

歸震川先生未刻集不分卷

清抄本（古籍總目）

國圖

歸震川先生未刻稿二十五卷

清初抄本（古籍總目）

上圖（清諸錦跋）

清抄本（古籍總目）

臺圖（清吴以淳校并跋，鄧邦述、宗舜年跋）

新刊震川先生文集二十卷（明歸道傳編）

明萬曆二年常熟歸氏刻本（古籍總目）

上圖　國圖　南圖　山東省圖書館　浙圖

歸先生文集三十二卷附録一卷

明萬曆四年書林翁良瑜雨金堂刻本（古籍總目）

上圖　中科院（卷三至十七抄配，清汪琬校注，夏孫桐跋）　南圖（佚名録清黄宗羲、清釋寶雲批）

武漢市圖書館（清方苞批并跋）　臺圖（清汪琬校注，吴觀文批點）

歸震川先生文鈔二卷（清張士元輯）

清乾隆間張士元抄本（古籍總目）

上圖（清張士元批校，葉景葵跋）

歸太僕文鈔一卷

清□紹鐵葉盦抄本（古籍總目）

上圖（清佚名録清何焯、清張士元批點）

歸熙父文鈔四卷

清末唐炯校抄本（古籍總目）

北大

震川文鈔二卷（周雲輯）

民國間抄本（古籍總目）

天津圖書館

音注歸震川文一卷（清曾國藩選　王楚香音注）

民國間上海文明書局石印本（古籍總目）

國圖　天津圖書館（題二十四年本）

歸震川先生文選八卷（清陳維崧選評）

四大家文選本（康熙刻）（古籍總目）

國圖

歸震川先生集選十卷（清張汝瑚選）

明八大家文集本（康熙刻）（古籍總目）

歸震川集十卷

明十一大家集本（康熙刻）（古籍總目）

歸太僕文定四卷

清康熙間刻本（古籍總目）

美國哥倫比亞大學東亞館

歸太僕公文定四卷

明四大家文定本（康熙刻）（古籍總目）

震川尺牘二卷

清康熙三十八年常熟顧棫如月樓刻本（古籍總目）

國圖　北大

歸錢尺牘本（康熙刻、宣統石印）

清宣統元年中國書畫會石印本（古籍總目）

南圖

震川先生應試論策集二卷

清抄本（古籍總目）

國圖

歸太僕稿一卷（清陳名夏輯）

國朝大家制義本（明末刻）（古籍總目）

國圖

歸震川稿不分卷

清初刻本（古籍總目）

國圖

歸震川稿一卷（清俞長城選評）

可儀堂一百二十名家制義本（康熙刻、乾隆刻）（古籍總目）

歸震川稿一卷

名家制義六十一家本（清抄）

國圖

歸震川稿不分卷（明艾南英選評）

清刻本（古籍總目）

國圖

八大家文選（編）

明末刻本（古籍總目）

上海辭書出版社

新刊批釋舉業切要古今文則五卷（輯并評）

明隆慶六年書林鄭子明刻本（古籍總目）

北大

歸震川先生論文章體則一卷

清乾隆六十年五堂刻震川大全集本（古籍總目）

國圖

清賭棋山莊抄本（古籍總目）

國圖（清謝章鋌跋）

清抄本（古籍總目）

南圖

童　珮（一五二四—一五七七）

明浙江龍游人，寓居嘉定縣。字子鳴，號梓山。傳見本卷《善本經眼録》。

（楊盈川集十卷　唐楊炯撰）附録一卷（輯）

明萬曆三年韓邦憲、涂杰刻本（古籍總目）

國圖　北大　北京市文物局（傅增湘跋）　南圖（清丁丙跋）　山東省圖書館

明刻本（古籍總目）

國圖　南圖　遼寧省圖書館

（盈川集十卷　唐楊炯撰）附録一卷（輯）

四庫全書薈要本（乾隆寫）（古籍總目）

四庫全書本（乾隆寫）（古籍總目）

清抄本（古籍總目）

國圖

童子鳴集六卷

明萬曆間梁溪談氏天籟堂刻本　十行二十字　白口　左右雙邊　魚尾下卷數名（善本書目、古籍總目）

國圖　北大　天津圖書館

童子鳴先生詩集一卷

明詩百家本（清刻）（古籍總目）

國圖

程嘉燧（一五六四—一六四三）

明安徽休寧人，僑居嘉定縣。字孟陽，歙人。傳見本卷《善本經眼録》。

常熟縣破山興福寺志四卷

明崇禎十五年刻本　八行二十字　白口四周單邊（善本書目、古籍總目）

南圖（清丁丙跋）

民國八年住持密林鉛印本（古籍總目）

上圖　南圖

常熟縣破山興福寺志五卷

明崇禎間刻清康熙補刻本（古籍總目）

常熟市圖書館

常熟縣破山興福寺志四卷（續志二卷　清許進益、魏啓萬撰）（清許進益參訂）

清抄本（古籍總目）

上圖　南圖

浙行偶記一卷

花近樓叢書本（善本書目、古籍總目）

國圖

程孟陽先生全集（松圓浪淘集十八卷松圓偈庵集二卷耦耕堂詩集三卷耦耕堂文二卷）

清康熙二十九年詒翼堂刻本（古籍總目）

國圖（存松圓浪淘集十八卷、松圓偈庵集二卷）　山西大學

程孟陽集四種（松圓浪淘集十八卷松圓偈庵集二卷耦耕堂集詩三卷耦耕堂集文二卷）

清初嘉定金氏刻本（古籍總目）

國圖

嘉定四先生集本（康熙刻）（古籍總目）

耦耕堂存稿詩三卷文二卷

明末孫石甫抄本　十行十八字　無格（善本書目、古籍總目）

國圖（葉恭綽跋）

耦耕堂詩集三卷文二卷（附松圓詩老小傳一卷　清錢謙益撰）

清順治十二年金獻、金望刻本　十行十八字　細黑口左右雙邊（善本書目、古籍總目）

上圖　浙圖　湖北省圖書館

松圓浪淘集十八卷耦耕堂存稿詩二卷文二卷

清汪氏裘杼樓黑格抄本　十行十八字（善本書目、古籍總目）

上圖

耦耕堂詩集三卷文二卷

抄本（古籍總目）

南圖

程孟陽詩三卷

明萬曆四十八年程氏嘉定刻本（古籍總目）

臺圖

程孟陽詩四卷（松寥詩一卷吴裝二卷雪浪詩一卷）

明天啓間泠風臺刻本　松寥詩一卷八行十五字　白口左右雙邊　吴裝二卷七行十二字　白口左右雙邊　雪浪詩一卷十行十七字　白口左右雙邊（古籍總目）

國圖（存松寥詩）　南京博物院　江西省圖書館

程孟陽先生詩集一卷

明詩百家本（清刻）（古籍總目）

國圖

耦耕堂集選一卷（清陳允衡選）

詩慰本（順治刻）（古籍總目）

松圓浪淘集選一卷（清陳允衡選）

詩慰本（順治刻）（古籍總目）

松圓居士浪淘集六卷

黑格稿本　十行十七字　黑格（善本書目、古籍總目）

上圖（清張雲章、清張鵬翀、清葉星、清陸維垣跋）

松圓浪淘集十八卷

明崇禎三年序刻本（古籍總目）

北大

風雨樓叢書本（宣統鉛印）（古籍總目）

松圓偈庵集二卷

風雨樓叢書本（宣統鉛印）（古籍總目）

程孟陽先生中州詩選一卷（輯）

明崇禎間刻本（古籍總目）

安徽博物院　揚州市圖書館

中州詩選一卷（輯）

清順治十六年戴子來刻本　八行二十二字　白口左右雙邊（善本書目、古籍總目）

遼寧省圖書館

金山衛

侯繼高（一五三三—一六〇二）

明金山衛指揮使。字龍泉。傳見本卷《善本經眼録》。

全浙兵制三卷附日本風土記五卷

明萬曆間刻本（日藏善本書録）

日本尊經閣文庫

舊抄本　九行十六至十八字不等　無格（存目標注）

天津圖書館

陳　忻

明金山衛人。字用誠。幼失怙，事母至孝。博覽羣書，精天文，工詩。嘉慶《松江府志》、光緒《奉賢縣志》著録。

陳行卿集一卷（明俞憲輯）

盛明百家詩本（嘉靖隆慶刻）（古籍總目）

松江府（縣籍不詳者）

王玉峰

明松江府人。《古典戲曲存目匯考》稱其約萬曆十年（一五八二）前後在世。

焚香記二卷

繡刻演劇（六十種曲）本（明末汲古閣刻）（古籍總目）

李卓吾評焚香記二卷（明王玉峰撰　明李贄評）

明萬曆間刻本（古籍總目）

首都圖書館

新刻玉茗堂批評焚香記二卷（明王玉峰撰　明湯顯祖評）

明末刻本（古籍總目）

國圖

崇明縣

陳　文

明湖廣麻城人，正德十五年（一五二〇）知崇明縣事。字簡之。傳見本卷《善本經眼録》。

正德崇明縣重修志十卷（明陳文修　明黄章等纂）

明正德元年刻本（古籍總目）

國圖　臺圖

張世臣

明河南新野人，萬曆二十九年（一六〇一）知崇明縣事。字忠鼎。傳見本卷《善本經眼録》。

萬曆新修崇明縣志十卷（明張世臣修　明陳宇俊等纂）

明萬曆三十二年刻本（古籍總目）

國圖（存卷一至九）　臺北故宫

二、未見著述書目

在各種公私目録中，著録了大量上海明代著者著述，有些已亡佚，有些雖不能確知已亡佚，但在編撰本目録過程中未能查到，暫以表格形式附録於後，以便日後做進一步的考訂。本表排序方式以著者拼音爲序。

序號	書名	著者	出處
一	雪耘詩鈔	柏古（斯民）著	嘉慶《松江府志》卷七十二《藝文志》
二	直木居集	包爾庚（長明）著	嘉慶《松江府志》卷七十二《藝文志》
三	陝西行都司志十二卷，釋疑録，北逮録，西戍録，通考意抄，二十一史意抄	包節（元達）編	崇禎《松江府志》卷五十四《著述》；包樫芳《苑詩類選》題識
四	包氏家譜	包林芳，包樫芳同輯	嘉慶《松江府志》卷七十二《藝文志》
五	瑞庵集	包祥著	嘉慶《安亭志》卷十二《藝文志八》
六	南臺稿	包孝（元愛）著	康熙《松江府志》卷五十《藝文志》

續表

序號	書名	著者	出處
七	後齋草	蔡昂著	光緒《嘉定縣志》卷二十七《藝文志》
八	蔡幼君詩	蔡懋孝著	康熙《松江府志》卷五十《藝文志》
九	浙江通志；沁州志	蔡懋昭（敬韜）著	嘉慶《松江府志》卷七十二《藝文志》；光緒《松江府續志》卷三十七《藝文志》
一〇	性理纂要，綱目纂要，取嗤稿，蟋蟀吟	蔡紳著	嘉慶《松江府志》卷七十二《藝文志》
一一	山居集，雲程集	曹豹（文蔚）著	嘉慶《松江府志》卷七十二《藝文志》
一二	蒨園集	曹大友（望舒）著	康熙《松江府志》卷五十《藝文志》
一三	郡乘補，續荔譜，芻蕘言，丙丁雜佩，小鐵園草花品，閩遊記，郊居詩集；曹价人詩集五卷，聽鶯軒稿	曹藩（价人）著	康熙《松江府志》卷五十《藝文志》；光緒《松江府續志》卷三十七《藝文志》
一四	嶺雲倡和集	曹炯（澹兮）著	光緒《金山縣志》卷二十一《文苑傳》
一五	太極通書解，性理雜説	曹穗著	光緒《松江府續志》卷三十七《藝文志》
一六	鈍留齋集	曹埈（令民）著	嘉慶《松江府志》卷七十二《藝文志》
一七	獨叟集	曹睿著	崇禎《松江府志》卷五十四《著述》

序號	書名	著者	出處
一八	宜晚堂稿，續稿；宜晚堂集	曹時中（定庵）著	崇禎《松江府志》卷五十四《著述》；康熙《松江府志》卷五十《藝文志》
一九	燕京稿，留都稿，萃玉稿四十卷，輿地一覽十五卷	曹嗣榮（繩之）著	崇禎《松江府志》卷五十四《著述》
二〇	九三子集	曹泰（時和）著	崇禎《松江府志》卷五十四《著述》
二一	谷音花嘯集，論隱集	曹谿仙著	嘉慶《松江府志》卷七十二《藝文志》
二二	郡望辨二卷，尚友集三卷；貞溪編十卷，鶴林山居稿三十卷	曹宗儒（元博）著	崇禎《松江府志》卷五十四《著述》；光緒《松江府續志》卷三十七《藝文志》
二三	墨林譾集	曹重（十經）著	嘉慶《松江府志》卷七十二《藝文志》
二四	密邇吟，焚言草，閩游草，逸我齋集，寶華堂俟秋吟	陳登明著	民國《崇明縣志》卷十六《藝文志》
二五	燕詒堂集，幻游草二卷，攻玉集	陳國紀著	光緒《嘉定縣志》卷二十七《藝文志》
二六	建文史詩，墨畦	陳繼儒（仲醇）著	嘉慶《松江府志》卷七十二《藝文志》
二七	春秋經傳類事三十六卷	陳可言著	嘉慶《安亭志》卷十二《藝文志》
二八	寬齋詩稿	陳民表（望之）著	康熙《松江府志》卷五十《藝文志》

續表

序號	書名	著者	出處
二九	抱真遺稿	陳其詩著	光緒《嘉定縣志》卷二十七《藝文志》
三〇	芳溪詩文集四卷	陳榮著	《方泰志》卷三
三一	存春堂集	陳瑞徵著	光緒《嘉定縣志》卷二十七《藝文志》
三二	庭訓，二難一覽，病機提要	陳時榮（頤春）著	康熙《松江府志》卷五十《藝文志》
三三	一卿遺稿	陳所信著	光緒《嘉定縣志》卷二十七《藝文志》
三四	懷古堂集	陳王陛（鱸江）著	光緒《嘉定縣志》卷二十七《藝文志》
三五	朝天奏疏，督撫奏略，歸田録；忠孝集，翰林院稿，思親堂稿，拙齋集	陳詢（汝同）著	崇禎《松江府志》卷五十四《著述》；嘉慶《松江府志》卷七十二《藝文志》
三六	唱和集；左傳分國彙編	陳裕（景容）著	康熙《松江府志》卷五十《藝文志》；光緒《松江府續志》卷三十七《藝文志》
三七	審録紀行集，西潭集，垣西草堂集，居松集	陳章（一夔）著	崇禎《松江府志》卷五十四《著述》；嘉慶《松江府志》卷七十二《藝文志》
三八	陳景祺詩稿	陳禎（景祺）著	康熙《松江府志》卷五十《藝文志》
三九	陳子説詩，欲報堂全集，孟子合評	陳正容（威玉）著	嘉慶《松江府志》卷七十二《藝文志》

續表

序號	書名	著者	出處
四〇	讀易記，讀論語記，省愆日録	陳仲山（仁卿）著	崇禎《松江府志》卷五十四《著述》；康熙《松江府志》卷五十《藝文志》
四一	陸氏族譜	明陸起鑨等輯，清陸鳴皋（起巘）續修	嘉慶《松江府志》卷七十二《藝文志》
四二	西洋覽鏡録，天文指掌録	褚顒著	崇禎《松江府志》卷五十四《著述》
四三	樗全集	儲國楨著	光緒《松江府續志》卷三十七《藝文志》
四四	儲氏族譜	儲昱修	光緒《松江府續志》卷三十七《藝文志》
四五	學圃詩草	戴廣著	《石岡廣福合志》卷三
四六	禮記箋説，春秋炎詹，聞見醍醐，斑管録	戴士鼇（穉龍）著	康熙《松江府志》卷五十《藝文志》
四七	談道隨筆，讀書雜著，應客緒言；中述羈繩，廓然子稿二卷，蘧廬稿	董傳策（原漢）著	崇禎《松江府志》卷五十四《著述》
四八	白谷山人集，朱萼堂稿，高泳樓稿	董黄（律始）著	嘉慶《松江府志》卷七十二《藝文志》
四九	書經要旨，萬曆事實纂要三百卷；留中奏議筆斷四十卷，筆勢論一卷，書法闡宗	董其昌（玄宰）著	康熙《松江府志》卷五十《藝文志》；光緒《松江府續志》卷三十七《藝文志》

續表

序號	書名	著者	出處
五〇	董大理集	董恬（世良）著	嘉慶《松江府志》卷七十二《藝文志》
五一	荆溪唱和詩一卷	董宜陽，顧從義，姚昭，朱察卿，馮遷，姚遂，姚遇，沈明臣作，崑山俞允文編	崇禎《松江府志》卷五十四《著述》
五二	名臣琬琰録，松志備遺，上海紀變，近代人物志；先哲金石録，中園雜記，雲間詩文選略，董紫岡集，蘭金集	董宜陽（子元）著	崇禎《松江府志》卷五十四《著述》；嘉慶《松江府志》卷七十二《藝文志》
五三	擇焉小草	董羽宸（厚孚）著	嘉慶《松江府志》卷七十二《藝文志》
五四	朗洲集	董子儀（羽吉）著	康熙《松江府志》卷五十《藝文志》
五五	九峰一叟稿	杜恒著	崇禎《松江府志》卷五十四《著述》
五六	浣花遺稿	杜麟徵（仁趾）著	嘉慶《松江府志》卷七十二《藝文志》
五七	春星堂存稿	杜時全著	嘉慶《松江府志》卷七十二《藝文志》
五八	百一草	杜士登（庸之）著	康熙《松江府志》卷五十《藝文志》
五九	陔華堂詩帖	杜士雅（幼白）著	嘉慶《松江府志》卷七十二《藝文志》

續表

序號	書名	著者	出處
六〇	雙清餘集十卷，紀行詩一卷	杜隰（宗原）著	崇禎《松江府志》卷五十四《著述》
六一	杜氏家譜	杜宗範（閬風）輯	康熙《松江府志》卷五十《藝文志》
六二	仍詩閣集，西園倡和集	杜宗玠（真吾）著	光緒《松江府續志》卷三十七《藝文志》
六三	樸庵稿，倦還録，誠夫詩十八卷文二十卷	范純著	《羅店鎮志》卷八
六四	桂樓集	范鼎（文鉉）著	崇禎《松江府志》卷五十四《著述》
六五	四書理解，空明子集，一寒齋集，一寒齋副墨，雲間信史，杜詩選注	范濂（叔子）著	崇禎《松江府志》卷五十四《著述》
六六	繡江集	范彤弧（樹鍭）著	嘉慶《松江府志》卷七十二《藝文志》
六七	尊生樓臆記	范惟一（中方）著	崇禎《松江府志》卷五十四《著述》
六八	吴越游草	范允豫著	嘉慶《松江府志》卷七十二《藝文志》
六九	千姓文	封謙光著	光緒《嘉定縣志》卷二十八《藝文志》
七〇	一粟遺稿二卷；唱和編四卷	封域（滄海）著	光緒《嘉定縣志》卷二十七《藝文志》；《馬陸志》卷六《藝文志》

續表

序號	書名	著者	出處
七一	默庵遺稿	封徵著	光緒《嘉定縣志》卷二十七《藝文志》
七二	馮氏族譜	馮大受（咸甫）輯，馮鼎和重輯	康熙《松江府志》卷五十《藝文志》
七三	花藥志三卷	馮大受（咸甫）著	康熙《松江府志》卷五十《藝文志》
七四	馮御史奏疏一卷	馮恩（子仁）著	嘉慶《松江府志》卷七十二《藝文志》
七五	武夷稿，荆谿稿	馮淮（會東）著	徐獻忠《江皋集序》
七六	周禮别説一卷，詩臆二卷談經録	馮時可元成著	嘉慶《松江府志》卷七十二《藝文志》
七七	南游稿，半舫齋稿，雲水道人集，馮子潛詩草	馮邃（子潛）著	崇禎《松江府志》卷五十四《著述》
七八	易論三卷，敕齋集	馮行可（見卿）著	嘉慶《松江府志》卷七十二《藝文志》
七九	前入蜀稿，後入蜀稿，北行稿	富好禮（子超）著	嘉慶《松江府志》卷七十二《藝文志》
八〇	春秋古器圖一卷，古字奇字音釋一卷	傅熙之著	光緒《嘉定縣志》卷二十四《藝文志》
八一	左傳屬事二十卷，左傳法解辨誤二卷	傅遜著	光緒《嘉定縣志》卷二十四《藝文志》
八二	禹貢通考，潤照堂詩	高秉蕖（映甫）著	嘉慶《松江府志》卷七十二《藝文志》

序號	書名	著者	出處
八三	野史雌黄	高才（子建）著	崇禎《松江府志》卷五十四《著述》
八四	石室餘論，知古堂集	高承祚（元錫）著	崇禎《松江府志》卷五十四《著述》
八五	匪蘭館草，嘉源論草，天都小草，陽春遺帙	高洪謨（皋甫）著	崇禎《松江府志》卷五十四《著述》；康熙《松江府志》卷五十《藝文志》
八六	射學入門一卷指迷一卷	高穎著	光緒《嘉定縣志》卷二十六《藝文志》
八七	易意，易元，易經便覽二卷，鉤元，春秋纂通鑒摘題，三經傳，史記纂十卷，廿一史纂，粵西記四卷，天下名山集勝六卷，輿圖攷略四卷，性理纂四卷，闡幽，行餘雜志，帝王紀百家類纂，諸家撮標，紀遊年譜，四可齋筆記	葛伯達著	《馬陸志》卷六《藝文志》
八八	南華注解，杜律解，詩文雜解，辨學撤部	龔方中（仲和）著	《石岡廣福合志》卷三
八九	續中吳紀聞六卷，兖州雜記四卷，黃河或問一卷，水經補，方外志，玉書樓稿	龔弘著	康熙《嘉定縣志》卷十五《人物一》；光緒《嘉定縣志》卷二十五《藝文志》
九〇	種玉堂稿	龔欽仕（行之）著	《石岡廣福合志》卷三
九一	雅言漫録，撮殘集	龔情（善甫）著	崇禎《松江府志》卷五十四《著述》

續　表

序號	書　名	著　者	出　處
九二	正俗編	龔世美著	光緒《嘉定縣志》卷二十六《藝文志》
九三	易解會參，論語解五卷，老子疏略二卷，九九參一卷，華嚴經疏略五卷，澮語五卷，入粵吟	龔錫爵著	光緒《嘉定縣志》卷二十四至卷二十八《藝文志》
九四	清容齋稿	龔用廣（儉化）著	《石岡廣福合志》卷三
九五	長史集	龔有成著	光緒《嘉定縣志》卷二十八《藝文志》
九六	南有堂稿	龔用圓著	《石岡廣福合志》卷三
九七	餐霞遺稿	龔元𣆶（得元）著	《石岡廣福合志》卷三
九八	惕庵詩稿，管廬艸	龔元昉（得初）著	《石岡廣福合志》卷三
九九	隨齋自怡集，蓼廬遺稿	龔元侃（得和）著	《石岡廣福合志》卷三
一〇〇	毛詩翼傳，四書講義	顧秉禮（育宇）著	康熙《松江府志》卷五十《藝文志》
一〇一	藝林賸語十二卷	顧成憲（幼章）著	康熙《松江府志》卷五十《藝文志》
一〇二	硯山山人詩稿，荆溪唱和，重遊荆溪稿，使滇南集	顧從德（汝修）著	嘉慶《松江府志》卷七十二《藝文志》

序號	書名	著者	出處
一〇三	居官要覽三卷	顧達著	民國《崇明縣志》卷十六《藝文志》
一〇四	經進集二十卷	顧禄（謹中）著	崇禎《松江府志》卷五十四《著述》
一〇五	浙漕紀略一卷	顧際明（在晝）	光緒《嘉定縣志》卷二十五《藝文志》
一〇六	移愚齋筆記	顧九錫（天錫）著	崇禎《松江府志》卷五十四《著述》
一〇七	寅清稿，紀行稿，碧潭稿	顧綸（惟誠）著	康熙《松江府志》卷五十《藝文志》
一〇八	三事忠告，田家月令，留都稿四卷，存稿十卷	顧清（士廉）著	康熙《松江府志》卷五十《藝文志》
一〇九	蔗塘吟稿	顧文煜著	光緒《嘉定縣志》卷二十七《藝文志》
一一〇	草堂遺集一卷	顧英（孟育）著	崇禎《松江府志》卷五十四《著述》
一一一	洪武上海縣志	顧彧（孔文）著	崇禎《松江府志》卷五十四《著述》
一一二	綏禄堂集	顧允貞著	嘉慶《松江府志》卷七十二《藝文志》
一一三	筆花樓樂府	顧正誼（仲方）著	康熙《松江府志》卷五十《藝文志》
一一四	洪崖集	顧中立（伯挺）著	崇禎《松江府志》卷五十四《著述》

續表

序號	書名	著者	出處
一一五	秋香百詠，還鄉紀行集	管訥（時敏）著	嘉慶《松江府志》卷七十二《藝文志》
一一六	易辨，禮辨，聖辨，圓辨，禪辨，地理辨，醫辨，脈辨，無病十法，破倡書	管玉衡著	民國《崇明縣志》卷十六《藝文志》
一一七	假庵稿	歸昌世著	光緒《嘉定縣志》卷二十七《藝文志》
一一八	刪正通鑒綱目三百卷，工垣奏疏二卷，備我集一百卷，天絢集二百卷（輯）	歸子顧著（輯）	光緒《嘉定縣志》卷二十五、二十七、二十八《藝文志》
一一九	五經指訓，味諫軒稿，雙玉樓稿	郭泰開（林宗）著	嘉慶《松江府志》卷七十二《藝文志》
一二〇	雲頌堂集；春秋左傳測要，左傳集評十二卷	韓范（友一）著	嘉慶《松江府志》卷七十二《藝文志》；光緒《松江府續志》卷三十七《藝文志》
一二一	畹蘭堂集；湖東平寇志略	何安世（次張）著	嘉慶《松江府志》卷七十二《藝文志》；光緒《松江府續志》卷三十七《藝文志》
一二二	律解辨疑	何廣（公遠）著	崇禎《松江府志》卷五十四《著述》
一二三	書畫銘心録	何良俊（元朗）著	康熙《松江府志》卷五十《藝文志》
一二四	素問辨疑，濟世奇方	何其高著	《婁塘志》卷七

續表

序號	書名	著者	出處
一二五	志餘，鳳皇山稿	何三畏（士抑）著	康熙《松江府志》卷五十《藝文志》
一二六	西臺諫草	何選著	光緒《嘉定縣志》卷二十五《藝文志》
一二七	天浮子集	侯鼎暘（文侯）著	《紫隄村志》卷八
一二八	都下紀聞，江西學政全書，侯納言集	侯峒曾（豫瞻）著	《紫隄村志》卷八
一二九	侯復庵集	侯藎（進忠）著	康熙《松江府志》卷五十《藝文志》
一三〇	齊雲游記一卷	侯孔德著	光緒《嘉定縣志》卷二十五《藝文志》
一三一	白村堂帖	侯孔鶴（白仙）著	《紫隄村志》卷八
一三二	博笑編，仲與集，明霞閣雜著	侯孔齡（延之）著	《盤龍鎮志・藝文上》
一三三	易注二卷	侯孔學（中寰）著	《紫隄村志》卷八
一三四	龍江賸稿	侯孔詔著	光緒《嘉定縣志》卷二十七《藝文志》
一三五	李氏宗譜	侯明勳編	《真如里志》卷三
一三六	畷城救時急務，嘉定死事備考，丙丁雜志，侯雍瞻集	侯岐曾（雍瞻）著	《紫隄村志》卷八

續表

序號	書名	著者	出處
一三七	學易折中，學古十函，秬園集，月蟬筆露，西留詩草	侯玄汸（記原）著	《紫隄村志》卷八
一三八	遺民録，玉谿生詩箋，雲俱詩文	侯玄潔（雲俱）著	《紫隄村志》卷八
一三九	智含詩文五卷	侯玄瀞（智含）著	《紫隄村志》卷八
一四〇	侯文中集	侯玄洵（文中）著	《紫隄村志》卷八
一四一	玉臺清照集	侯玄演（幾道）著	《紫隄村志》卷八
一四二	易意，西臺奏疏，水利志，鐵庵遺稿，皃藻堂雅言，龍江草堂遺稿	侯堯封（欽之）著	光緒《松江府續志》卷七十二《藝文志》
一四三	易義大旨，書義大旨	侯淵（一泉）著	光緒《嘉定縣志》卷二十四《藝文志》
一四四	天垣疏略	侯震暘著	《紫隄村志》卷八
一四五	昌化集	胡芳（汝載）著	崇禎《松江府志》卷五十四《著述》[一]、康熙《松江府志》卷五十《藝文志》

[一] 按：康熙《松江府志》卷五十《藝文志》作《胡昌化集》。

續表

序號	書名	著者	出處
一四六	苕溪漁唱，耐庵集，歸閒稿	胡琬（公炎）著	嘉慶《松江府志》卷七十二《藝文志》
一四七	書經異同二十二卷，上海縣志稿十卷；續書史會要	黄標（元玉）著	崇禎《松江府志》卷五十四《著述》；康熙《松江府志》卷五十《藝文志》
一四八	史記質疑四卷，知過録一卷，谿己録一卷	黄淳耀（藴生）著	《方泰志》卷三
一四九	鶴皋遺響	黄鴻儒（魯客）著	光緒《嘉定縣志》卷二十七《藝文志》
一五〇	鹿田集	黄調元著	嘉慶《松江府志》卷七十二《藝文志》
一五一	瀼東集	黄黼著	崇禎《松江府志》卷五十四《著述》
一五二	壯遊集	黄翰（汝申）著	康熙《松江府志》卷五十《藝文志》
一五三	山樵傳説	黄鑑（明夫）著	崇禎《松江府志》卷五十四《著述》
一五四	貞離子集，風川詩稿，同文録	黄日旭著	崇禎《松江府志》卷五十四《著述》
一五五	橘隱集	黄仁著	民國《崇明縣志》卷十六《藝文志》
一五六	上海田賦志	黄體仁（長卿）著	崇禎《松江府志》卷五十四《著述》
一五七	尤言八篇，黄氏先懿録	黄廷鵠（孟舉）著	康熙《松江府志》卷五十《藝文志》

續表

序號	書名	著者	出處
一五八	春陽堂詩稿	黄通理著	《羅店鎮志》卷八
一五九	衛國平章	黄志道	民國《崇明縣志》卷十六《藝文志》
一六〇	奮北草	計安邦著	嘉慶《松江府志》卷七十二《藝文志》
一六一	負鐙草，江楓集	計南陽（子山）著	嘉慶《松江府志》卷七十二《藝文志》
一六二	代言草二卷	姜雲龍（神超）著	嘉慶《松江府志》卷七十二《藝文志》
一六三	地理辨正注，八極神樞注一卷，歸厚録，醒心篇一卷，玉函真義五篇（又名天元歌）	蔣平階（大鴻）著	嘉慶《松江府志》卷七十二《藝文志》
一六四	留笑集	蔣石（漁山）著	嘉慶《松江府志》卷七十二《藝文志》
一六五	尋樂集	焦善著	康熙《松江府志》卷五十《藝文志》
一六六	慎齋集	焦震（伯誠）著	崇禎《松江府志》卷五十四《著述》
一六七	守城要略；河東水利書	金澄著	嘉慶《松江府志》卷七十二《藝文志》；光緒《松江府續志》卷七十二《藝文志》
一六八	白雲鄉遺稿	金斗輝（辰張）著	康熙《松江府志》卷五十《藝文志》

續表

序號	書名	著者	出處
一六九	康衢鼓吹四卷	金華著	光緒《嘉定縣志》卷二十七《藝文志》
一七〇	集虚齋草	金可綬著	光緒《嘉定縣志》卷二十七《藝文志》
一七一	歷年甲子圖	金濂輯	嘉慶《安亭志》卷十二《藝文》
一七二	半舟亭詩稿	金鼐著	光緒《嘉定縣志》卷二十七《藝文志》
一七三	蓬山堂集八卷	金是瀛（天石）著	嘉慶《松江府志》卷七十二《藝文志》
一七四	水利圖考	金松著	光緒《嘉定縣志》卷二五《藝文志》
一七五	陶庵點評李長吉集四卷外集一卷	金惟駿校刊	光緒《嘉定縣志》卷二十七《藝文志》
一七六	龍門山人集，長安唱和集	金文徵著	《羅店鎮志》卷八
一七七	鳳城稿，尚素齋集	金鉉（文鼎）著	崇禎《松江府志》卷五十四《著述》
一七八	三江水學，綏齋稿	金藻著	崇禎《松江府志》卷五十四《著述》
一七九	多聞擇善	金造士著	《羅店鎮志》卷八
一八〇	攸好録，談諧隨筆十六卷，福持堂稿	金兆登著	《羅店鎮志》卷八
一八一	沐齋文集五卷；性理正宗十卷，筦程斑二十餘卷，桂一備忘，陽春草堂稿	金洲（士瀛）著	光緒《嘉定縣志》卷二十七《藝文志》；《方泰志》卷三

續表

序號	書名	著者	出處
一八二	叢談娛老集	鞠惠著	嘉慶《松江府志》卷七十二《藝文志》
一八三	頤貞集	瞿孔仁著	光緒《嘉定縣志》卷二十七《藝文志》
一八四	南山詩集二十卷；中州詩選	瞿霆（啓東）著	崇禎《松江府志》卷五十四《著述》；光緒《松江府續志》卷三十七《藝文志》
一八五	玉裕堂存稿	李待問（存吾）著	嘉慶《松江府志》卷七十二《藝文志》
一八六	初學集，歸愚集	李繼祐（仍啓）著	崇禎《松江府志》卷五十四《著述》
一八七	碧梧軒詩系	李可愛（隱侯）著	嘉慶《松江府志》卷七十二《藝文志》
一八八	樗軒集	李良著	《真如里志》卷三
一八九	小善録，佩言，晚香堂采藥編	李凌雲（峻甫）著	嘉慶《松江府志》卷七十二《藝文志》
一九〇	李翰林集	李名芳（茂材）著	嘉慶《南翔鎮志》卷九
一九一	史掌蒙始	李明卿著	康熙《松江府志》卷五十《藝文志》
一九二	碧幢集，獵微薈編，遂生日編	李模（子木）著	《婁塘志》卷七
一九三	五禮雜俎，膚贅巷議，勤學類編叢説，一樗子集	李年（成之）著	崇禎《松江府志》卷五十四《著述》

序號	書名	著者	出處
一九四	樵雲居稿	李翺（時實）著	嘉慶《松江府志》卷七十二《藝文志》
一九五	武經七書注釋，蓉軒集	李清（希憲）著	崇禎《松江府志》卷五十四《著述》
一九六	寶敕樓稿，九蘭集，道統集	李人龍（子乾）著	嘉慶《松江府志》卷七十二《藝文志》
一九七	李方城集	李紹箕（懋承）著	嘉慶《松江府志》卷七十二《藝文志》〔一〕
一九八	九峰志，雲間著述考	李紹文（節之）著	嘉慶《松江府志》卷七十二《藝文志》
一九九	碧梧軒詩集	李深（希達）著	崇禎《松江府志》卷五十四《著述》
二〇〇	李氏世譜	李升亨（咸亨）輯，李凌雲續修	康熙《松江府志》卷五十《藝文志》
二〇一	雲塘雜説，雲堂集，萍隱集	李士龍著	光緒《嘉定縣志》卷二十六、二十七《藝文志》
二〇二	鳳樓閣集	李吴滋著	《婁塘志》卷七
二〇三	春秋啓蒙，蒙求續編	李萱（存愛）著	崇禎《松江府志》卷五十四《著述》

〔一〕按：崇禎《松江府志》卷五十四《著述》作李茂承詩；康熙《松江府志》卷五十《藝文志》作李方城詩。

續表

序號	書名	著者	出處
二〇四	脈訣彙辨，痘疹全書，放鵬堂集；藥品化義，醫學口訣	李延罡（辰山）著	嘉慶《松江府志》卷七十二《藝文志》；光緒《松江府續志》卷三十七《藝文志》
二〇五	證治彙補	李用粹著	嘉慶《松江府志》卷七十二《藝文志》
二〇六	格致明辨，國計三議；珊瑚枝廣記，自樂編十六卷，自樂窩全集	李豫亨（亢薦）著	崇禎《松江府志》卷五十四《著述》
二〇七	夢庵集	李元芳（茂初）著	嘉慶《南翔鎮志》卷九
二〇八	湯液本草	李暲（叔如）著	崇禎《松江府志》卷五十四《著述》
二〇九	讀史一得，瀫陽雜記；慎餘録	李昭祥（元韜）著	康熙《松江府志》卷五十《藝文志》；光緒《松江府續志》卷三十七《藝文志》
二一〇	李輝詩集	李之楠著	嘉慶《松江府志》卷七十二《藝文志》
二一一	異域殊聞	李至剛著	康熙《松江府志》卷五十《藝文志》
二一二	内經知要，傷寒括要，道火録，居士傳燈録	李中梓（士材）著	嘉慶《松江府志》卷七十二《藝文志》
二一三	濤閣遺稿	李宗之著	光緒《嘉定縣志》卷二十七《藝文志》

序號	書名	著者	出處
二一四	林氏家譜	林景齡（紹元）輯；林有麟，林有芝續修	康熙《松江府志》卷五十《藝文志》
二一五	松如集	林鍾著	嘉慶《松江府志》卷七十二《藝文志》
二一六	吹藜稿	劉邦重（與參）著	嘉慶《松江府志》卷七十二《藝文志》
二一七	證脈合參，傷寒探微，醫學心印	劉道深著	崇禎《松江府志》卷五十四《著述》
二一八	經濟内外編三百卷	劉維藩編	光緒《嘉定縣志》卷二十六《藝文志》
二一九	泊然堂稿	劉仔（肩父）著	光緒《嘉定縣志》卷二十七《藝文志》
二二〇	皇明書畫史三卷，元朝遺佚附録一卷	劉璋（圭甫）著	《四庫全書總目》子部藝術類存目；光緒《嘉定縣志》卷二十六《藝文志》
二二一	五服集解	盧子聰著	崇禎《松江府志》卷五十四《著述》
二二二	性理篹	陸柝著	嘉慶《松江府志》卷七十二《藝文志》
二二三	陸自齋集，燕思齋集，熬波集，韶音集，明農集	陸從平（履素）著	崇禎《松江府志》卷五十四《著述》

續表

序號	書名	著者	出處
二二四	儼山年譜；經世志，東籬野唱	陸楫（思豫）著	康熙《松江府志》卷五十《藝文志》；光緒《松江府續志》卷三十七《藝文志》
二二五	銀鹿春秋一卷	陸嘉穎（子垂）[一]	《四庫全書總目》史部傳記類存目四
二二六	陸子野集	陸郊（三浦）著	崇禎《松江府志》卷五十四《著述》
二二七	寄吟集	陸慤（敬心）著	嘉慶《南翔鎮志》卷九
二二八	書法傳授篇	陸鑪著	光緒《嘉定縣志》卷二十六《藝文志》
二二九	雲壑詩一卷	陸敏行著	光緒《嘉定縣志》卷二十七《藝文志》
二三〇	五經輯要；紫薇堂集，周易繫辭正義	陸明揚（伯師）著	嘉慶《松江府志》卷七十二《藝文志》；光緒《松江府續志》卷三十七《藝文志》
二三一	周易易簡編不分卷，祇服集五卷，隨庵集，書義隨參，孝經正文，五經纂要	陸起龍（雲從）著	嘉慶《松江府志》卷七十二《藝文志》；光緒《松江府續志》卷三十七《藝文志》
二三二	夢庵集	陸潤玉（尚質）著	崇禎《松江府志》卷五十四《著述》

[一] 按：陸嘉穎又字明吾。

續表

序號	書名	著者	出處
二三三	江東藏書目	陸深（子淵）著	《儼山外集》卷三一《古奇器録》
二三四	陸瞿彌稿	陸釋麟著	康熙《松江府志》卷五十《藝文志》
二三五	鄉會公約	陸樹聲（與吉）著	崇禎《松江府志》卷五十四《著述》
二三六	吴中鄉兵議一卷，軫恤儲規一卷	陸坦著	光緒《嘉定縣志》卷二十五《藝文志》
二三七	金剛經演説	陸騰著	康熙《松江府志》卷五十《藝文志》
二三八	圃老堂遺稿	陸希周（元之）、陸中玉（天美）合著	光緒《嘉定縣志》卷二十七《藝文志》
二三九	天壽堂日編，讀書園集	陸彦章（伯達）著	康熙《松江府志》卷五十《藝文志》
二四〇	清寧集三卷	陸曜著	光緒《嘉定縣志》卷二十七《藝文志》
二四一	奉化縣志，唐彙林，太平山房詩選，唐詩選，明詩妙選；笏溪草堂集	陸應陽（伯生）著	崇禎《松江府志》卷五十四《著述》；嘉慶《松江府志》卷七十二《藝文志》
二四二	周易本義增删	陸有文（載道）著	嘉慶《南翔鎮志》卷九
二四三	豐和堂稿，管窺集	陸愉（以和）著	嘉慶《南翔鎮志》卷九

續表

序號	書名	著者	出處
二四四	歸林遺稿，紀年録	駱樞著	光緒《嘉定縣志》卷二十七、二十八《藝文志》
二四五	如臯縣志，中臺集，拙句集	吕克孝（公厚）著	康熙《松江府志》卷五十《藝文志》
二四六	桑梓籌難記，閩游草，紫瀾集，醉里吟，振鐸餘音	吕於韶著	民國《崇明縣志》卷十六《藝文志》
二四七	干山雜志	吕廷振（鳴玉）著	乾隆《干山志》卷十二
二四八	醉漁集	馬麐（德麟）著	崇禎《松江府志》卷五十四《著述》
二四九	易説十卷，詩説六卷，吴淞所志	馬元調著	崇禎《松江府志》卷五十四《著述》
二五〇	胎前産後書	茅震（起之）著	嘉慶《安亭志》卷十二《藝文》
二五一	琴堂清暇録	梅伯昂著	民國《崇明縣志》卷十六《藝文志》
二五二	桃花社草	孟養大（直夫）著	康熙《松江府志》卷五十《藝文志》
二五三	裴邨詩集	閔裴（百先）著	嘉慶《南翔鎮志》卷九
二五四	傍秋軒文集三卷	莫秉清（紫仙）著	陳曼《詠歸堂集》滕固跋
二五五	西陵草	莫芳奕著	光緒《松江府續志》卷三十七《藝文志》

序號	書名	著者	出處
二五六	尚書大旨，正學編，賢王録；程朱繹旨，質疑録，格致臆見，先正粹言，古文原，吴淞詩委	莫如忠（子良）著	崇禎《松江府志》卷五十四《著述》；光緒《松江府續志》卷三十七《藝文志》
二五七	莫氏宗譜	莫如忠（子良）修，莫筵續修	光緒《松江府續志》卷三十七《藝文志》
二五八	百一感詩	倪邦彦著	嘉慶《松江府志》卷七十二《藝文志》
二五九	歷朝鑑譜一卷	聶慎行著	嘉慶《松江府志》卷七十二《藝文志》
二六〇	易經輯説三卷，詩經輯説七卷；易經輯義三卷；祁州志八卷	潘恩（子仁）著	崇禎《松江府志》卷五十四《著述》；光緒《松江府續志》卷三十七《藝文志》；《笠江先生近稿》附王世貞撰行狀
二六一	古今災異類考	潘元和（寅所）著	崇禎《松江府志》卷五十四《著述》
二六二	萬花樓集	潘雲龍著	光緒《松江府續志》卷三十七《藝文志》
二六三	古篆分韻五卷，古隸分韻五卷	潘允臺著	康熙《松江府志》卷五十《藝文志》
二六四	寶綸閣稿	潘允哲（伯明）著	崇禎《松江府志》卷五十四《著述》
二六五	滁遊草	龐應鳳（子儀）著	嘉慶《安亭志》卷十二《藝文》

續表

序號	書名	著者	出處
二六六	魯齊詩稿	龐應龍（子羽）著	嘉慶《安亭志》卷十二《藝文》
二六七	九麓集，北征稿，南遊稿，擊筑稿	彭汝讓（欽之）著	崇禎《松江府志》卷五十四《著述》
二六八	鶴和草	彭維曦著	嘉慶《松江府志》卷七十二《藝文志》
二六九	醫貫直指	平照神著	嘉慶《松江府志》卷七十二《藝文志》
二七〇	全陝政要録十八卷	浦鋐著	光緒《嘉定縣志》卷二十五《藝文志》
二七一	雞窗筆録，日歷紀聞，浦東白集	浦杲著	光緒《嘉定縣志》卷二十六、二十七《藝文志》
二七二	良知的證，性學總論，味道編，省言；東牟試略	錢大復（肇陽）著	崇禎《松江府志》卷五十四《著述》；光緒《松江府續志》卷三十七《藝文志》
二七三	尚書叢説	錢福（與謙）著	嘉慶《松江府志》卷七十二《藝文志》
二七四	講餘集	錢復亨著	崇禎《松江府志》卷五十四《著述》
二七五	雲間通志十八卷	錢岡（景高）著	崇禎《松江府志》卷五十四《著述》
二七六	砥齋集	錢驥（子良）著	崇禎《松江府志》卷五十四《著述》
二七七	兢餘存稿	錢龍錫（機山）著	嘉慶《松江府志》卷七十二《藝文志》

序號	書名	著者	出處
二七八	瀛洲稿，使交録；朝鮮雜志三卷	錢溥（原溥）著	崇禎《松江府志》卷五十四《著述》；嘉慶《松江府志》卷七十二《藝文志》
二七九	續松江府志八卷，韻府羣玉綴遺十卷	錢全袞（慶餘）著	崇禎《松江府志》卷五十四《著述》
二八〇	干江詩稿	錢師周（君輔）著	崇禎《松江府志》卷五十四《著述》
二八一	迪吉録增注	錢士貴（元仲）著	康熙《松江府志》卷五十《藝文志》
二八二	征東實記一卷〔一〕	錢世楨著	光緒《嘉定縣志》卷二十五《藝文志》
二八三	石峰遺稿十二卷	錢碩著	光緒《嘉定縣志》卷二十七《藝文志》
二八四	之燕稿一卷，省中集八卷；帝鑑圖説	喬承華（文甫）著	康熙《松江府志》卷五十《藝文志》；光緒《松江府續志》卷三十七《藝文志》
二八五	棣友軒吟草	喬履將（旋甫）著	嘉慶《松江府志》卷七十二《藝文志》
二八六	元洲詩稿	喬木著	光緒《松江府續志》卷七十二《藝文志》

〔一〕按：是書一作《征東紀略》。

續表

序號	書名	著者	出處
二八七	史奏堂集	喬時敏（君求）著	嘉慶《松江府志》卷七十二《藝文志》
二八八	鼎雲堂吟草	喬時英（君平）著	嘉慶《松江府志》卷七十二《藝文志》
二八九	淡香堂詩文集	秦昌遇著	光緒《松江府續志》卷三十七《藝文志》
二九〇	鳳樓集	秦嘉楫著	光緒《松江府續志》卷三十七《藝文志》
二九一	雙柑書屋詩集	秦羽鼎（賓侯）著	《紫隄村志》卷八
二九二	嘐城世系一卷，家侯詩文集四卷	秦羽泰著	《紫隄村志》卷八
二九三	樵史補遺，孝節録，樵海集，詩話舊聞	秦約著	民國《崇明縣志》卷十六《藝文志》
二九四	楓亭詩文集二十四卷	秦鑄（選良）著	光緒《嘉定縣志》卷二十七《藝文志》
二九五	毛詩纂略十二卷	邱杭著	《方泰志》卷三
二九六	邱氏世略，傳家録，掛一備忘，箢程斑，横槊小稿，茭川集	邱集（子成）著	《續外岡志》卷四
二九七	窺易叢言二卷，畏齋集六卷	邱峻（惟陟）著	《方泰志》卷三

序號	書名	著者	出處
二九八	四書正講六卷，五經講義十卷，孝經小疏二卷	邱隆光（美含）著	《方泰志》卷三
二九九	沙岡集	全思誠（希賢）著	嘉慶《松江府志》卷七十二《藝文志》
三〇〇	東白集	任暉著	崇禎《松江府志》卷五十四《著述》
三〇一	薇庵集	任勉之（近思）著	崇禎《松江府志》卷五十四《著述》
三〇二	怡庵遺稿	任順（養拙）著	嘉慶《松江府志》卷七十二《藝文志》
三〇三	白雲心法	（僧）白雲著	康熙《松江府志》卷五十《藝文志》
三〇四	船居詩	（僧）德然著	康熙《松江府志》卷五十《藝文志》
三〇五	彌陀經集注	（僧）普智著	康熙《松江府志》卷五十《藝文志》
三〇六	佛祖金湯，普慈祕要二卷	（僧）如惺著	康熙《松江府志》卷五十《藝文志》
三〇七	南翔寺文録	（僧）文宷著	光緒《嘉定縣志》卷二十七《藝文志》，嘉慶《南翔鎮志》卷九
三〇八	枯樹齋集，瓶庵集	單恂（狷庵）著	嘉慶《松江府志》卷七十二《藝文志》

續表

序號	書名	著者	出處
三〇九	脞談	邵桂子（德芳）著	崇禎《松江府志》卷五十四《著述》
三一〇	蛾術編二十卷	邵亨貞（復孺）著	崇禎《松江府志》卷五十四《著述》
三一一	學庵集	邵克穎（伯宣）著	康熙《松江府志》卷五十《藝文志》
三一二	青門集，鳳輝堂集，四子詞選	邵梅芬（景悦）著	嘉慶《松江府志》卷七十二《藝文志》
三一三	簡庵詩稿	沈粲（民望）著	崇禎《松江府志》卷五十四《著述》
三一四	五經講義	沈淀著	《重輯楓涇小志》卷八
三一五	南屏集	沈東（水南）著	崇禎《松江府志》卷五十四《著述》
三一六	滇南稿，隨筆稿，西清餘暇自樂稿	沈度（民則）著	崇禎《松江府志》卷五十四《著述》
三一七	忠節備遺録	沈富二（雪泉）著	崇禎《松江府志》卷五十四《著述》
三一八	漱芳集	沈鶴汀著	光緒《嘉定縣志》卷二十七《藝文志》
三一九	渡江草，東山遺稿二卷，懷謝軒詩文集	沈泓（臨秋）著	崇禎《松江府志》卷五十四《著述》；嘉慶《松江府志》卷七十二《藝文志》、卷五十五《古今人傳》

序號	書名	著者	出處
三二〇	救荒書十卷，印録三卷，兔罝野説五卷，雪堂詩集，小山社詩（編）	沈弘正著（編）	光緒《嘉定縣志》卷二十五至二十七《藝文志》
三二一	海運書，城守全書，武事全書，青溪草堂集，歷游草	沈宏之著	光緒《嘉定縣志》卷二十五至卷二十七《藝文志》
三二二	懷閣詩草〔一〕	沈宏祖著	光緒《嘉定縣志》卷二十七《藝文志》
三二三	森玉樓續稿，琴腹稿	沈懷祖（公述）著	光緒《嘉定縣志》卷二十七《藝文志》
三二四	敲玉山房詩稿四卷，桐陰書屋文稿三卷	沈基（静淵）著	《續修楓涇小志》卷八
三二五	沈子公語録四卷，沈東老集	沈齎（子公）著	崇禎《松江府志》卷五十四《著述》
三二六	藝林贅言，守株子論；夜燈管測	沈愷（舜臣）著	康熙《松江府志》卷五十《藝文志》；《四庫全書總目》子部雜家類存目一
三二七	世經堂五經解十卷	沈鍇（子皆）著	光緒《嘉定縣志》卷二十四《藝文志》

〔一〕 按：是書又名《懷閣浪言》。

續表

序號	書名	著者	出處
三三一八	樂餘集	沈可衍著	《羅店鎮志》卷八
三三一九	南遊草，春蚓遺草，練塘吟草	沈齡（壽卿）著	嘉慶《安亭志》卷十二《藝文志》
三三二〇	遂初堂集	沈龍著	光緒《松江府續志》卷三十七《藝文志》
三三二一	東園詩草	沈龍溪（華二）著	嘉慶《松江府志》卷七十二《藝文志》
三三二二	我齋集	沈璐著	嘉慶《安亭志》卷十二《藝文志》
三三二三	東餘游草	沈祁（雨公）著	光緒《嘉定縣志》卷二十七《藝文志》
三三二四	杜詩肆考十卷，箴言集十六卷，梅花集句一卷	沈求（與可）著	嘉慶《松江府志》卷七十二《藝文志》
三三二五	畸亭述略	沈銓著	嘉慶《安亭志》卷十二《藝文志》
三三二六	寶言堂集，江行草	沈紹文（儒林）著	崇禎《松江府志》卷五十四《著述》
三三二七	沈博士集六卷詞一卷	沈紹伊著	光緒《嘉定縣志》卷二十七《藝文志》
三三二八	白門草一卷	沈繩祖（武仲）著	光緒《嘉定縣志》卷二十七《藝文志》
三三二九	樂餘集	沈叔文（可衍）著	光緒《嘉定縣志》卷二十七《藝文志》

序號	書名	著者	出處
三四〇	巡閩録，東巖存奏	沈灼著	光緒《嘉定縣志》卷二十五《藝文志》
三四一	侶鷗軒稿	沈文敏著	光緒《松江府續志》卷三十七《藝文志》
三四二	玉蘭堂詩	沈希皋著	光緒《松江府續志》卷三十七《藝文志》
三四三	森玉樓稿	沈陽著	光緒《嘉定縣志》卷二十七《藝文志》
三四四	周易旁訓，大學旁訓，論語旁訓，孝經旁訓一卷，幼學啓蒙，故事先知，博文編	沈易（翼之）編著	崇禎《松江府志》卷五十四《著述》
三四五	日省録	沈元漸著	民國《崇明縣志》卷十六《藝文志》
三四六	東陽宗譜	沈允濟（汝楫）著	《紫隄村志》卷八
三四七	車濱稿，八閩總賦	沈炤著	光緒《嘉定縣志》卷二十七《藝文志》
三四八	金史大觀，時務策，道閑録，治穀全書，雨窗罪言，芻蕘淚墨	沈四友著	民國《崇明縣志》卷十六《藝文志》
三四九	海運奏疏	沈廷揚著	民國《崇明縣志》卷十六《藝文志》
三五〇	競成詩稿	沈志著	光緒《嘉定縣志》卷二十七《藝文志》

續表

序號	書名	著者	出處
三五一	南軒老人集	沈纘祖（服伯）著	光緒《嘉定縣志》卷二十七《藝文志》
三五二	燕超堂集，游吴百詠，記游集	盛當時（明輔）著	康熙《松江府志》卷五十《藝文志》
三五三	湖橋風雨詩，芋涇漁唱，四百峰頭草，浙西草，西江集，秣陵雜詠，滸關唱和集，湖州漁唱	盛晉著	光緒《松江府續志》卷三十七《藝文志》
三五四	鄰竹山房稿	施鳳儀著	光緒《嘉定縣志》卷二十七《藝文志》
三五五	金剛經疏，心經疏，續傳燈録，草堂禪集，笠澤草堂集	施沛（沛然）著	崇禎《松江府志》卷五十四《著述》
三五六	自鳴集	施僧潛（天一）著	嘉慶《安亭志》卷十二《藝文志》
三五七	周易析義	施少溪著	嘉慶《松江府志》卷七十二《藝文志》
三五八	秋崑集	施世德著	民國《崇明縣志》卷十六《藝文志》
三五九	酡顔閣集	施世則著	嘉慶《松江府志》卷七十二《藝文志》
三六〇	樗似草	施遂翀著	崇禎《松江府志》卷五十四《著述》
三六一	樵雲集	施文禮著	民國《崇明縣志》卷十六《藝文志》

序號	書名	著者	出處
三六二	朋籌堂集	施文美著	民國《崇明縣志》卷十六《藝文志》
三六三	自怡集	施文起著	民國《崇明縣志》卷十六《藝文志》
三六四	粵西三祝	施一德著	民國《崇明縣志》卷十六《藝文志》
三六五	遺芬閣集，朗豫齋集，燕超閣集	時懋敬（聖昭）著	光緒《嘉定縣志》卷二十七《藝文志》
三六六	西臺奏議，迪民彝訓編，時氏世範，志學稿	時偕行（汝健）著	《婁塘志》卷七
三六七	草堂遺稿一卷	頌英（孟育）著	康熙《松江府志》卷五十《藝文志》
三六八	宋布衣集三卷	宋登春著	光緒《嘉定縣志》卷二十七《藝文志》
三六九	宋氏種植書	宋公望（天民）著	康熙《松江府志》卷五十《藝文志》
三七〇	檇庵集	宋愷（舜臣）著	嘉慶《松江府志》卷七十二《藝文志》
三七一	春秋書法辨，菊莊詩文集	宋龍著	民國《崇明縣志》卷十六《藝文志》
三七二	宋賓之稿	宋懋觀（賓之）著	康熙《松江府志》卷五十《藝文志》
三七三	畫苑，宋明之稿	宋懋晉（明之）著	康熙《松江府志》卷五十《藝文志》

續　表

序號	書名	著者	出處
三七四	宋氏家譜	宋堯武（季鷹）著，宋懋昭續修	康熙《松江府志》卷五十《藝文志》
三七五	宋方林集	宋堯俞（叔然）著	康熙《松江府志》卷五十《藝文志》
三七六	金剛經參注；覺迷蠡測三卷，謄言一卷附録一卷	宋資著，宋之璧重訂	康熙《松江府志》卷五十《藝文志》；嘉慶《松江府志》卷七十二《藝文志》
三七七	嘯臺集	蘇九成著	光緒《嘉定縣志》卷二十七《藝文志》
三七八	易卦通義，使交紀行，女訓；鑒古韻語，使郢稿	孫承恩（貞父）著	崇禎《松江府志》卷五十四《著述》；光緒《重修華亭縣志》卷二十《藝文》
三七九	春秋名系彙譜四卷，春秋義例通考，經史論辨，少微亭集	孫和鼎（襄臣）著	光緒《嘉定縣志》卷二十四、二十六、二十七《藝文志》
三八〇	三傳分國紀事十二卷，國恤家冤録一卷，書學聖蒙二卷	孫和斗（九野）著	光緒《嘉定縣志》卷二十四至卷二十六《藝文志》
三八一	雪堂日鈔二十卷；蘭亭帖目	孫克弘（允執）著	崇禎《松江府志》卷五十四《著述》；光緒《松江府續志》卷三十七《藝文志》
三八二	雁字詩二卷落花詩四卷美人染指詩二卷（總名：三印草）	孫繼統著	光緒《嘉定縣志》卷二十七《藝文志》

續表

序號	書名	著者	出處
三八三	雨齋近稿，藥亭集	孫介（石父）著	光緒《嘉定縣志》卷二十七《藝文志》
三八四	山澤吟嘯六卷	孫怡（孟愉）著	康熙《松江府志》卷五十《藝文志》
三八五	市隱園集	孫以明著	光緒《嘉定縣志》卷二十七《藝文志》
三八六	徐宗伯年譜（編），刑部獄記	孫元嘏著（編）	光緒《嘉定縣志》卷二十五《藝文志》
三八七	周禮類編四卷，水一方人集，經武全書十卷，西法神機二卷，西學雜著二卷，三古姓系彙譜三十卷，離騷解四卷，泰西演算法，幾何體論，幾何用法	孫元化著	光緒《嘉定縣志》卷二十四至卷二十八《藝文志》
三八八	且適園稿	談承儒著	光緒《松江府續志》卷三十七《藝文志》
三八九	朋壽山詩，月全詩	談田著	光緒《松江府續志》卷三十七《藝文志》
三九〇	通鑑胡注補一卷，宋元通鑑注七十卷	談允原著（注）	光緒《嘉定縣志》卷二十五《藝文志》
三九一	籌邊疏稿七卷，酒史，殷無美詩集八卷文集八卷	殷都著	光緒《嘉定縣志》卷二十五至卷二十七《藝文志》
三九二	德徵録一卷	殷開元著	光緒《嘉定縣志》卷二十六《藝文志》

續表

序號	書名	著者	出處
三九三	掖垣諫草二卷，湯考功集〔一〕	湯聘尹著	光緒《嘉定縣志》卷二十七《藝文志》
三九四	醫學淵珠，傷寒心鏡，證治問答，舊雨贈言，天花祕集，可齋稿	湯哲（濬仲）著	《婁塘志》卷七
三九五	小隱堂集〔二〕	湯珍著	光緒《嘉定縣志》卷二十七《藝文志》
三九六	似野堂集	唐愛（良德）著	《婁塘志》卷七
三九七	大易樂玩三卷，朱陸辨真	唐昌全著	光緒《嘉定縣志》卷二十四、二十六《藝文志》
三九八	原病集二卷，良方秘括傷寒百問	唐椿著	光緒《嘉定縣志》卷二十六《藝文志》
三九九	馬跡堂稿，味諫軒稿，雙玉樓稿	唐醇（復西）著	嘉慶《松江府志》卷七十二《藝文志》
四〇〇	瓢底餘言	唐繼聘著	光緒《松江府續志》卷三十七《藝文志》

〔一〕按：是書一名《茂禧堂集》。

〔二〕按：是書一名《迪功集》。

續表

序號	書名	著者	出處
四〇一	瓢中後草	唐節（與鳴）著	嘉慶《安亭志》卷十二《藝文志》
四〇二	職方紀略，延津政録，玉蘭堂稿	唐景亮著	《羅店鎮志》卷八
四〇三	水窗叢筆二十四卷，夢遊集，焚膏録	唐景曜著	《羅店鎮志》卷八
四〇四	易説	唐欽堯著	光緒《嘉定縣志》卷二十四《藝文志》
四〇五	學古編，常語習解，語叢，經史詞林，藜邱館集；詠物詩選	唐汝諤（士雅）著	崇禎《松江府志》卷五十四《著述》；唐元素《重訂編蓬集略》
四〇六	姑篾集；可賦亭集詠	唐汝詢（仲言）著	康熙《松江府志》卷五十《藝文志》，《唐詩解》陳繼儒序；唐元素《重訂編蓬集略》
四〇七	青宮進講經義二卷	唐文獻（元徵）著	嘉慶《松江府志》卷七十二《藝文志》
四〇八	學吟稿，拙庵稿，滇南雜詠	唐瑜著	光緒《松江府續志》卷三十七《藝文志》
四〇九	恃息齋稿	唐預（仲孜）著	《婁塘志》卷七
四一〇	作求集，扶芳館艸	唐正雅（正叔）著	《婁塘志》卷七
四一一	常山縣志，拄笏齋稿，問龍堂集	唐之屏（君公）著	崇禎《松江府志》卷五十四《著述》

續表

序號	書名	著者	出處
四一二	高廟聖政記	唐志泰（子迪）著	康熙《松江府志》卷五十《藝文志》
四一三	存笥稿	唐自化（伯咸）著	康熙《松江府志》卷五十《藝文志》
四一四	醫學三要	滕見垣著	光緒《嘉定縣志》卷二十六《藝文志》
四一五	仁節遺稿八卷	陶炎（圭穉）著	嘉慶《安亭志》卷十二《藝文志》
四一六	釣鼇海客集	陶振（子昌）著	崇禎《松江府志》卷五十四《著述》
四一七	皇明畫史三卷	童時（尚中）著	崇禎《松江府志》卷五十四《著述》
四一八	邀仙閣集	汪明際（無際）著	嘉慶《南翔鎮志》卷九
四一九	雲笈廣詮	汪應期著	光緒《嘉定縣志》卷二十六《藝文志》
四二〇	弋古隨筆，遺原堂稿	汪允貞著	光緒《嘉定縣志》卷二十六、二十七《藝文志》
四二一	雨餘茅舍集	王道通著	光緒《嘉定縣志》卷二十七《藝文志》
四二二	詩經補注	王焯著	嘉慶《松江府志》卷七十二《藝文志》
四二三	刪補詩經集注，四書宗旨	王陛（永納）著	嘉慶《松江府志》卷七十二《藝文志》

序號	書名	著者	出處
四二四	全史詳要	王昌會（嘉侯）著	嘉慶《松江府志》卷七十二《藝文志》
四二五	易經大全注疏合參二十卷，詩經大全注疏全參二十卷；增補甲子會紀一卷，讀史掄珠十卷，類海一百卷閲古掄珠十二卷，類海搜奇一百二十卷	王昌紀（永侯）著	嘉慶《松江府志》卷七十二《藝文志》；光緒《金山縣志》卷二十七
四二六	白雲草	王朝英著	嘉慶《松江府志》卷七十二《藝文志》
四二七	樗散集	王春（景元）著	嘉慶《南翔鎮志》卷九
四二八	書經旨略一卷	王大用（世顯）著	嘉慶《松江府志》卷七十二《藝文志》
四二九	古今人紀遺，雨餘茅舍集	王道通（晉卿）著	《羅店鎮志》卷八
四三〇	海岱集文統一百卷	王逢年編	光緒《嘉定縣志》卷二十七《藝文志》
四三一	焚餘草	王鳳嫺（瑞卿）著	崇禎《松江府志》卷五十四《著述》
四三二	龍州集	王嘏著	崇禎《松江府志》卷五十四《著述》
四三三	秋水堂詩文集	王國材（達甫）著	嘉慶《松江府志》卷七十二《藝文志》

續表

序號	書名	著者	出處
四三四	斲芩餘稿八卷	王槐（啓昭）著	光緒《嘉定縣志》卷二十七《藝文志》
四三五	雪航集	王桓（公正）著	崇禎《松江府志》卷五十四《著述》
四三六	九霞遺集，觀燈百詠，木蘭百詠	王會（子嘉）著	崇禎《松江府志》卷五十四《著述》
四三七	四書醒，體道篇，經世通考	王錦裳著	民國《崇明縣志》卷十六《藝文志》
四三八	草堂集	王經著	嘉慶《安亭志》卷十二《藝文志》
四三九	管窺集，雲溪逸稿，南溪吟稿	王逵（公路）著	《重輯楓涇小志》卷八
四四〇	名賢詩文雜録，古今名臣奏議；經史纂要	王洓編	康熙《松江府志》卷五十《藝文志》；光緒《重修華亭縣志》卷十七《人物》
四四一	三先生稿	王良佐（汝弼）、戚韶（龍淵）、張冕（一桂）著	康熙《松江府志》卷五十《藝文志》〔一〕

〔一〕按：崇禎《松江府志》作《三詩翁集》，孫承恩、錢福爲序。

序號	書名	著者	出處
四四二	鶴坡稿	王良佐（汝弼）著	嘉慶《松江府志》卷七十二《藝文志》
四四三	南塘青艸	王霖汝（公對）著	《石岡廣福合志》卷三
四四四	雪齋明鑒，金書浮屠經	王默著	崇禎《松江府志》卷五十四《著述》
四四五	韻閣集，夢遊録	王夢豸（子冠）著	《石岡廣福合志》卷三
四四六	古今醒語，峰泖詹言	王明時（治甫）著	崇禎《松江府志》卷五十四《著述》；嘉慶《松江府志》卷七十二《藝文志》
四四七	華萼樓集	王命召著	《重輯楓涇小志》卷八
四四八	武學經傳句解十卷，吴淞江議，雲間海防志，古今考二十二卷，洗冤習覽，明農稿八卷；洪洲類稿，古今詩話	王圻（元翰）著	崇禎《松江府志》卷五十四《著述》；光緒《松江府續志》卷三十七《藝文志》
四四九	古今書法苑	王乾昌著	嘉慶《松江府志》卷七十二《藝文志》
四五〇	松濤閣遺稿一卷	王氏（李宗之妻）著	光緒《嘉定縣志》卷二十七《藝文志》
四五一	宋史纂要二十卷	王思義（允明）著	《四庫全書總目》史部史鈔類存目

續表

序號	書名	著者	出處
四五二	周易翼註，四書廣古註，王氏世譜，冰抱老人集，壽硯堂全集，歷代詩類抄	王泰際（内三）著	《石岡廣福合志》卷三
四五三	能庵集，秋碧集	王天章著	嘉慶《松江府志》卷七十二《藝文志》
四五四	慶遠府志，平蠻録	王文炳著	崇禎《松江府志》卷五十四《著述》
四五五	王氏族譜	王文卿輯	《婁塘志》卷七
四五六	嘯墨齋詩集	王無逸（澹一）著	《重輯楓涇小志》卷八
四五七	越嘯居史約	王銑著	嘉慶《松江府志》卷七十二《藝文志》
四五八	問若篇	王偕春著	光緒《松江府續志》卷三十七《藝文志》
四五九	詩傳旁通	王彦文（益齋）著	崇禎《松江府志》卷五十四《著述》
四六〇	王西園集	王一鵬（九萬）著	崇禎《松江府志》卷五十四《著述》
四六一	三近齋稿	王彝（常宗）著	《羅店鎮志》卷八
四六二	世美録五卷	王益著	嘉慶《安亭志》卷十二《藝文志》
四六三	萬春亭詩稿	王俞（子昌）著	康熙《松江府志》卷五十《藝文志》

續表

序號	書名	著者	出處
四六四	綱目易覽，綱目節評，荆楚稿，詠史詩，考見録	王鑄（宗顔）著	崇禎《松江府志》卷五十四《著述》
四六五	蘆中集	王宗達（佚父）著	《重輯楓涇小志》卷八
四六六	草堂漫録四卷	吴春著	光緒《嘉定縣志》卷二十七《藝文志》
四六七	一齋詩集	吴黼（成章）著	康熙《松江府志》卷五十《藝文志》
四六八	史綱簒要，破愚録，自得園稿，宦遊稿，石湖漫稿；自樂園稿，皇明正學編	吴稷（舜弼）著	崇禎《松江府志》卷五十四《著述》；光緒《松江府續志》卷七十二《藝文志》
四六九	周易繹旨八卷，書經質疑一卷，毛詩微言二十卷，五經質疑；易旨質疑	吴炯（晉明）著	崇禎《松江府志》卷五十四《著述》；光緒《重修華亭縣志》卷二十《藝文》
四七〇	叢竹山房稿	吴梁（伯材）著	嘉慶《松江府志》卷七十二《藝文志》
四七一	四留軒集；東吴逸史	吴丕顯（希文）著	康熙《松江府志》卷五十《藝文志》；光緒《松江府續志》卷三十七《藝文志》
四七二	唐詩準繩	吴騏著	光緒《松江府續志》卷三十七《藝文志》
四七三	同初文三卷	吴其沆著	光緒《嘉定縣志》卷三十七《藝文志》

續表

序號	書名	著者	出處
四七四	籍隱齋稿	吴山民（逸一）著	崇禎《松江府志》卷五十四《著述》
四七五	全吴水略七卷	吴韶著	康熙《松江府志》卷五十《藝文志》
四七六	研廬稿	吴泰著	光緒《松江府續志》卷三十七《藝文志》
四七七	雪窗稿六卷	吴爰（翼夫）著	崇禎《松江府志》卷五十四《著述》
四七八	東皋集	吴中英著	嘉慶《安亭志》卷十二《藝文志》
四七九	瑞芝堂集	西寧（孟清）著	嘉慶《松江府志》卷七十二《藝文志》
四八〇	于東子詩集	奚昊（時亨）著	康熙《松江府志》卷五十《藝文志》
四八一	槜庵集	夏衡（以平）著	崇禎《松江府志》卷五十四《著述》
四八二	禹貢詳節，尚書本旨，方餘日録，東遊録，備遺録，紀行集，史詠，回春齋詩稿，夏文明公文集四十卷	夏寅（時正，一字正夫）著	崇禎《松江府志》卷五十四《著述》；光緒《松江府續志》卷三十七《藝文志》
四八三	代乳集，南都大略一卷，雜志二卷，義師大略一卷，雜志二卷，先忠惠行狀一卷，死節考一卷	夏完淳（存古）著	《夏節愍全集》何其偉序

續表

序號	書名	著者	出處
四八四	克己録，心學直指四卷，西游草二卷〔一〕	夏雲蛟著	光緒《嘉定縣志》卷二十六、二十七《藝文志》
四八五	春秋四傳合編	夏允彝（彝仲）著	嘉慶《松江府志》卷七十二《藝文志》
四八六	長淮醉漁稿	夏宗文著	嘉慶《松江府志》卷七十二《藝文志》
四八七	貞元子詩草	項穆著	嘉慶《松江府志》卷七十二《藝文志》
四八八	射評一卷	謝世楨著	光緒《嘉定縣志》卷二十六《藝文志》
四八九	哭夫詩	謝氏著	光緒《松江府續志》卷三十七《藝文志》
四九〇	須氏世譜	須敬甫重修	《石岡廣福合志》卷三
四九一	儀曹疏章，荆關榷政，凝香閣文稿四卷，凝香閣詩艸六卷	須之彦（君美）著	《石岡廣福合志》卷三
四九二	分條治嗽痢簒例二卷，傷寒簒例二卷；本草明辨十卷	徐彪（文蔚）著	崇禎《松江府志》卷五十四《著述》

〔一〕按：是書一名《豫章游草》。

續表

序號	書名	著者	出處
四九三	樂陶集	徐充（道充）著	康熙《松江府志》卷五十《藝文志》
四九四	芳猻堂書藝，甲寅館課，甲辰館課，淵源堂詩藝；漕河議，考工記解	徐光啓（子先）著	嘉慶《松江府志》卷七十二《藝文志》；光緒《松江府續志》卷三十七《藝文志》
四九五	醉月軒稿	徐和（鼎元）著	光緒《嘉定縣志》卷二十七《藝文志》
四九六	山靈異説	徐濟著	光緒《松江府續志》卷三十七《藝文志》
四九七	徐景曾詩文集	徐景曾（文在）著	嘉慶《松江府志》卷七十二《藝文志》
四九八	澹軒雜詠，浣心草	徐錦著	光緒《松江府續志》卷三十七《藝文志》
四九九	徐氏族譜	徐霖子仁修，徐爾鉉續修	康熙《松江府志》卷五十《藝文志》
五〇〇	麗藻堂文集，快園詩文類選；遠遊記，皖遊録，續書史會要，雅誦詞録（輯）、快園詩文類選（輯）	徐霖（子仁）著（編、輯）	康熙《松江府志》卷五十《藝文志》；光緒《松江府續志》卷三十七《藝文志》
五〇一	醫學決疑，方壺山人稿	徐沛（澤卿）著	崇禎《松江府志》卷五十四《著述》
五〇二	謙齋集十二卷	徐琦（廷美）著	光緒《嘉定縣志》卷二十七《藝文志》

續表

序號	書名	著者	出處
五〇三	易義一卷，史記通表二卷，讀史餘言二卷，歷代甲子二卷，蘭芳録二卷；郡志摘一卷，家訓	徐三重（伯同）著	嘉慶《松江府志》卷七十二《藝文志》
五〇四	增輯刑戒	徐三重（伯同）著，林有麟（仁甫）增輯	康熙《松江府志》卷五十《藝文志》
五〇五	毛詩注疏大全合纂三十卷，澄城政略二卷，徐氏家訓二卷，蘧庵文鈔二卷詩鈔三卷，東歸稿	徐時勉著	光緒《嘉定縣志》卷二十四至卷二十八《藝文志》
五〇六	訂定王叔和脈訣，足庵詩集，脈訣辨明	徐樞（叔拱）著	崇禎《松江府志》卷五十四《著述》
五〇七	十三經注疏補遺，通鑒補遺，西郊草堂集，廣蔭軒雜詠	徐天麟（又如）著	嘉慶《松江府志》卷七十二《藝文志》
五〇八	大易心印，洪範或問，春秋稽傳録，四書本義，大地圖衍義，三江水利考，山房九笈，四明半政録，分節參同契；百家唐詩一百卷	徐獻忠（伯臣）著	《董宜陽長谷集·刻集記》；康熙《松江府志》卷五十《藝文志》

續　表

序號	書　名	著　者	出　處
五〇九	蕓窗漫録，隨意集；清風祠録	徐恂（信夫）著	光緒《嘉定縣志》卷二十六、二十七《藝文志》；嘉慶《南翔鎮志》卷九
五一〇	偶拈集二卷，偶存集四卷，徐孟孺稿	徐益孫（孟孺）著	崇禎《松江府志》卷五十四《著述》
五一一	平谷集	徐雍撰	嘉慶《松江府志》卷七十二《藝文志》
五一二	西堂集	徐元春著	嘉慶《松江府志》卷七十二《藝文志》
五一三	啓秀堂稿，燕游草二卷，嘯臺集六卷（編）	徐元嘏著	光緒《嘉定縣志》卷二十七《藝文志》
五一四	易經朱囊解	徐元敏著	光緒《嘉定縣志》卷二十四《藝文志》
五一五	徐澤夫集	徐元普著	康熙《松江府志》卷五十《藝文志》
五一六	思勉齋易説六卷，毛詩解，尚書解六卷，禮樂解二卷，春秋愚謂四卷，蘇偃十七書	徐允禄著	光緒《嘉定縣志》卷二十四、二十八《藝文志》
五一七	奉日堂集	徐肇惠（蓋夫）著	嘉慶《松江府志》卷七十二《藝文志》
五一八	繡虎軒遺稿四卷	徐兆稷（孺穀）著	光緒《嘉定縣志》卷二十七《藝文志》

續表

序號	書名	著者	出處
五一九	名飲述一卷，嘯臺集六卷（徐元嘏編）	徐兆曦著	光緒《嘉定縣志》卷二十六、二十七《藝文志》
五二〇	荆華館草，白雲草，望華亭草	徐禎稷（叔開）著	嘉慶《松江府志》卷七十二《藝文志》
五二一	保治要議，均糧拙議，松寇紀略，清賦集，南湖按稿，南湖類稿	徐宗魯（希曾）著	嘉慶《松江府志》卷七十二《藝文志》
五二二	尊生要旨；修齋要覽；卹宗録	許樂善（修之）著	崇禎《松江府志》卷五十四《著述》；許遠度《事類異名跋》
五二三	朗月軒集，馬陵山草，花茵齋稿，許愚公詩	許身著	康熙《松江府志》卷五十《藝文志》
五二四	秋菊軒詩稿，籌邊集	許英著	光緒《嘉定縣志》卷二十七《藝文志》
五二五	閒居觀省録，攝生要語，彙古編八卷	宣光祖著	光緒《嘉定縣志》卷二十四至卷二十八《藝文志》
五二六	四書遺説二十卷	嚴景陵著	光緒《嘉定縣志》卷二十六《藝文志》
五二七	易外傳，人物雜録	嚴有功著	光緒《嘉定縣志》卷二十四、二十五《藝文志》
五二八	恤刑題稿	嚴貞度著	《江灣里志》卷十三《藝文志》
五二九	忍讀齋稿	楊幽（厚甫）著	光緒《嘉定縣志》卷二十七《藝文志》

續表

序號	書名	著者	出處
五三〇	繡餘小草	楊芳著	光緒《松江府續志》卷三十七《藝文志》
五三一	獨寐寤言	楊國昌著	康熙《松江府志》卷五十《藝文志》
五三二	救時論，田賦議	楊鶴（誠庵）著	崇禎《松江府志》卷五十四《著述》
五三三	鴻爪編	楊華留著	崇禎《松江府志》卷五十四《著述》
五三四	職官志一卷	楊繼禮（彦履）	《四庫全書總目》史部職官類存目
五三五	吹蘆稿，餐華館文集，古樂府，北遊草，入劍草，娵隅草，東歸歌詠，道尊録，緒霞集，擷芳録，閱古評，鷗盟緒言，諦雜俎，元對編，劍雅叢談；煙雲手鏡	楊繼益（茂謙）著	楊淳《拙宦記》附記；《四庫全書總目》史部地理類存目五
五三六	御覽新書二十卷	楊聖治（伯平）著	光緒《嘉定縣志》卷二十五《藝文志》
五三七	秋吟稿	楊湜（智瑩）〔一〕著	嘉慶《安亭志》卷十二《藝文志》

〔一〕按：楊湜又字履中。

續表

序號	書名	著者	出處
五三八	言史慎餘，火餘雜著，蒙養正謁，連山數學，上林記八卷，雅歌譜，細林遺稿；詩文遺稿	楊樞（運之）著	崇禎《松江府志》卷五十四《著述》；嘉慶《松江府志》卷七十二《藝文志》
五三九	漸齋集	楊偉著	嘉慶《安亭志》卷十二《藝文志》
五四〇	雪軒近稿	楊一麟著	嘉慶《松江府志》卷七十二《藝文志》
五四一	栗齋集	楊瑛著	嘉慶《安亭志》卷十二《藝文志》
五四二	性齋遺稿，性齋見知録，進授册	楊應龍著	《續外岡志》卷四《書籍》
五四三	補輯名臣琬琰録一百十卷	楊豫孫（幼殷）補輯（著）	《明史》卷九十七《藝文二》
五四四	元經注	楊楨（少山）著	嘉慶《松江府志》卷七十二《藝文志》
五四五	梅雪詩稿	楊珍（文美）著	光緒《嘉定縣志》卷二十七《藝文志》
五四六	詩學正旨二卷	楊徵元著	光緒《嘉定縣志》卷二十八《藝文志》
五四七	奇服齋集；杞説寒聞	楊忠裕（長世）著	崇禎《松江府志》卷五十四《著述》；光緒《松江府續志》卷三十七《藝文志》

續表

序號	書名	著者	出處
五四八	刺宿議，百一詩文稿	姚箎著	崇禎《松江府志》卷五十四《著述》
五四九	夢筆詩	姚民著	光緒《松江府續志》卷三十七《藝文志》
五五〇	姚司寇奏疏	姚士慎著	崇禎《松江府志》卷五十四《著述》
五五一	姚氏宗譜	姚士慎修，姚宏緒重修	光緒《松江府續志》卷三十七《藝文志》
五五二	賴古堂稿，日涉園記	姚士元（隱侯）著	嘉慶《松江府志》卷七十二《藝文志》
五五三	錢譜	姚元澤著	崇禎《松江府志》卷五十四《著述》
五五四	學撮六卷	姚永濟著	嘉慶《松江府志》卷七十二《藝文志》
五五五	玉崖詩集十卷	姚章（尚絅）著	康熙《松江府志》卷五十《藝文志》
五五六	留耕堂稿	姚昭（如晦）著	康熙《松江府志》卷五十《藝文志》
五五七	默齋集	葉宏儒（岳心）著[一]	嘉慶《安亭志》卷十二《藝文志》

[一] 按：葉宏儒又字豈凡。

續表

序號	書名	著者	出處
五五八	春秋義，可庵集	葉萓（廷懋）著	康熙《松江府志》卷五十《藝文志》
五五九	緑天館詩文四卷	葉有聲（君賓）著	嘉慶《松江府志》卷七十二《藝文志》
五六〇	偶住草一卷	葉允陛著	光緒《嘉定縣志》卷二十七《藝文志》
五六一	葉季常詩集	葉之經（季常）著	崇禎《松江府志》卷五十四《著述》
五六二	西莊集	殷道復著	光緒《嘉定縣志》卷二十七《藝文志》
五六三	灌花居吟草一卷，落花百詠一卷	殷應宗（身之）著	光緒《嘉定縣志》卷二十七《藝文志》
五六四	家祭儀，道學統緒圖，咸陽志，兖州志，崑山志，陝西圖經，關中名勝集，渭城寐語，婁曲叢稿，支離稿	殷奎（孝章）著	崇禎《松江府志》卷五十四《著述》
五六五	蘧庵集	殷聘尹（爾時）著	《續外岡志》卷四
五六六	易經會義，讀易別記，易説十篇，詩經疏解，家禮纂要，春秋大旨，四書通解十卷	殷子義著	光緒《嘉定縣志》卷二十四《藝文志》
五六七	質軒集	印文著	光緒《嘉定縣志》卷二十七《藝文志》
五六八	滄洲遺稿	印佐（良弼）著	光緒《嘉定縣志》卷二十七《藝文志》

續表

序號	書名	著者	出處
五六九	秋亭稿	尤徹著	嘉慶《安亭志》卷十二《藝文志》
五七〇	筠巖集	尤鼎（器之）著[一]	嘉慶《安亭志》卷十二《藝文志》
五七一	安安堂稿，敬齋年譜	尤敷著	嘉慶《安亭志》卷十二《藝文志》
五七二	素庵襍稿	尤喻義著	《羅店鎮志》卷八
五七三	小竹山人集三卷	于翹著（戴鑑輯）	光緒《嘉定縣志》卷二十七《藝文志》
五七四	大雅集	俞鎬（孟京）著	嘉慶《松江府志》卷七十二《藝文志》
五七五	玄門微旨	俞明時著	崇禎《松江府志》卷五十四《著述》
五七六	先儒類語；農桑輯要	俞汝楫（仲濟）著	崇禎《松江府志》卷五十四《著述》；光緒《松江府續志》卷七十二《藝文志》
五七七	南京兵部車駕司職掌八卷，明史稗，沁州志，泖塔志，黄河考，杞籌，事類異名，缶音集四卷，銅鞮稿，留樞稿，明代紀録	俞汝爲（毅夫）著	崇禎《松江府志》卷五十四《著述》

[一] 按：尤鼎又字雲巖。

序號	書名	著者	出處
五七八	病夫小草	俞尚賓著	《羅店鎮志》卷八
五七九	春暉堂集十二卷，倚廬雜草一卷，禮雲編一卷，二江稿一卷，千里游稿一卷，吴松漫稿一卷，和陶詩一卷；韻府通議四十卷，國朝史輯五十卷	俞顯卿（子如）著	嘉慶《松江府志》卷七十二《藝文志》；光緒《松江府續志》卷三十七《藝文志》
五八〇	俞氏世系，山月軒讀書記，春曹詩稿	俞允（嘉言）著	崇禎《松江府志》卷五十四《著述》
五八一	清芬館稿	郁伯純（履臣）著	崇禎《松江府志》卷五十四《著述》
五八二	北征草，南游雜編	郁應元（槐泉）著	《重輯楓涇小志》卷八
五八三	明事林廣記，袁履善集	袁福澂（太沖）著	康熙《松江府志》卷五十《藝文志》；崇禎《松江府志》卷五十四《著述》
五八四	雪皋草堂集	袁穌（介人）著	嘉慶《松江府志》卷七十二《藝文志》
五八五	菊莊集三卷	袁宗彦著	嘉慶《松江府志》卷七十二《藝文志》
五八六	雲軒集	岳銈（器之）著	康熙《松江府志》卷五十《藝文志》
五八七	仲慧詩稿	張安定著	光緒《嘉定縣志》卷二十七《藝文志》

續　表

序號	書　名	著　者	出　處
五八八	澹軒草	張鰲著	光緒《松江府續志》卷三十七《藝文志》
五八九	鶴城稿，天趣稿，面墻稿，清和稿，慶雲稿，東海手稿	張弼（汝弼）著	崇禎《松江府志》卷五十四《著述》
五九〇	端諒堂集百卷	張承憲（監先）著	崇禎《松江府志》卷五十四《著述》
五九一	楓庵漫録，舊雨編，貞白詩	張初（太初）著	崇禎《松江府志》卷五十四《著述》
五九二	易秕補注，雅園詩稿	張從徵著	康熙《松江府志》卷五十《藝文志》
五九三	真跡日録一卷二集一卷三集一卷，法書名畫見聞表，南陽法書表一卷名畫表一卷，清河書畫表一卷，山房四友譜一卷，名山藏二百卷（編）	張謙德（叔年）著（編）	光緒《嘉定縣志》卷二十六、二十七《藝文志》
五九四	日本東夷朝貢考一卷	張迪（文海）著	《四庫全書總目》史部政書類存目一
五九五	易説辨譌，撫貴録，須野集；全唐詩話	張鶚翼（習之）著	崇禎《松江府志》卷五十四《著述》；光緒《松江府續志》卷三十七《藝文志》
五九六	張友蓮詩	張昉（元昃）著	崇禎《松江府志》卷五十四《著述》
五九七	張古庵文集	張誥（汝欽）著	崇禎《松江府志》卷五十四《著述》

續表

序號	書名	著者	出處
五九八	張謙齋詩集一卷	張穀（濟民）著	康熙《松江府志》卷五十《藝文志》
五九九	碧煙小草一卷	張涵著	光緒《嘉定縣志》卷二十七《藝文志》
六〇〇	春秋備要，麟旨闡微，四書增删説約	張浩著	民國《崇明縣志》卷十六《藝文志》
六〇一	恤刑題稿，長吟草，因明子	張恒（伯常）著[一]	光緒《松江府續志》卷三十七《藝文志》
六〇二	洗句亭集四卷，鶴鳴集二卷	張宏圭（小海）著	嘉慶《松江府志》卷七十二《藝文志》
六〇三	昭臺雜著，寧海集，舜江稿	張弘宜（時措）著	崇禎《松江府志》卷五十四《著述》
六〇四	張氏家譜，使交録，東塾諫草，見意亭集四卷；玉署拾遺	張弘至（時行）著	崇禎《松江府志》卷五十四《著述》；光緒《松江府續志》卷三十七《藝文志》
六〇五	張坤甫集	張厚德著	光緒《嘉定縣志》卷二十七《藝文志》
六〇六	雨泉集	張淮著	民國《崇明縣志》卷十六《藝文志》
六〇七	芥舟小草	張積祥（香巖）著	嘉慶《松江府志》卷七十二《藝文志》

[一] 按：張恒又字明初。

二、未見著述書目

續　表

序號	書　名	著　者	出　處
六〇八	張聖清稿	張積源著	康熙《松江府志》卷五十《藝文志》
六〇九	概庵集	張紀（齊方）著	嘉慶《安亭志》卷十二《藝文志》
六一〇	晚香堂稿	張佳緒著	《馬陸志》卷六《藝文志》
六一一	止老堂詩稿八卷	張景韶著	光緒《嘉定縣志》卷二十七《藝文志》
六一二	婁陽唱和詩，滕陽稿，紀遊集，野航漫興，天留子稿，燈花集	張荆（惟思）著	嘉慶《安亭志》卷十二《藝文志》
六一三	儀部集	張敬（爾和）著	嘉慶《松江府志》卷七十二《藝文志》
六一四	南塘稿，緑波樓集	張九一著	光緒《嘉定縣志》卷二十七《藝文志》
六一五	一蠖子集，南山集，北遊集	張駿（天駿）著	崇禎《松江府志》卷五十四《著述》
六一六	莞爾集二十卷	張肯堂（載寧）著	嘉慶《松江府志》卷七十二《藝文志》
六一七	啓楨集	張緄（穉龍）著[一]	嘉慶《安亭志》卷十二《藝文志》

[一] 按：張緄又字稷原。

序號	書名	著者	出處
六一八	張五湖稿	張朗（希周）著	康熙《松江府志》卷五十《藝文志》
六一九	筠窗録	張濂（宗源）著	光緒《嘉定縣志》卷二十七《藝文志》
六二〇	皇明殷遺録，巡泉詩稿	張烈（明建）著	崇禎《松江府志》卷五十四《著述》
六二一	張方山詩二卷；萬山集	張楙（子培）著	光緒《嘉定縣志》卷二十七《藝文志》；嘉慶《南翔鎮志》卷九
六二二	公路詩集八卷，經星圖說一卷，四海略	張名由著	嘉慶《安亭志》卷十二《藝文志》
六二三	蔌言八卷，先進舊聞二卷；鎑棠考故	張鼐（世調）著	嘉慶《松江府志》卷七十二《藝文志》；《四庫全書總目》史部政書類存目一
六二四	杏園稿	張年（公壽）著	康熙《松江府志》卷五十《藝文志》
六二五	易髓一卷，淮陽志	張璞（廷采）著	崇禎《松江府志》卷五十四《著述》
六二六	屯雲居稿	張齊賢著	光緒《松江府續志》卷三十七《藝文志》
六二七	杮史	張其琛（公玉）著	嘉慶《松江府志》卷七十二《藝文志》
六二八	珵美軒詩稿	張其廉（伯隅）著	嘉慶《南翔鎮志》卷九

續表

序號	書名	著者	出處
六二九	獨行稿，感遇百六詠	張其愰（遇齋）著	嘉慶《松江府志》卷七十二《藝文志》
六三〇	張佑君稿	張啓著	康熙《松江府志》卷五十《藝文志》
六三一	寶韓堂集	張起孝著	光緒《嘉定縣志》卷二十七《藝文志》
六三二	公餘寄拙稿五卷，少峰文集三卷，少峰詩集三卷，括蒼案牘，潯陽案牘	張情著	嘉慶《安亭志》卷十二《藝文志》
六三三	粵西奏議，大征疏	張任（希尹）著	嘉慶《南翔鎮志》卷九
六三四	卧雲集	張汝修著	嘉慶《松江府志》卷七十二《藝文志》
六三五	楞嚴經注	張若羲著	光緒《松江府續志》卷三十七《藝文志》
六三六	香雪居詩稿	張慎德著	嘉慶《安亭志》卷十二《藝文志》
六三七	張夫人詩存	張氏（楊豫孫妻）著，陸應陽輯	光緒《松江府續志》卷三十七《藝文志》
六三八	西谷家藏集	張世美（濟之）著	崇禎《松江府志》卷五十四《著述》
六三九	讀書莊唱和集	張樞（夢辰）著	康熙《松江府志》卷五十《藝文志》

續表

序號	書名	著者	出處
六四〇	三影集，菖竹居詞	張燧（景明）著	嘉慶《松江府志》卷七十二《藝文志》
六四一	峰泖先賢志，秉燭叢談，明詩藻；雪航漫稿，春雪篇，解弢篇	張所敬（長輿）編	崇禎《松江府志》卷五十四《著述》；光緒《松江府續志》卷三十七《藝文志》
六四二	寶櫓堂雜記，歸田録，文選集注；閱耕録，嶺表遊記，龍華里志，幅員名義考	張所望（叔翹）著	崇禎《松江府志》卷五十四《著述》；光緒《松江府續志》卷三十七《藝文志》
六四三	讀史漫筆，城南稿；寶祚箴	張武（德勇）著	崇禎《松江府志》卷五十四《著述》；光緒《松江府續志》卷七十二《藝文志》
六四四	張子和詩集	張祥著	嘉慶《安亭志》卷十二《藝文志》
六四五	彙雅前編二十卷後編二十卷；西園全集三十卷	張萱（德輝）著	嘉慶《松江府志》卷七十二《藝文志》；光緒《松江府續志》卷七十二《藝文志》
六四六	約庵集	張遜著	嘉慶《松江府志》卷七十二《藝文志》
六四七	浴日樓稿，攬秀閣稿	張彦之（洮侯）著	嘉慶《松江府志》卷七十二《藝文志》
六四八	明風雅	張沂輯	光緒《嘉定縣志》卷二十八《藝文志》
六四九	國史類記，東郭遺稿，桂林手稿；須友堂集	張以誠（仲繩）著	嘉慶《松江府志》卷七十二《藝文志》；嘉慶《松江府志》卷五十四《古今人傳》

續表

序號	書名	著者	出處
六五〇	來燕堂集	張以謐（寧海）著	嘉慶《松江府志》卷七十二《藝文志》
六五一	閱古類奇	張以謙著	嘉慶《松江府志》卷七十二《藝文志》
六五二	日涉園詩集三卷，日涉園文集二卷	張意著	嘉慶《安亭志》卷十二《藝文志》；康熙《嘉定縣志》卷十五《人物一》
六五三	大學中庸補注，字膾，博雅，中唐詩選，名文拔萃；萬松山館集；黃鐘論，樂器圖	張誼（履道）編	康熙《松江府志》卷五十《藝文志》；嘉慶《松江府志》卷七十二《藝文志》；嘉慶《松江府志》卷五十三《古今人傳》
六五四	貫珠集，雙燕遺音一卷	張引元（文姝）、張引慶（娟姝）著	崇禎《松江府志》卷五十四《著述》
六五五	雁蕩游記一卷，天臺游記，清秘藏二卷，羅鍾齋蘭譜一卷，藥師經注，羅鍾齋集一卷，巢居稿一卷，國香集一卷，中晚唐詩選二卷（輯），杜詩内外編（輯）	張應文著（輯）	光緒《嘉定縣志》卷二十五至卷二十八《藝文志》
六五六	三吴水利論，文起齋集六卷	張應武著	嘉慶《安亭志》卷十二《藝文志》
六五七	謝墩集	張應忠著	嘉慶《安亭志》卷十二《藝文志》

續表

序號	書名	著者	出處
六五八	春秋便讀，詩經彙解，藝菊志，花甲磯，廣史，閱古類奇	張元玘（采初）著	崇禎《松江府志》卷五十四《著述》
六五九	張給事奏疏	張元始著	嘉慶《松江府志》卷七十二《藝文志》
六六〇	梓庵集	張楨著	嘉慶《安亭志》卷十二《藝文志》
六六一	晏山吏牘二卷，越遊記，大峨遊記	張振德（季修）著	嘉慶《安亭志》卷十二《藝文志》
六六二	韻學統宗，史記發微二卷，史記彙十卷，韻苑連珠，四聲韻補五卷，詩紀類林，翔鴻稿，聽鶯稿，避暑稿，題橋稿，猗蘭稿，擊猿稿，佩劍稿，林棲稿，仙隱稿；文選集注，詩學指南	張之象（玄超）編著	康熙《松江府志》卷五十《藝文志》；光緒《松江府續志》卷三十七《藝文志》
六六三	西康草堂詩草	張重德著	嘉慶《安亭志》卷十二《藝文志》
六六四	坤能詩草	章簡著	光緒《松江府續志》卷三十七《藝文志》
六六五	顔懷集	章懋文著	光緒《松江府續志》卷三十七《藝文志》
六六六	青蓮館集	章臺鼎（吉甫）著	崇禎《松江府志》卷五十四《著述》

續表

序號	書名	著者	出處
六六七	少君詩[一]	章臺鉉（玉叔）著	崇禎《松江府志》卷五十四《著述》
六六八	章子師遺稿[二]	章臺垣（子師）著	嘉慶《松江府志》卷七十二《藝文志》
六六九	陶白齋稿，白石山房閏稿，淮南稿，陶白齋雜記	章憲文（公覲）著	崇禎《松江府志》卷五十四《著述》
六七〇	章氏六才女詩集	章有淑、有湘、有渭、有閑、有澄、有泫著	光緒《松江府續志》卷三十七《藝文志》
六七一	正韻對聯五卷	翟孔仁著	光緒《嘉定縣志》卷二十八《藝文志》
六七二	希微子簡易録三卷	翟均是著	光緒《嘉定縣志》卷二十六《藝文志》
六七三	繼川詩文遺稿八卷，落花詩艸一卷，醫編十二卷，痘疹集	趙承易（繼川）著	《石岡廣福合志》卷三

[一] 按：嘉慶《松江府志》卷七十二《藝文志》作《章少君詩》。

[二] 按：崇禎《松江府志》卷五十四《著述》作《子師遺稿》。

續表

序號	書名	著者	出處
六七四	周易要義三卷，西臺疏稿，澹叟詩集	趙洪範著	光緒《嘉定縣志》卷二十四、二十五、二十七《藝文志》
六七五	盟鷗稿，惺園稿，題畫録	趙炯（希遠）著	嘉慶《松江府志》卷七十二《藝文志》
六七六	蓍徵録	趙廷炯（堯章）著	康熙《松江府志》卷五十《藝文志》
六七七	石岡老人集，河洛醫宗，趙氏宗譜	趙世熙（以寧）著	《石岡廣福合志》卷三
六七八	存軒集	趙友同著	崇禎《松江府志》卷五十四《著述》
六七九	杜詩近體注解，竟成詩稿	趙志（竟成）著	《石岡廣福合志》卷三
六八〇	定川遺稿四卷	趙中行（子與）著	《石岡廣福合志》卷三
六八一	周易集解十二卷，味易餘吟，江漢吟三卷	鄭閎著	光緒《嘉定縣志》卷二十四、二十七《藝文志》
六八二	春秋心印十四卷	鄭録（鳴盛）著	嘉慶《松江府志》卷七十二《藝文志》
六八三	白嶽游記一卷，船齋雜識十二卷，芥浮閣遺稿二卷，泠善齋稿	鄭允驥著	光緒《嘉定縣志》卷二十五至卷二十七《藝文志》
六八四	冬餘詠懷詩一卷	鄭允騋著	光緒《嘉定縣志》卷二十七《藝文志》

續表

序號	書名	著者	出處
六八五	嘉隆編年史，華蘋集	支大綸（心易）著	《重輯楓涇小志》卷八
六八六	雲間紀事野史，面溪集	鍾薇（面溪）著	嘉慶《松江府志》卷七十二《藝文志》
六八七	潛玉齋正續稿，括蒼吟稿；南垣奏疏，三台洞記，太和紀游	鍾宇淳（履道）著	崇禎《松江府志》卷五十四《著述》；光緒《松江府續志》卷三十七《藝文志》
六八八	黄山志餘十卷，涉江集	周道隆著	光緒《嘉定縣志》卷二十五、二十七《藝文志》
六八九	醉餘草	周規（象圜）著	嘉慶《松江府志》卷七十二《藝文志》
六九〇	迂直漫録	周濟（文轍）著	崇禎《松江府志》卷五十四《著述》
六九一	一山樵唱，諸家詩評；醫圃雜言，範圍奇門	周禋（惟敬）著	嘉慶《松江府志》卷七十二《藝文志》
六九二	符勝堂集五卷	周立勳（勒卣）著	嘉慶《松江府志》卷七十二《藝文志》
六九三	雪舫詩集	周冕著	《干山志》卷十五《著述》
六九四	丹崖詩稿	周汝誼（賈生）著	光緒《松江府續志》卷三十七《藝文志》

續表

序號	書名	著者	出處
六九五	中峰祖燈録，崇儉約言，芻蕘言，灌園草，和陶詩；鶴城正學傳，童子夜歌	周紹節（希元）著	崇禎《松江府志》卷五十四《著述》；光緒《松江府續志》卷三十七《藝文志》
六九六	明月社初稿，我貴編，藻里編，城南正續稿	周紹元（希安）著	崇禎《松江府志》卷五十四《著述》
六九七	西齋日録	周思兼（叔夜）著	崇禎《松江府志》卷五十四《著述》
六九八	汝南家乘	周天駿（雲沖）輯	《干山志》卷十五《著述》
六九九	易義真詮	周廷藝著	《干山志》卷十五《著述》
七〇〇	草堂詩稿八卷	周璇著	光緒《嘉定縣志》卷二十七《藝文志》
七〇一	灌畦集	周彦才著	崇禎《松江府志》卷五十四《著述》
七〇二	世鳴集	周輿（廷參）、周佩著	崇禎《松江府志》卷五十四《著述》
七〇三	客諧偶鈔十二卷，晚香堂草；金石字考	周裕度（公遠）著	嘉慶《松江府志》卷七十二《藝文志》；光緒《松江府續志》卷三十七《藝文志》
七〇四	適齋集	周鵷（文儀）著	嘉慶《松江府志》卷七十二《藝文志》

續表

序號	書名	著者	出處
七〇五	北枝堂集	諸慶源（君餘）著	嘉慶《松江府志》卷七十二《藝文志》
七〇六	萬緑堂集，淞野集，内臺集，洪城集，閩中集	朱豹（子文）著	陸師道《朱福州集序》
七〇七	南京工部志十八卷，四美堂遺言	朱長芳著	崇禎《松江府志》卷五十四《著述》
七〇八	瑣言，武邱吟，踏雪草；朱孟元集	朱朝貞（孟元）著	康熙《松江府志》卷五十《藝文志》；光緒《松江府續志》卷七十二《藝文志》
七〇九	守庵集	朱大經（經甫）著	嘉慶《安亭志》卷十二《藝文志》
七一〇	經術堂集	朱大韶（象元）著	崇禎《松江府志》卷五十四《著述》
七一一	漕河議，駱馬徐城四議	朱國盛（敬韜）著	崇禎《松江府志》卷五十四《著述》
七一二	舊雨軒稿，朱季子草，季子近草，郢中草	朱家法著	崇禎《松江府志》卷五十四《著述》
七一三	春草篇，芳草篇	朱家聲著	崇禎《松江府志》卷五十四《著述》
七一四	樵隱稿，蘧廬稿	朱履升（貞階）著	嘉慶《松江府志》卷七十二《藝文志》
七一五	蕉窗吟稿	朱嵋撰	《續外岡志》卷四

續表

序號	書名	著者	出處
七一六	史糾一卷	朱明鎬著	嘉慶《松江府志》卷七十二《藝文志》
七一七	静爲集，静軒行稿	朱木（楚材）著	崇禎《松江府志》卷五十四《著述》；同治《上海縣志》卷十八《人物》
七一八	見一堂集	朱鼐（朝和）著	嘉慶《松江府志》卷七十二《藝文志》
七一九	東岡草堂詩集，夢圃小言	朱樵撰	《續外岡志》卷四
七二〇	朱氏家乘	朱思（汝承）著，朱穀重修	康熙《松江府志》卷五十《藝文志》
七二一	大學正宗	朱錫爵著	嘉慶《松江府志》卷七十二《藝文志》
七二二	鳳山稿	朱應祥（岐鳳）著	崇禎《松江府志》卷五十四《著述》
七二三	松鄰印譜四卷，小松山人集一卷〔一〕	朱纓著	光緒《嘉定縣志》卷二十六、二十七《藝文志》
七二四	嘉樹堂稿	朱用楫著	光緒《嘉定縣志》卷二十七《藝文志》

〔一〕按：是書一名《竹月樓稿》。

續表

序號	書名	著者	出處
七二五	牧民集；沈莊朱氏家譜	朱允（克信）著	康熙《松江府志》卷五十《藝文志》；光緒《松江府續志》卷三十七《藝文志》
七二六	容膝齋集	朱正色（穉曾）著	康熙《松江府志》卷五十《藝文志》
七二七	幽居草一卷寄閑草一卷居素新聲一卷	朱穉美著	光緒《嘉定縣志》卷二十七《藝文志》
七二八	知非録，鞭駑録	莊大儒（仲醇）著	康熙《松江府志》卷五十《藝文志》
七二九	過庵詩稿	莊雅（體先）著〔一〕	嘉慶《安亭志》卷十二《藝文志》

〔一〕按：莊雅又字晏如。

附录

一、叢書版本

〔説明〕由於著録的叢書本較多，故目録中只著録叢書名，其作者、版本、行款、藏地均著録在此附録中。本表排列方式以書名拼音爲序，館藏地有五個以上者，僅著録五個。

編號	叢書名	編者	版本	行款版式	館藏地
一	八公游戲叢談九種	明□□編	明末刻本	九行二十字，白口左右雙邊	國圖、北大
二	百陵學山一百種	明王完編	明隆慶二年至萬曆十二年刻本	十行二十字，細黑口左右雙邊單魚尾	上圖、國圖、臺圖
三	寶顔堂祕笈二百二十八種（正集、續集、廣集、普集、彙集、祕集）	明陳繼儒編	明萬曆至泰昌間繡水沈氏（即亦政堂、尚白齋）刻本	八行十八字，白口四周單邊	北大
			民國十一年上海文明書局石印本		上圖、復旦、國圖、南圖、浙圖

續表

編號	叢書名	編者	版本	行款版式	館藏地
四	筆記小説大觀二百二十二種	進步書局輯	民國間上海進步書局石印本		上圖、國圖、北大、南圖、浙圖
五	藏説小萃十集十一種	明李如一編	明萬曆三十四年李銓前書樓刻本	九行十八字，白口左右雙邊	國圖（清唐瀚題識，清李葆恂、吴重憙跋）、臺圖
			清趙氏舊山樓抄本		上圖
六	茶書二十七種	明喻政編	明萬曆四十一年刻本	九行十八字，白口左右雙邊	南圖、湖南省圖書館、美國哈佛燕京
七	倡和詩餘六卷	□□編	清順治間刻本	九行二十字，白口左右雙邊	國圖
八	常州先哲遺書七十二種	盛宣懷編	清光緒二十一至三十三年武進盛氏思惠齋刻宣統間彙印本		上圖、復旦、國圖、南圖、浙圖
九	程氏叢刻九種	明程百二編	明萬曆四十三年程百二、胡之衍刻本	十一行二十二字，白口四周單邊	國圖

續表

編號	叢書名	編者	版本	行款版式	館藏地
一〇	摛藻堂四庫全書薈要四百六十八種	清于敏中等纂修	清乾隆三十八年内府寫本		臺北故宫
			一九八五至一九八八年臺灣學生書局影印清乾隆三十八年内府寫本		上師大
一一	重刻資治通鑑綱目全書		明萬曆間金陵唐翀宇刻本	十行大字二十字小字雙行同，白口單邊	復旦、山東省圖書館
一二	褚氏所刻書三種	褚克明編	民國十七年奉賢褚氏鉛印本		國圖、北大
一三	傳硯齋叢書十種	清吴丙湘編	清光緒十一年儀徵吴氏刻本		國圖、中科院、浙圖、北大、遼寧省圖書館
一四	叢書集成初編四千一百七種	商務印書館編	民國二十四年至二十六年上海商務印書館鉛印及影印本		上圖、復旦、上師大、國圖、浙圖
一五	獨抱廬叢刻十一種	清陳宗彝編	清道光間金陵陳氏刻本		上圖、清華
一六	丁丑叢編十種	趙詒琛、王大隆編	民國二十六年鉛印本		上圖、復旦、國圖、北大、南圖

續表

編號	叢書名	編者	版本	行款版式	館藏地
一七	二文公文集二種十三卷	明□□輯	明嘉靖間刻本		國圖、南圖
			明嘉靖間甲秀園刻本	八行十八字，白口四周單邊	江西省圖書館、河南省圖書館、中山大學
一八	風雨樓叢書二十三種	鄧實編	清宣統間順德鄧氏鉛印本		上海辭書出版社、國圖、中科院、北大、浙圖
一九	格致叢書□□種（存三百三十三種）	明胡文煥編	明萬曆間胡氏文會堂刻本	十行二十字，白口左右雙邊	上圖、華東師大、國圖、首都圖書館、北大
二〇	觀自得齋叢書二十三種別集六種	清徐士愷編	清光緒十三至二十年石埭徐氏刻本		上圖、國圖、中科院、北大、南圖
二一	廣百川學海一百十八種	明馮可賓編	明末刻本	九行二十字小字雙行不等，白口左右雙邊單魚尾	武漢市圖書館、河南師範大學、四川大學
二二	廣百川學海一百三十種	明馮可賓編	明末刻本		國圖、中科院、北大、遼寧省圖書館、南圖
二三	廣漢魏叢書九十六種	明何允中編	明刻本	九行二十字，白口左右雙邊	復旦、北大、浙大、天津圖書館、福建省圖書館

續表

編號	叢書名	編者	版本	行款版式	館藏地
二四	廣漢魏叢書八十種	明何允中編	清嘉慶間刻本		上圖、復旦、北師大、遼寧省圖書館、浙圖
二五	廣快書五十種	明何偉然、吴從先編	明崇禎間刻本	八行十八字，白口左右雙邊	復旦、國圖、中科院、北大、南圖
二六	國朝大家制義	明陳名夏輯	明末陳氏石雲居刻本	九行二十七字，白口四周單邊	國圖
二七	國朝典故六十種	明鄧士龍編	明刻本		北大、南圖
二八	國醫小叢書三十四種	國醫書局編	民國二十年上海國醫書局鉛印本		上海中醫藥大學、國圖、中國中醫科學院、北京中醫藥大學、天津中醫藥大學第一附屬醫院
二九	海山仙館叢書五十六種	清潘仕成編	清道光二十五年至咸豐元年番禺潘氏刻光緒十一年增刻彙印本	九行二十一字小字雙行不等，黑口左右雙邊	上圖、復旦、國圖、北大、南圖
三〇	涵芬樓祕笈五十一種	孫毓修等編	民國五年至十五年上海商務印書館影印及鉛印本		上圖、復旦、國圖、南圖、浙圖

續表

編號	叢書名	編者	版本	行款版式	館藏地
三一	花近樓叢書七十七種補遺十九種附存八種	清管庭芬編	稿本		國圖
三二	合諸名家批點諸子全書	明□□編	明天啓間武林坊刻本		上圖（存十六種）、華東師大（存十六種）、國圖（存二十六種）
三三	皇明十六家小品	明丁允和、明陸雲龍編，明陸雲龍評	明崇禎六年陸雲龍刻本	九行十九字，白口四周單邊單魚尾	上圖、復旦、國圖、首都圖書館、南圖
三四	繪事睟編	清鄒鐘靈編	清道光間依樣壺盧山館抄本		北大（存九十六種）
三五	稽古堂叢刻	明高承埏輯	明刻本		國圖
三六	紀録彙編一百二十二種	明沈節甫編	明萬曆四十五年陽羨陳于廷刻本	十行二十字，白口四周單邊無魚尾	上圖、國圖、中科院、北大、南圖
三七	嘉定侯氏三先生集不分卷	清□□輯	清抄本	九行二十字，白口左右雙邊	國圖

續表

編號	叢書名	編者	版本	行款版式	館藏地
三八	嘉定侯氏三忠集不分卷	清□□輯	清抄本		天一閣
三九	嘉定金氏五世家集十一卷	清金望編	清康熙間刻本	九行十八字，白口左右雙邊	復旦、浙圖
四〇	嘉定四先生集八十七卷	清謝三賓輯	明崇禎間刻清康熙二十八年陸廷燦重修本	十行十八字或九行十八字，白口或細黑口左右雙邊無魚尾	上圖、國圖、北大、南圖
四一	錦囊小史四十一種	明□□編	明末刻説郛及説郛續等重編印本		國圖、南開大學
四二	江陰叢書三十二種	金武祥編	清光緒宣統間江陰金氏粟香室嶺南刻本	八行二十字，白口左右雙邊單魚尾	復旦、國圖、遼寧省圖書館、南圖、蘇州市圖書館
四三	江陰季氏叢刻八種	清季綸全編	清光緒間江陰季氏栩園刻本		清華
四四	借月山房彙抄十六集一百三十九種	清張海鵬編	清嘉慶十一至十七年虞山張氏刻增修本		中科院、浙圖
			民國九年上海博古齋影印清張氏刻本		上圖、復旦、國圖、南圖、浙圖

續表

編號	叢書名	編者	版本	行款版式	館藏地
四五	靜園叢書十種	沈光瑩編	民國七年上海天真美術館鉛印本		上圖、復旦、中科院、北大、南圖
四六	金聲玉振集五十種	明袁褧編	明嘉靖間吴郡袁氏嘉趣堂刻本	十行二十字，白口左右雙邊	上圖、復旦、國圖、南圖、浙圖
			一九五九年北京中國書店影印明嘉靖間吴郡袁氏嘉趣堂刻本		北大
四七	今獻彙言三十九種	明高鳴鳳編	明刻本	十行二十一字或二十三字，白口四周單邊無魚尾	上圖（張元濟跋）、國圖、廣東省中山圖書館
四八	今獻彙言八集二十五種	明高鳴鳳編	明刻本		天一閣
四九	居家必備九十五種	明□□編	明末刻本	九行二十字小字雙行同，白口左右雙邊單魚尾	北大、遼寧省圖書館、山東省圖書館

續表

編號	叢書名	編者	版本	行款版式	館藏地
五〇	可儀堂一百二十名家制義	清俞長城輯	清康熙三十八年可儀堂刻本		上圖
			清康熙間步月樓、令德堂刻本	九行二十六字，白口四周單邊	國圖
			清康熙間刻本		國圖、北大
			清乾隆三年文盛堂、懷德堂刻本		國圖
五一	歷朝二十五家詩録三十七卷首一卷	清鄒湘倜輯	清光緒元年新化鄒氏得頤堂刻本		國圖、遼寧省圖書館
五二	歷代小史一百六種	明李栻編	明刻本		上圖、國圖（佚名評點）、中科院、北大、南圖（清丁丙跋）
五三	留餘草堂叢書十一種	劉承幹編	民國間吴興劉氏嘉業堂刻本		上圖、國圖、中科院、南圖、清華
五四	礪墨亭叢書六十三種	清李冬涵編	稿本		中山大學

續表

編號	叢書名	編者	版本	行款版式	館藏地
五五	祕書九種	明鍾惺編	明刻本		北師大、新疆大學
五六	名家制義六十一種六十一卷	清□□輯	清抄本		國圖
五七	明八大家文集	清張汝瑚編	清康熙二十一年温陵書林刻本		北師大
五八	明八大家文集	清張汝瑚編	清康熙間刻本		上圖
五九	明季稗史彙編十六種	清留雲居士輯	清都城琉璃刻本		上圖、復旦、國圖、南圖、浙圖
			清光緒十三年上海圖書集成印書局鉛印本		國圖
			清光緒二十二年上海圖書集成印書局鉛印本		上圖、復旦、國圖、南圖、浙圖
			民國二年上海中華圖書館鉛印本		哈爾濱師範大學
六〇	明季遼事叢刊	羅振玉輯	民國二十五年滿日文化協會石印本		上圖、復旦、國圖、南圖、浙圖

續表

編號	叢書名	編者	版本	行款版式	館藏地
六一	明季十家集十一種		清抄本		中山大學
六二	明季十家集十二種		清抄本		湖北省圖書館
六三	明季野史三十四種		清抄本		國圖
六四	明季野史彙編二十九種		清抄本		國圖、山東省圖書館、吉林大學
六五	明季雜史		清抄本		大連市圖書館
六六	明末稗史抄四種	清□□輯	抄本		上圖
六七	明末十家集十一種		抄本		臺圖
六八	明末十家集十二種		清抄本		國圖、祁縣圖書館
六九	明末野史十一種		清抄本		北大
七〇	明人百家小説一百二十四種		明末刻説郛及説郛續重編印五朝小説本	九行二十字，白口左右雙邊單魚尾	中科院、北大、臺圖、日本京都大學
			民國十五年掃葉山房石印五朝小説本		天津圖書館

續表

編號	叢書名	編者	版本	行款版式	館藏地
七一	明十一大家集	清張汝瑚評選	清康熙二十一年刻本		國圖（闕二種）
七二	明世學山九十三種	明鄭梓編，明王文禄增輯	明嘉靖三十三年鄭梓刻隆慶萬曆間王文禄增補本	十行二十字，白口左右雙邊	臺圖
			民國二十七年上海涵芬樓影印明嘉靖間鄭梓刻隆慶萬曆間王文禄增補本		北大
七三	明四大家文定	清崔徵麟編	清康熙三十年崔氏刻本		四川省圖書館（存三種十四卷）
七四	明逸史十家集十一種		清抄本		哈爾濱師範大學
七五	木犀軒叢書二十七種續刻六種	李盛鐸編	清光緒間德化李氏木犀軒刻本		上圖、復旦、國圖、中科院、南圖
七六	南園叢書十一種	簡照南編	民國間南海簡氏刻本		上圖、復旦、青島市圖書館、中央民族大學圖書館
七七	奇晉齋叢書十六種	清陸烜編	清乾隆三十四年平湖陸烜奇晉齋刻本	八行十九字，白口左右雙邊	上圖、國圖、中科院、北大、浙圖

續表

編號	叢書名	編者	版本	行款版式	館藏地
			民國元年冰雪山房影印清乾隆三十四年陸烜刻本		復旦、國圖、中科院、南圖、天津圖書館
七八	啓禎兩朝遺詩□□卷	明陳濟生編	清初刻本		國圖（内三十八種配清抄本，鄭振鐸跋）
七九	乾坤正氣集	清姚瑩、清顧沅、清潘錫恩輯	清道光二十八年涇縣潘氏袁江節署刻同治五年新建吴坤修皖江重印本		國圖
			清道光二十八年涇縣潘氏袁江節署刻光緒元年重印本		國圖
			清道光二十八年涇縣潘氏袁江節署刻光緒七年長白恭鎧重印本		國圖
			清道光二十八年涇縣潘氏袁江節署刻光緒十八年涇縣潘駿文重印本	十二行二十五字小字雙行同，白口左右雙邊單魚尾	國圖

續表

編號	叢書名	編者	版本	行款版式	館藏地
八〇	峭帆樓叢書十八種	趙詒琛編	清宣統三年至民國八年新陽趙氏刻本		上圖、復旦、國圖、南圖、浙圖
八一	清初史料四種	謝國楨輯	民國二十二年北平圖書館鉛印本		上圖、復旦、國圖、南圖
八二	清懷叢書二十一種	清□□編	清抄本		南圖
八三	人琴集	明錢繼章編	清初刻本	八行十八字，白口左右雙邊	國圖
八四	融經館叢書十一種	清徐友蘭編	清光緒六年至十一年會稽徐氏八杉齋刻本	十行二十字小字雙行同，白口左右雙邊單魚尾	華東師大、國圖、中科院、南圖、遼寧省圖書館
八五	三三醫書九十九種三集	裘慶元編	民國十三年杭州三三醫社鉛印本		上海中醫藥大學、中華醫學會上海分會、中國中醫科學院、同濟醫科大學、成都中醫藥大學
八六	三異詞録十一種		清抄本		國圖、南圖（清曹瑾禮跋）

續表

編號	叢書名	編者	版本	行款版式	館藏地
			枕經樓抄本		安徽省博物館
八七	上海掌故叢書第一集	上海通社輯	民國二十五年上海通社鉛印本		上圖、復旦、國圖、南圖、浙圖
八八	涉聞梓舊二十二種	清蔣光煦編	清道光十七年海昌蔣氏別下齋刻咸豐元年海昌蔣氏宜年堂刻彙印本		中科院
八九	涉聞梓舊二十五種	清蔣光煦編	清道光咸豐間海昌蔣氏宜年堂刻咸豐六年重編本		上圖、國圖、山東省圖書館、南圖、浙圖
			民國十三年上海商務印書館影印清海昌蔣氏刻本		華東師大、北大、天津圖書館、遼寧省圖書館、南圖
			民國初武林竹簡齋影印清海昌蔣氏刻本		上圖、國圖、北大、南圖、浙圖
九〇	申報館叢書正集五十七種附録三種	清尊聞閣主編	清同治光緒間申報館鉛印本		國圖、山東大學、中央民族大學
九一	勝朝遺事初編三十二種二編十八種	清吴彌光輯	清道光二十二年南海吴彌光芬陀羅館刻本		上圖、國圖、南圖

續表

編號	叢書名	編者	版本	行款版式	館藏地
			清道光二十二年南海吴彌光芬陀羅館刻光緒九年宋澤元修補本		上圖、國圖、中科院、南圖、浙圖
九二	盛明百家詩	明俞憲編	明嘉靖隆慶間刻本	十行二十一字小字雙行同，白口四周單邊	上圖、國圖、北大、南圖（清丁丙跋）、浙圖
九三	詩慰初集二十家二十四卷二集十家十一卷續集四家四卷	清陳允衡編	清順治間澄懷閣刻本	十一行二十三字白口四周單邊	復旦、國圖（存初集二十家二十四卷，鄭振鐸跋）、中科院（鄧之誠題記）
九四	十家集十一種		清抄本		上圖
九五	十子全書	清王子興編	清嘉慶九年姑蘇王氏聚文堂刻本		上圖、國圖（佚名校並題識）、北大、南圖、山東大學
			清嘉慶九年經綸堂刻本		遼寧省圖書館、大連市圖書館、吉林省圖書館
			清嘉慶九年愛日堂刻本		撫順市圖書館

續表

編號	叢書名	編者	版本	行款版式	館藏地
			清光緒二十三年上海圖書集成局鉛印本		上圖、天津圖書館
九六	粟香室叢書五十九種	金武祥編	清光緒至民國間江陰金氏刻本	九行二十一字小字雙行同，黑口左右雙邊單魚尾	上圖、復旦、國圖、中科院、北大
九七	書三味樓叢書六十五種	清張應時編	清嘉慶十年至道光五年張氏書三味樓刻本	十行二十一字，白口左右雙邊	上圖（清張文虎跋）
九八	書三味樓叢書十一種附一種	清張應時編	清嘉慶二十四年華亭張氏書三味樓刻本		上圖、吉林大學
九九	水邊林下五十九種	題湖南漫士編	明末刻説郛及説郛續等清初重編印本	九行二十字，白口左右雙邊	國圖
一〇〇	説郛一百二十卷二百八十種	元陶宗儀編，明陶珽等重編	明末刻清初李際期宛委山堂續刻彙印本		上圖、復旦、上師大、國圖、南圖
一〇一	説郛續四十六卷五百三十八種	明陶珽編，清李際期重訂	明末刻清初李際期宛委山堂續刻彙印本		上圖、復旦、上師大、國圖、南圖
一〇二	説集六十種	明□□編	明抄本		中科院（佚名批校）

續表

編號	叢書名	編者	版本	行款版式	館藏地
一〇三	天學初函理編十種器編十種	明□□編	明萬曆天啓間刻本	九至十行十八至二十二字不等，白口左右或四周雙邊	國圖、北大、四川省圖書館、臺圖
一〇四	通鑑綱目全書		明嘉靖三十九年書林楊氏歸仁齋刻本		南圖
			明萬曆二十一年蜀藩刻本	十行二十二字小字雙行同，黑口四周雙邊	國圖
			明刻本		國圖、山東省圖書館
一〇五	文林綺繡五種	明凌迪知編	明萬曆四年至五年吳興凌氏桂芝館刻本	八行十七字，白口左右雙邊單魚尾	國圖、上圖、武漢大學
			清光緒六至十一年會稽徐氏八杉齋刻本		北大
一〇六	文淵閣四庫全書三千四百六十一種	清永瑢、紀昀等纂修	清乾隆間内府寫本		臺北故宮
			一九八三年臺灣商務印書館影印清乾隆間内府寫本		上圖、復旦、國圖、北大、南圖

續表

編號	叢書名	編者	版本	行款版式	館藏地
			一九八九年上海古籍出版社影印臺灣商務印書館印清乾隆間内府寫本		上圖、復旦、上師大、國圖、南圖
一〇七	五朝小説五百二十三種	明□□編	明末刻説郛及説郛續重編印本	九行二十字，白口左右雙邊	中科院、北大、臺圖、日本京都大學
			民國十五年掃葉山房石印本		天津圖書館
一〇八	武林往哲遺著五十六種後編十種	清丁丙編	清光緒二十至二十六年錢塘丁氏嘉惠堂刻本		上圖、復旦、國圖、中科院、北大
一〇九	武林掌故叢編一百九十種	清丁丙編	清光緒三年至二十六年錢塘丁氏嘉惠堂刻本		上圖、復旦、國圖、南圖、浙圖
一一〇	武書大全二十三種	明尹商編	明崇禎九年尹商刻本		上圖、國圖、北大、中科院
一一一	五子雋五種	明陳繼儒評注	明書林蕭鳴盛刻本		淮安市淮陰中學
一一二	西湖集覽	清丁丙輯	清光緒九年錢塘丁氏嘉惠堂刻本		上圖、國圖、南圖、浙圖、湖北省圖書館

續表

編號	叢書名	編者	版本	行款版式	館藏地
一一三	西京清麓叢書正編三十二種續編二十七種外編二十四種	清賀瑞麟編	清同治至民國間刻本	九行二十二字，黑口左右雙邊雙魚尾	上圖、北大、南圖、甘肅省圖書館
一一四	惜陰軒叢書三十四種續編一種	清李錫齡編	清道光二十六年宏道書院刻咸豐八年續刻本	十行二十二字小字雙行同，黑口四周單邊單魚尾	上圖、復旦、國圖、南圖、浙圖
			清光緒十四年長沙惜陰書局刻本		中科院
			清光緒二十二年長沙刻本		上圖、復旦、南圖、浙圖、遼寧省圖書館
一一五	閒情小品二十七種	明華淑輯並編	明萬曆間刻本	八行十八字，白口四周單邊	上圖、復旦、國圖、中科院、北大
一一六	香艷叢書三百二十六種	清蟲天子輯	清宣統間國學扶輪社鉛印本		上圖、上師大、國圖、北大、南圖
一一七	小石山房墜簡拾遺六種	清顧湘編	清道光間抄本	九行二十字，無格	天津圖書館（清顧湘跋）

續表

編號	叢書名	編者	版本	行款版式	館藏地
一一八	孝經叢書十四卷	明朱鴻輯	明萬曆間刻本	九行十八字，白口四周單邊	國圖
一一九	孝經大全十集	明江元祚輯	明崇禎間刻本	八行十八字小字雙行同，白口四周單邊	中科院、青海大學醫學院、山東省圖書館
一二〇	孝經大全十集三十二卷	明江元祚輯	明崇禎間刻擁萬堂印本		香港中文大學
一二一	孝經大全十二集	明江元祚輯	明崇禎間刻本		上圖、北大、東北師大、吉林省社會科學院、中山大學
一二二	孝經彙刊十二種十二卷	明朱鴻編	明抄本		上圖（存十種十卷）
一二三	孝經彙輯十卷	明朱鴻編	明萬曆間仁和朱氏刻本		臺圖
一二四	孝經總函十二集	明朱鴻編	明內府抄本		南圖（清丁丙跋）
			明抄本		上圖（存十集十一卷）、國圖（孝經總類）

續表

編號	叢書名	編者	版本	行款版式	館藏地
一一二五	嘯園叢書五十七種	清葛元煦編	清光緒二至七年仁和葛氏刻巾箱本	九行二十字，黑口四周雙邊單魚尾	上圖、復旦、國圖、南圖、浙圖
一一二六	新刊皇明小説今獻彙言二十五種	明高鳴鳳編	明刻本		上海辭書出版社、遼寧省圖書館
一一二七	繡刻演劇六十種（六十種曲）一百二十卷	明毛晉編	明末毛氏汲古閣刻本	九行十九字，黑口左右雙邊	華東師大、國圖、南圖、北大、重慶市圖書館
			明末毛氏汲各刻清修補本		遼寧省圖書館、臺圖
			清道光二十五年同德堂刻本		國圖
一一二八	玄覽堂叢書三十三種	鄭振鐸編	民國三十年上海影印本		上圖、復旦、上師大、國圖、南圖
一一二九	玄覽堂叢書續集二十一種	鄭振鐸編	民國三十六年國立中央圖書館影印本		上圖、復旦、國圖、北大、南圖
一一三〇	學海類編四百三十種	清曹溶編、清陶越增訂	清道光十一年六安晁氏木活字刻本	九行二十一字小字雙行同，白口左右雙邊單魚尾	上圖、國圖、北大、社科院文學所、重慶市圖書館

續表

編號	叢書名	編者	版本	行款版式	館藏地
			民國九年上海涵芬樓影印清道光十一年六安晁氏木活字印本		上圖、國圖、北大、天津圖書館、遼寧省圖書館
一三一	雪堂韻史七十六種	明王道焜編	明崇禎竹嶼刻本	九行二十字，白口左右雙邊	上圖、清華
一三二	煙霞小説□□種（存十一種）	明陸詒孫編	明嘉靖間陸氏刻本		臺圖
一三三	煙霞小説十三種	明□□編	明萬曆十八年刻本	十行十八字，白口左右雙邊	國圖
			清光緒二十七年上海文賢閣石印本		北大
一三四	一瓻筆存一百十三種（存一百六種）	清管庭芬編	稿本		天津圖書館
一三五	藝海珠塵一百六十六種	清吴省蘭編，清徐時棟重定	清乾隆間刻本	十行二十一字小字雙行同，白口左右雙邊單黑魚尾	上圖、復旦、國圖（清徐時棟跋）

續表

編號	叢書名	編者	版本	行款版式	館藏地
一三六	藝海珠塵二百六種	清吴省蘭編，（壬癸集）清錢熙輔增編	清嘉慶間南滙吴氏聽彝堂刻（壬癸集）道光三十年金山錢氏漱石軒增刻重印本		上圖、復旦、上師大、國圖、浙圖
一三七	夷門廣牘一百七種	明周履靖編	明萬曆二十五年金陵荊山書林刻本	九行十八字，白口四周單邊單魚尾	上圖、國圖
一三八	藝苑叢鈔一百六十三種	清王棤編	稿本		湖北省圖書館
一三九	景印元明善本叢書十種	商務印書館編	民國二十六年至二十九年上海商務印書館影印本		上圖、國圖、中科院、天津圖書館、山東大學
一四〇	游藝四種	明王良樞輯	抄本		上圖
一四一	淵著堂選十八名家詩六集	□淵著堂輯	清初抄本	九行二十字	云南大學
一四二	澤古齋重鈔（澤古齋叢鈔）十二集一百十四種	清陳璜輯	清道光四年上海陳氏重編補刻借月山房彙鈔本		國圖、中科院、南圖、河南省圖書館

續表

編號	叢書名	編者	版本	行款版式	館藏地
一四三	增訂漢魏叢書八十六種	清王謨編	清乾隆五十六年金谿王氏刻本	九行二十字，白口左右雙邊單魚尾	上圖、復旦、國圖、北大、天津圖書館
一四四	資治通鑑綱目全書		明萬曆二十八年朱燮元等刻本	七行十八字小字雙行同，白口左右雙邊有刻工	南圖、青島市博物館、無錫市圖書館、河南省圖書館
一四五	枕中祕二十五種	明衛泳編	明末刻本	九行二十二字，白口四周單邊	國圖、北大、北師大、吉林省圖書館、南圖
一四六	知不足齋叢書一百九十六種	清鮑廷博編，清鮑志祖續編	清乾隆三十七年至道光三年長塘鮑氏刻彙印本		上圖、復旦、國圖、中科院、南圖
			清光緒八年嶺南芸林仙館重印清錢鮑氏刻本		天津圖書館、湖北省圖書館
			民國十年上海古書流通處影印清鮑氏刻本		復旦、浙圖、中科院、北大、天津圖書館
一四七	知服齋叢書三十種	清龍鳳鑣編	清光緒間順德龍氏刻本	十三行二十二字小字雙行同，黑口左右雙邊雙魚尾	國圖、中科院、北大、南圖、天津圖書館

續表

編號	叢書名	編者	版本	行款版式	館藏地
一四八	指海一百四十種	清錢熙祚編，清錢培讓、錢培杰續編	清道光十六年至二十二年金山錢氏重編增刻借月山房彙鈔本		上圖、國圖、清華、南圖、浙圖
			民國二十四年上海大東書局影印清金山錢氏重編增刻借月山房彙鈔本		上圖、復旦、國圖、北大、浙圖
一四九	中國内亂外禍歷史叢書	中國歷史研究社輯	民國三十六年上海神州國光社鉛印本		上圖、復旦、北大、南圖、浙圖
一五〇	中西算學四種	清掃葉山房輯	清光緒間上海掃葉山房刻本		國圖
一五一	中西算學叢書初編	清求敏齋主人輯	清光緒二十二年上海鴻寶齋石印本		上圖、復旦、南圖、北師大、遼寧省圖書館

二、出處全、簡稱對照表

〔説明〕正文中版本出處所列書目均用簡稱，現將書名全、簡稱對照表列舉如左。

書名全稱	書名簡稱
中國古籍總目	古籍總目
中國古籍善本書目	善本書目
國家圖書館書目（網絡版）	國圖古籍目録
上海圖書館古籍書目（網絡版）	上圖古籍目録
南京圖書館書目（網絡版）	南圖書目
浙江圖書館書目（網絡版）	浙圖書目
上海師範大學圖書館書目（網絡版）	上師大古籍目録
四庫存目標注	存目標注
中國善本書提要	善本書提要

續表

書名全稱	書名簡稱
明别集版本志	版本志
美國哈佛大學哈佛燕京圖書館中文善本書志	哈佛燕京善本書志
普林斯頓大學葛思德東方圖書館中文善本書志	普林斯頓善本書志
柏克萊加州大學東亞圖書館中文古籍善本書志	柏克萊善本書志
日藏漢籍善本書録	日藏善本書録
「國家圖書館」善本書志初稿	書志初稿
「國立故宫博物院」善本舊籍總目	舊籍總目

三、藏館全、簡稱對照表

〔説明〕目録中凡善本、稀見本皆注明藏書單位。常見藏書單位均用簡稱，偶爾出現的藏書單位用全稱，各單位、各大學圖書館皆簡稱某某單位、某某大學。現將目録中所涉及的藏書單位全、簡稱對照情況列表如左。

藏書單位全稱	藏書單位簡稱
中國國家圖書館	國圖
上海圖書館	上圖
南京圖書館	南圖
浙江圖書館	浙圖
北京大學圖書館	北大
清華大學圖書館	清華
復旦大學圖書館	復旦

續表

藏書單位全稱	藏書單位簡稱
華東師範大學圖書館	華東師大
東北師範大學圖書館	東北師大
北京師範大學圖書館	北師大
上海師範大學圖書館	上師大
故宫博物院圖書館	故宫
中共中央黨校圖書館	中央黨校
中國科學研究院圖書館	中科院
中國社會科學院文學研究所	社科院文學所
中國社會科學院歷史研究所	社科院歷史所
天一閣文物保管所	天一閣
臺灣圖書館	臺圖
臺北故宫博物院	臺北故宫
美國哈佛大學燕京圖書館	美國哈佛燕京

四、仕宦著述目録

［説明］本附録爲上海明代仕宦可確知在上海編撰的著述。著録内容包括著者字號、籍貫、科名及在上海任職的時間、相關著述和版本。

著述	版本	著者	小傳	官職及任期
正統松江府志		孫鼎	字宜鉉，廬陵人，永樂三年舉人。	宣德九年陞松江府教授
成化雲間通志		錢崗		
正德松江府志三十二卷	正德七年刻本	陳威	字民望。江西臨川人。進士。	正德五年松江知府
崇禎松江府志五十八卷圖一卷	明崇禎三年刻本	方岳貢	字四長。湖廣穀城人。天啓二年進士。	崇禎元年松江知府
崇禎松江府志九十四卷	明崇禎四年增刻本			
正德華亭縣志十六卷	明正德十六年刻本	聶豹	字文蔚，號雙江。江西永豐人。正德十二年進士。	正德十五年華亭知縣

續表

著述	版本	著者	小傳	官職及任期
洪武上海志	稿本	顧彧	字孔文。	上海縣儒學訓導
弘治上海志八卷	明弘治十七年刻本	郭經	字載道。直隸盧龍人。弘治九年進士。	弘治十一年上海知縣
嘉靖上海縣志八卷	明嘉靖三年刻本	鄭洛書	字啓範。福建莆田人。正德十二年進士。	正德十五年上海知縣
萬曆上海縣志十卷	明萬曆十六年刻本	顔洪範	字仲起。浙江上虞人。萬曆十一年進士。	萬曆十二年上海知縣
萬曆嘉定縣志二十二卷	明萬曆刻本	韓浚	字邃之，山東淄川人。萬曆二十六年進士。	萬曆二十六年嘉定知縣
萬曆青浦縣志八卷	明天啓四年刻本	卓佃	福建沙縣人。舉人。	萬曆二十年青浦知縣
正德練川圖記	清吴縣張伯倫抄本	陳淵	字惟深，河北涿鹿人。弘治十八年（一五〇五）進士。	正德元年嘉定知縣
由拳集二十三卷	明萬曆八年馮夢楨刻本	屠隆	字長卿，一字緯真，號赤水、鴻苞居士。浙江鄞縣人。萬曆五年進士。	萬曆五年青浦知縣

參考文獻

一、古代部分（已在經眼録及現存著述目録中著録者不再贅列）

（一）史部

康熙松江府志五十四卷圖經一卷　清郭廷弼修，周建鼎等纂　清康熙二年刻本

康熙青浦縣志十卷　清魏球修，諸嗣郢等纂　清康熙間刻本

康熙嘉定縣志二十四卷　清趙昕修，蘇淵纂　中國地方志集成一九九一年

康熙崇明縣志十四卷　清朱衣點，樊耀邦等纂　中國地方志集成一九九一年

康熙嘉定縣續志五卷　清聞在上修，許自俊等纂　中國地方志集成一九九一年

雍正崇明縣志二十卷卷首一卷　清張文英修，沈龍翔纂　清雍正五年刻本

乾隆嘉定縣志十二卷卷首一卷　清程國棟修，張陳典等纂　清乾隆七年刻本

乾隆上海縣志十二卷卷首一卷　清李文耀修、葉承等纂　中國書店稀見中國地方志彙刊據清乾隆十

五年刻本影印本一九九二年
乾隆金山縣志二十卷卷首一卷　清常琬修，焦以敬纂　清乾隆十六年刻本
乾隆奉賢縣志十卷卷首一卷　清李治灝修，王應奎等纂　清乾隆二十三年刻本
乾隆崇明縣志二十卷卷首一卷　清趙廷健修，韓彦曾等纂　清乾隆二十五年刻本
乾隆上海縣志十二卷　清范廷杰修，皇甫樞等纂　清乾隆四十九年刻本
乾隆青浦縣志四十卷　清楊卓修，王昶纂　清乾隆五十三年刻本
乾隆華亭縣志十六卷　清程明愫修，王顯曾等纂　清乾隆五十六年儀松堂刻本
乾隆婁縣志三十卷卷首二卷　清謝庭熏修，陸錫熊纂　清乾隆五十六年刻本
乾隆南匯縣新志十五卷卷首一卷　清胡志熊修，吴省欽等纂　清乾隆五十八年刻本
嘉慶嘉定縣志二十卷卷首一卷　清吴桓修，王初桐纂　清嘉慶十六年刻本
嘉慶上海縣志二十卷　清王大同修，李林松主纂　清嘉慶十九年刻本
嘉慶松江府志八十四卷卷首二卷　清宋如林修，孫星衍等纂　清嘉慶二十四年府學明倫堂刊本
同治上海縣志三十二卷卷首一卷卷末一卷　清應寶時修，俞樾等纂　清同治十年吴門臬署刻本
光緒重修華亭縣志二十四卷卷首一卷卷末一卷　清楊開第修，張文虎等纂　清光緒五年刻本
光緒婁縣續志二十卷　清汪坤厚等修，張雲望總纂　清光緒五年刻本
光緒川沙廳志十四卷卷首一卷補遺一卷　清陳方瀛等修，俞樾等纂　清光緒五年刻本

光緒崇明縣志十八卷　清林達泉等修，李聯琇等纂　清光緒七年刻本
光緒松江府續志四十卷卷首一卷　清博潤修，姚光發等纂　清光緒十年松江郡齋刻本
光緒青浦縣志三十卷卷首二卷卷末一卷　清汪祖綬等修，沈誠燾等纂　清光緒間刻本
光緒嘉定縣志三十二卷卷首一卷附勘誤一卷補遺一卷　清程其珏修，楊震福等纂輯　清光緒間刻一九二七年尊經閣本重印本
光緒金山縣志三十卷卷首一卷　清龔寶琦等修，黄厚本等纂　抄本
光緒奉賢縣志二十卷卷首一卷卷末一卷　清韓佩金修，張文虎等纂　清光緒間刻本
光緒南匯縣志二十二卷卷首一卷卷末一卷　清金福曾等修，張文虎纂　清光緒間刻本
嘉靖嘉定縣志十二卷　明楊旦修，浦南金輯　明嘉靖間刻本
方泰志　清王初桐纂輯　上海社會科學院出版社上海鄉鎮舊志叢書二〇〇四年
石岡廣福合志　清蕭魚會，趙稷思編　上海社會科學院出版社上海鄉鎮舊志叢書二〇〇四年
羅店鎮志　清王樹棻修　中國地方志集成鄉鎮志專輯一九九二年
馬陸志　清封導源編　上海社會科學院出版社上海鄉鎮舊志叢書二〇〇四年
婁塘志　清陳曦編　上海社會科學院出版社上海鄉鎮舊志叢書二〇〇四年
紫隄村志　清汪永安原纂，侯承慶續纂，沈葵增補　中國地方志集成鄉鎮志專輯一九九二年
盤龍鎮志　清金惟鼇纂　中國地方志集成鄉鎮志專輯一九九二年

真如里志　清陆立纂　中國地方志集成鄉鎮志專輯一九九二年
南翔鎮志　清張承先纂，程攸熙訂正　中國地方志集成鄉鎮志專輯一九九二年
嘉慶安亭志　清陳樹德，孫岱纂　中國地方志集成鄉鎮志專輯一九九二年
續外岡志　清錢肇然纂　中國地方志集成鄉鎮志專輯一九九二年
重輯楓涇小志　清曹相駿纂，許光墉增纂　中國地方志集成鄉鎮志專輯一九九二年
續修楓涇小志　清程兼善纂　中國地方志集成鄉鎮志專輯一九九二年
民國江灣里志　錢淦總纂　上海社會科學院出版社上海鄉鎮舊志叢書二〇〇六年
干山志　清周厚地輯　上海社會科學院出版社上海鄉鎮舊志叢書二〇〇五年
明史　清張廷玉等纂　中華書局一九七四年
四庫全書總目　清永瑢等撰　中華書局一九六五年
鄭堂讀書記　清周中孚著　黄曙輝、印曉峰標校　上海書店二〇〇九年

（二）子部

閲世編　清葉夢珠撰　來新夏點校　中華書局二〇〇七年
練川名人畫象　清程祖慶撰　清道光二十九年刻本

（三）集部

明詩綜　清朱彝尊輯録　中華書局二〇〇七年

列朝詩集小傳　清錢謙益撰　上海古籍出版社二〇〇八年

明詩紀事　清陳田輯　續修四庫全書據清貴陽陳氏聽詩齋刻本影印本

松風餘韻　清姚弘緒輯　清乾隆間刻本

静志居詩話　清朱彝尊撰，姚祖恩輯　續修四庫全書據清嘉慶二十四年扶荔山房刻本影印本

古本戲曲叢刊初集　商務印書館一九五四年

（四）叢部

影印元明善本叢書十種樣本　商務印書館一九三七年

學海類編　上海涵芬樓據清道光十一年（一八三一）六安晁氏木活字印本影印本一九二〇年

二、現當代部分（按出版時間爲序）

（一）圖書

復旦大學圖書館古籍簡目初稿　復旦大學圖書館編　復旦大學圖書館一九五六—一九五九年
古典戲曲存目匯考　莊一拂撰　上海古籍出版社一九八二年
故宫博物院善本舊籍總目　故宫博物院編　臺北故宫博物院一九八三年
日本考　明李言恭、郝傑編撰，汪向榮、嚴大中校注　中華書局一九八三年
中國善本書提要　王重民撰　上海古籍出版社一九八三年
屈萬里先生全集第十三卷普林斯頓大學葛思德東方圖書館中文善本書志　屈萬里撰　聯經出版事業公司一九八四年
明清江蘇文人年表　張慧劍編　上海古籍出版社一九八六年
稀見地方志提要　陳光貽撰　齊魯書社出版社一九八七年
上海方志資料考録　上海師範大學圖書館編　上海書店一九八七年
中國古籍善本書目　上海古籍出版社一九八九—一九九六年
明清江南市鎮探微　樊樹志撰　復旦大學出版社一九九〇年

明實録類纂·人物傳記卷　李國祥　武漢出版社一九九〇年
全明散曲　謝伯陽編　齊魯書社一九九四年
「國家圖書館」善本書志初稿　「國家圖書館」特藏組編　臺北「國家圖書館」一九九六—二〇〇〇年
明詩話全編　吴文治主編　江蘇古籍出版社一九九七年
明清時期上海地區的著姓望族　吴仁安撰　上海人民出版社一九九七年
四庫全書存目叢書　齊魯書社一九九七年
四庫禁燬書叢刊　北京出版社一九九七年
續修四庫全書　上海古籍出版社一九九七年
中國畫學著作考録　謝巍撰　上海書畫出版社一九九八年
北京大學圖書館藏古籍善本書目　北京大學圖書館編　北京大學出版社一九九九年
明清蘇南望族文化研究　江慶柏撰　南京師範大學出版社一九九九年
美國哈佛大學哈佛燕京圖書館中文善本書志　沈津撰　上海辭書出版社一九九九年
四庫未收書輯刊　北京出版社二〇〇〇年
明代史學編年考　錢茂偉撰　中國文聯出版社二〇〇〇年
四庫全書存目叢書補編　齊魯書社二〇〇一年
中國繪畫史　潘公凱等著　上海古籍出版社二〇〇一年

明清江南望族與社會經濟文化　吳仁安　上海人民出版社二〇〇一年

明人室名別稱字號索引　楊廷福，楊同甫編　上海古籍出版社二〇〇二年

香港所藏古籍書目　賈晉華主編　上海古籍出版社二〇〇三年

全明詞　饒宗頤，張璋初纂　中華書局二〇〇四年

明代社會經濟史料選編　謝國楨編　福建人民出版社二〇〇四年

明末雲間三子研究　姚蓉　廣東高等教育出版社二〇〇四年

上海鄉鎮舊志叢書一至八輯　上海社會科學院出版社二〇〇四—二〇〇五年

柏克萊加州大學東亞圖書館中文古籍善本書志　柏克萊加州大學東亞圖書館編上海古籍出版社二〇〇五年

上海文學通史　邱正明主編　復旦大學出版社二〇〇五年

全明詩話　周維德集校　齊魯書社二〇〇五年

四庫禁燬書叢刊補編　北京出版社二〇〇五年

明別集版本志　崔建英輯訂，賈衛民，李曉亞參訂　中華書局二〇〇六年

明末清初文人結社研究續編　何宗美　中華書局二〇〇六年

中國珍稀古籍善本書録　沈津撰　廣西師範大學出版社二〇〇六年

明代唐詩選本研究　金生奎撰　合肥工業大學出版社二〇〇七年

上海方志通考　陳金林，徐恭時撰　上海辭書出版社二〇〇七年
日藏漢籍善本書録　嚴紹璗　中華書局二〇〇七年
四庫存目標注　杜澤遜　上海古籍出版社二〇〇七年
歷代婦女著作考　胡文楷　上海古籍出版社二〇〇八年
漢語韻書史（明代卷）　甯忌浮　上海人民出版社二〇〇九年
松江歷史文化概述　張汝皋主編　上海古籍出版社二〇〇九年
中國古籍善本書目索引　中國古籍總目編纂委員會編　上海古籍出版社二〇〇九年
中國古代詩文名著提要　傅璇琮主編　河北教育出版社二〇〇九年
中國古籍總目　中國古籍總目編纂委員會　中華書局二〇〇九—二〇一二年
中國古籍總目索引　中華書局二〇一三年
原國立北平圖書館甲庫善本叢書　國家圖書館出版社二〇一三年

（二）論文

明代蘇松地方的士大夫與民衆　宮崎市定　日本學者研究中國史論著選譯第六卷　中華書局一九九三年
四庫全書滬人著述輯録　王瑾　張梅秀　上海高校圖書情報學刊一九九五年第一期
明經世文編編纂群體之研究　吴琦　馮玉榮　華中師範大學學報二〇〇一年第一期

明人史著編年考補　錢茂偉　歷史文獻研究第二十二輯二〇〇三年
明代的詩學文獻　朱易安　南京師範大學文學院學報二〇〇三年第一期
明代詩學書目匯考　孫小力　中國詩學第九辑　人民文學出版社二〇〇四年
明末江南家族人才團聚現象——以松江地區爲例　謝羽　初航集　華中師範大學歷史文化學院主編
二〇〇五年
松江府宋氏家族世系及文學成就概述　李越深　浙江大學學報二〇〇六年第一期
明代松江府作家研究　秦鳳著　李時人指導　上海師範大學二〇〇六年碩士學位論文
王圻續文獻通考史學成就探析　李峰　中國文化研究二〇〇七年秋之卷
何良俊及其四友齋叢説研究　施賽男著　沈新林指導　南京師範大學二〇〇七年碩士學位論文
宋存標、宋徵璧兄弟生卒年考　張文恒　韓山師範學院學報二〇〇八年第五期
明代嘉、隆年間松江士人文化特徵　翟勇　邯鄲學院學報二〇〇九年第一期
明代華亭詩人徐獻忠簡譜　陳斌　中國韻文學刊二〇一〇年第四期
秦昌遇生卒年考　張一群　中華醫史雜誌二〇一〇年第一期
現存上海明代著述目録　張霞著　錢振民指導　復旦大學二〇一一年碩士學位論文
《四庫全書總目》著録的上海明代文學文獻　錢振民　嘉定文派與明代詩文研究論集　上海古籍出版社　二〇一五年十一月